本书获得浙江海洋学院出版基金资助

莲花开落是禅机

审美视阈中的海岛民间信仰话语

李松岳●著

中国社会科学出版社

图书在版编目（CIP）数据

莲花开落是禅机：审美视阈中的海岛民间信仰话语／李松岳著.
—北京：中国社会科学出版社，2014.4
ISBN 978 - 7 - 5161 - 4736 - 8

I.①莲⋯　II.①李⋯　III.①岛—信仰—民间文化—研究—中国
IV.①B933

中国版本图书馆 CIP 数据核字（2014）第 200823 号

出　版　人　赵剑英
责任编辑　史慕鸿
责任校对　张依婧
责任印制　李　建

出　　　版　中国社会科学出版社
社　　　址　北京鼓楼西大街甲 158 号（邮编 100720）
网　　　址　http://www.csspw.cn
　　　　　　中文域名:中国社科网　　　010 - 64070619
发 行 部　010 - 84083685
门 市 部　010 - 84029450
经　　　销　新华书店及其他书店

印　　　刷　北京市大兴区新魏印刷厂
装　　　订　廊坊市广阳区广增装订厂
版　　　次　2014 年 4 月第 1 版
印　　　次　2014 年 4 月第 1 次印刷

开　　　本　710×1000　1/16
印　　　张　17
插　　　页　2
字　　　数　240 千字
定　　　价　49.00 元

目 录

前　言

　　谈论宗教信仰，是一个非常复杂和有难度的问题，因为它是各民族最原始的思维形态，沉淀着民族最古老的集体记忆，也是一切文学、艺术、哲学最初的源头；其次，宗教信仰是民族精神信仰的最高形态，比之一般的国家制度、社会团体制定的法律、规章更具有内心的规约力与感召力，也即是说，宗教信仰涉及的是生死问题，时间问题，人类的心灵和幸福问题，因此带有强烈的神秘性与形而上特征，而精神世界又是无比丰富深邃的，无法用一种模子来框住它、解说它。正是由于宗教信仰的古老性与神秘性，要说清它就难上加难了。宗教信仰的另一个特点是辐射的广泛性。宗教信仰涉及一切的阶级、阶层、集团，甚至超越了国家制度与意识形态，拥有最广泛的民众基础。因此，考察宗教信仰的一个有效途径便是对民间宗教信仰的研究。研究的方向自然是多种多样的，譬如民间宗教信仰的历史形成、与社会发展的关系及演变、民间宗教信仰在各种民俗礼仪中的体现，以及民间宗教信仰的类型与表现形态等。由此也可看到民间宗教信仰研究内容的广博性与复杂性，这是一种需要融汇历史学、社会学、心理学、伦理学、民俗学等学科的综合性研究课题。

　　除此之外，民间宗教信仰研究的有效途径还应当包括文学性研究。既然民间宗教信仰涉及人类的情感、心灵与思维形态，人类也就必然会通过各种文学形式来表现对宗教信仰的追求与感悟，反过来说，这些文学表现又会进一步加强宗教信仰在人类心灵中的地位，并以具体可感的艺术形式扩展宗教信仰的辐射力与影响力。以文学形式传达对宗教信仰的追求与感悟，最大的优势在于文学形式的形象性、情感性，文学作品以其具体的生活场景，鲜活的人物形象，饱满丰富的细节，构筑起一个可具体触摸感知的新的境界。文学作品不是抽象的理论说教，而是以感性为触发点，带有强烈的情感体验，这种体验的个体性特征导致了情感抒发的无限多元性、丰富性和差异性，更能凸显人类真实的心灵图景。进一步说，通过对宗教信仰的文学性存在的具体考察，可以证明宗教信仰对人类精神巨大深刻的影响力，并有可能将这种研究上升到生命哲学的维度，探寻到人类精神赖以存在与发展的深层动因。

具体到舟山，民间宗教信仰的土壤也十分丰厚，拥有广泛的群众基础，其历史也不算短暂。20 世纪七八十年代在定海马岙、岱山孙家墩等遗址发掘出的资料表明早在 7000 年前，就有先民在舟山劳动生息。近年在灰鳖洋打捞出先民的头骨与牙齿，专家认为时间至少在 2 万年之前。当然，这不能证明舟山民间宗教信仰的起始期，但至少可以看出民间宗教信仰累积与变异的漫长过程。譬如道教在舟山民间的影响，如果从秦末徐福东渡、安期生隐居桃花岛算起，也至少有两千多年的历史。佛教信仰（观音信仰）是舟山民间最重要的信仰，据明代宏觉国师《梵音庵释迦佛舍利塔碑》记载，晋太康年间（280—289），信徒们已发现普陀山（当时称补陀洛迦山）系观音大士感化圣地，"岁奔走赤县神州之民，至有梯山万里，逾溟渤，犯惊涛，扶老携幼而至者不衰"，那么，舟山佛教信仰的正式产生也将近 1800 年；从日本僧慧锷咸通四年（863）从五台山请得观音像留于普陀山算起，则也有近 1200 年历史。

舟山民间宗教信仰是舟山海洋文化不可或缺的组成部分。舟山民间宗教信仰本土化的最大特征是缘于海洋的生产生活而形成的一套独特体系，渗入了丰富的海洋文化的因子。这也造成了舟山民间宗教信仰的两个最显著特点。一是开放性。舟山居民基本上是大陆不同地区的移民，上面提到的马岙文化遗址表明舟山文化与河姆渡文化有着天然的关联，河姆渡一带的居民用原始的独木舟渡海成为舟山最早的居住者。徐福、安期生、梅福等人也是航海来到舟山隐居的。明朝洪武年间与清朝康熙年间舟山居民两次从岛屿到内陆的大迁移，也给舟山的民俗民风带来重大影响。因此可以说舟山的民间宗教信仰的源头在大陆，海洋的开放性也导致了民间宗教信仰的多元性。二是海洋性。舟山民间宗教信仰的产生与发展，主要来源于人们在海洋生存环境中的特定需求和愿望，也即是说，宗教信仰只有在和民众生存境遇中的精神需要达成高度的默契，才能在民众心灵和生活中扎下牢固的根基。正因为如此，无论是道教信仰，还是观音佛教信仰，才能在舟山民众精神生活中发挥特殊作用，并具体渗透于日常的风俗习惯、礼仪节日、生产活动中。譬如观音信仰之所以在舟山民众中有如此巨大的影响，就在于舟山民众长期以牧海为生，面对动荡凶险的海洋，时时感到生命无常，死亡濒临，而观音的大慈大悲、普度众生的情怀，给予了他们精神上的安慰，并能够超越现世的灾难痛苦走向宁静和圆满。自然，舟山民众在接受这些宗教信仰时，又不同程度地作了改造和变通，加入了许多海洋文化的因素。舟山的民间宗教信仰中，最具有创造性和海洋性的是海龙王信仰，是舟山本土民间信仰的代表。"海为龙故乡"，东海被认为是海龙王的辖地，关于龙宫、龙女、龙子的民间传说由来已久，舟山的许多地名岛名都与龙相关。既然海龙王是东海的主宰，一切海中的生物都是海龙王的子民，而渔民又以捕捞为主要生活来源，就自然要祈求海龙王的恩赐，保证风平浪静，年年丰收。因此，民间也就有了许多与龙有关的礼仪，最主要的是到龙王庙祈雨、渔民"开洋节"和"谢洋节"的祭典龙王仪式。当然，因为海龙王的脾气暴戾，常兴风作浪制造灾难，民众对海龙王更多怀有恐惧之心，民间传说中的海龙王形象也大多是负面的，这与民间对观世音的热烈崇拜和亲近依恋形成了鲜明对比。

面对舟山（或者东海）这片神奇的蓝色疆域，特别是普陀山观音道场的巨大感召力，历代的人们留下了大量歌颂自然、表达宗教情怀的文学作品，从古代一直延续到当代。这其中有舟山本土诗人或在舟山为官者的作品，如明进士张信、清进士陈庆槐，号"白华山人"的清代著名书画家、诗人厉志，以及宋昌国县令王存之，清定海知县缪燧等，更有众多民间创作的故事、说书和传说。当然，更多是舟山以外文人墨客、名士显要的诗文。至少从唐代开始，被誉为"仙山蜃楼"的舟山（东海）就开始为文人们所向往了。大诗人李白虽然没到过舟山，但却对大海一往情深，想象着东海上"亲见安期生，食枣大如瓜"；苏轼写出了"兰山摇荡秀山舞，小白桃花半吞吐"的美丽诗句。自然，人们跨海到舟山，最重要的是为了拜谒普陀洛迦山，寻求心灵的一片净土。近人以为"以山而兼湖之胜，则推西湖；以山而兼川之胜，则推桂林；以海而兼山之胜，当推普陀"。兼山海之胜，普陀山当然极具吸引力，而其灵魂则是观音的慈悲普度之心与飘然出世之思。如果从唐初王勃的《观音大士赞并序》算起，历代朝拜普陀山的文人名流络绎不绝，并撰写了大量的诗文，随便算来，古代就有王安石、陆游、赵孟頫、吴莱、宋濂、解缙、李攀龙、屠隆、徐霞客、董其昌、张岱、张煌言、全祖望、袁枚等，近现代则有魏源、康有为、吴昌硕、孙中山、柳亚子、郁达夫、刘海粟、丰子恺、巴金、郭沫若、赵朴初等。

如此说来，考察民间海洋宗教信仰的文学性存在，也就成为研究舟山（或者东海区域）民间宗教的一个必不可缺的视角，有着无可替代的价值。这些文学作品既有不同时代的印迹，又有心灵的共同追求，即对人生之累和时间之短的个人化思考，并力图超越当下走向永恒的哲学之思，并最终将宗教的情怀提升到纯真纯美的审美境界。因此，审美体验将是这种研究的主要着眼点与核心动力。自然，"文学性存在"的范围也是广义的，包括历代留下的诗词歌赋、序跋碑铭、山水游记、楹联等，还应当包括民间的歌谣、传说、故事等，从尽可能多的角度考察民间宗教信仰在文学中的具体表现形态，也就使得展示其中的人类的精神更加丰富博大。

第 一 章

普陀山禅诗的文化与审美阐析

第一节 观音形象与观音道场

佛教自东汉末年传入中土后，历经种种波折，逐渐与中国本土文化相融合，经过适时的改造与变通，最终为社会各阶层所接受，呈现出蔚为大观的景象。佛教对人生宇宙的思考可谓自成体系，独具慧眼，特别是普度众生的慈悲情怀与超越现世苦难的许诺，给尘世中的人们以巨大的感召力。佛教中的"观世音"，是梵文 Avalo-kitesvara（阿那婆娄吉低输）的汉文意译，称"光世音"、"观世音"、"观世自在"等；"菩萨"则是梵文 Bodhi-satta（菩提索多）的简称，指以"智"上求佛道，以"悲"下化众生，圆成了自觉（以佛法觉悟自心）、觉他（用佛法觉悟他人）的大乘圣贤，位次于佛而高于罗汉、观音、文殊、普贤等为菩萨之首。关于观世音菩萨名号的含义，主要有以下两种解释：一是说世间众生遭遇灾难不祥，如果一心称念菩萨名号，菩萨观照无遗，即时寻声赴感，使之离苦得乐，这是从"悲"立名；二是观照世间一切音声，不起妄识、妄闻，反闻自性，而入正定，此从"智"立名。总体上说，观世音是一位悲心恳切，觉照圆明，寻声救苦，随类应观的大士，以"于苦恼死厄，能为作依怙，具一切功德，慈眼观众生"的大慈大悲精神著称于世。这种精神在《法华经》、《楞严经》等佛教经典中有集中的体现。在寺庙及民间，观世音形象是左手持未敷莲花，右手欲打开莲花，全身呈金色，极其光耀，左手所持之莲花表示一切众生本来自性清净，右手作欲打开莲花姿势，是表示众生本来清净的本性一时被无明所蔽，而不知脱离，故要以大悲功德解除众生的无明、迷妄。观世音的别号又有千手千眼观音、马头观音、十一面观音、如意轮观音、三十三体观音等，其中三十三体观音中又有极为诗意化的称呼，如杨枝观音、白衣观音、卧莲观音、鱼篮观音、水月观音等，这些都表示着观世音的法力广大，变幻无常，而佛法传入中土后观音形象由男性变为女性，更易为信徒们亲近，也更能体现观世音点化众生的慈悲情怀。

作为中国四大佛教名山之一的普陀山，是与西藏的布达拉宫齐名的两大观音道场。其最早历史可追溯到晋太康年间（280—289），当时信徒们发现普陀山（当时称梅岑山或补陀洛迦山）的自然环境与佛教诸经所记观音圣地相似，时常有人登山求访大士踪迹。唐宣宗时有梵僧来潮音洞前燃十指，亲见大士说法，授与七色宝石，灵感始启。咸通四年（863），日本僧慧锷第三次入唐，在五台山见观音像而求归其国，乘船自明州（宁波）经普陀莲花洋，涛怒风飞，舟不得行，如此者三，慧锷夜梦一僧谓之曰："汝但安吾此山，必令便风相送。"慧锷乃置观音像于潮音洞侧。山上居民张氏供像于宅，称"不肯去观音"。后梁贞明二年（916），在张氏宅址建"不肯去观音院"，是普陀山最早寺院。宋朝保护佛教，设僧录司统领天下寺院，多次命内侍到普陀山供奉，赐物赐田，理宗宝庆年间（1215—1227）由诏改"不肯去观音院"的"宝陀观音寺"已列入江南著名的"五山十刹"，而飞锡来山者皆禅林俊秀。著名高僧有真歇、大川普济、一山一宁等。元朝笃信佛教，凡帝王登位，必先受戒，并给僧徒优厚待遇。元世祖两次诏普陀山长老如智出使日本，敕封普陀山高僧一山一宁为"妙慈弘济大师"，持诏通好日本；宫廷内侍与各地官吏时常赐金银修建佛寺，香火更盛，渡海朝拜者不绝，"自昔游者，至今为盛，若西域名师，王公贵人，各极精诚"。至正二十一年（1361），盛熙明撰《补陀洛迦山传》，开"山志"编纂之滥觞。在山高僧及门下多有著作辑录，对江南禅宗的流传影响颇大。

明代皇帝同样崇佛，洪武元年（1368），在南京天界寺设善世院，统领全国佛教，并规定三年一次考试僧侣，合格者发给度牒。嘉靖年间，河南王、鲁王捐资建琉璃殿、梵王宫。万历年间建天王殿、云会堂及海潮寺（今法雨寺）。万历十四年（1587）明神宗派太监专程到普陀山送经、观音金像、紫金袈裟等，万历三十三（1606），神宗又奉皇太后命派太监到普陀山督造普陀禅寺……由于海寇骚扰，普陀佛教圣地也历经了几次大兴衰，如洪武二十年（1387），汤和经略沿海，以普陀"穷洋多险，易为贼巢"，徙僧毁寺，迁观音像至宁波栖心寺（今七塔寺）；嘉靖二十六年（1547），倭寇屯踞普陀，殿宇遭毁，僧众解散，但高僧、名宦及信徒仍然渡海不绝，尤以福建、吴淞一带信徒为多。明一代，特别是万历后期，普陀山佛教得到空前发展，莲花洋上"贡舻浮云"，短姑道头"香船蔽日"，佛事十分兴旺。清朝初年海疆不靖，因荷兰海盗侵占山寺、游民失火等，徙僧至宁波等地，佛事荒废。康熙时海禁开，僧众归山。康熙十分重视普陀山，除派人赐钱重振山寺，还御书"普济群灵"、"潮音洞"、"天花法雨"，免除田产税，当时有庵院190处，常住僧众达3000余人，后来的雍正、乾隆、嘉庆、道光、光绪等先后多次恩赐普陀山，亲王贵族也纷纷捐资，寺院遍布全山，香火终年不绝。民国初年，火轮通航，香客及游山者日益增多。民国总统黎元洪、冯国璋、徐世昌各施银币，西藏班禅活佛、孙中山、蒋介石都来山朝拜。1949年后，特别是"文革"期间，寺院逐渐荒芜，殿宇倾圮，直至佛事全部停止。普陀山的重新兴旺始于1979年，此后30余年来逐渐走向兴盛，规模与影响更胜前期，这里不再赘述。

普陀山作为观音道场，历经多次兴衰，而其名声日益彰显，远播海内外，普陀山地处东海大洋，自然景观极为独特优美，尤其是在交通不便的古代，更生一种神秘，被视为"海外仙山"。深厚的佛教文化积淀，观音救苦救难的大慈大悲情怀，人文景观与海天佛国奇特的自然景观的完美结合，不能不对海内外的人们产生巨大的精神吸引力。而文人墨客、官吏名士朝拜观音道场所留下的诗文可谓汗牛充栋，浩如烟海，成为解读佛教文化精神内涵与个体生命感应的弥足珍贵的佐证。

第二节　诗心与佛性

长期以来，诗歌一直是中国文学的正源和主打作品。原因很多，但肯定与中国人擅长顿悟、感性，而非逻辑推理的思维形态密切相关。这种思维重在瞬间的感悟，片断的闪光，是一种伴随具体形象的跳跃式的、非线性的思维过程，并带有强烈的个体差异性。而佛教中的禅宗一脉摒弃繁琐复杂的仪式规定，强调个人的顿悟与悟性，所谓"不著语言，不立文字，直指本性，见性成佛"，其修为如何全凭个体心智的敏锐感应，所以佛理佛义就存在于日常的挑水、劈柴、种菜、施粪中，佛教中许多有名的公案，如吃茶、棒喝、狮子吼等，强调的正是灵盖的突然开启，直抵本性，洞彻万象而破执破妄，恢复生命之本相。禅宗是中国人改造外来文化的典型代表，是具有鲜明本土特征的创造物。从这样的角度上看，中国的诗歌（尤其是古典诗）在思维形态上便与禅宗有了天然的亲缘关系，毫无阻隔而无师自通，也即是说，诗心与佛心自有其内在的沟通机制，可以互相开发，互相印证，互相启发。

历代留下的歌咏普陀山与观音道场的诗歌数量之多，堪称大观。作者的时代、社会地位、身份和个人志趣各异，但这些诗歌由于都是围绕观音道场抒发个体的宗教情怀，因此在艺术形态上各擅胜场，但精神主旨大致相同，或者说是互补性的。具体说来有以下几个方面。

首先是礼赞观音大士的无上功德、慈悲心肠与庄严宝相。唐初四杰之一的王勃尽管"我惭我愧无由到"，但看到观音像而灵感迸发，写下《观音大士赞并序》，其诗云：

> 南海海深幽绝处，碧绀嵯峨连水府。
> 号名七宝洛迦山，自在观音于彼住。

诗歌首先展现了观音道场在大海中的神奇。然后写万物朝拜与宝相的庄严：

> 足下祥云五色捧，顶上飞仙歌万种。
> 频伽孔雀尽来朝，诸海龙王齐献供。
> 宝冠晃耀圆光列，璎珞遍身明皎洁。

有意思的是，王勃将观世音描绘成了一个十分美丽的女子：

> 脸如水面瑞芳莲，眉似天边秋月夜。
> ……
> 红纤十指凝酥腻，青莲两目秋波细。
> 咽颈如同玉碾成，罗纹黛染青山翠。
> 朱唇艳齿排玉珂，端坐昂昂劫几何。

将观音看作美貌女子，更能引起人们情感上的依恋亲近，符合中国大众的观感和愿望。当然，这里没有丝毫的轻薄，因为最后归结为"端坐昂昂劫几何"，强调的是观音历万劫而不老的永恒青春，以及大慈悲的情怀。

宋代黄龟年的《观音大士赞》则以亲身经历印证观音对祈求者的感应：

> 同声讽密语，复念我师名。
> 注目谒慈光，忽睹紫金相。
> 崆峒石窟上，宴坐自在容。
> 云雾不蔽亏，跪礼得良久。
> 偕来无老稚，祈祷如响应。

观音显灵处在"不肯去观音院"下的潮音洞，历代都有显灵的记录。自然，这主要来自祈求者的心灵感应。

元代万峰蔚《观音大士赞》只有四句，却写得生动逼真：

> 白浪生神足，衣珠泛海风。
> 宝陀山顶月，无处不圆通。

前两句摹写观音踏浪而行，救度众生的辛苦，后两句以山顶高挂之月的皎洁饱圆，暗寓佛理的至大至明，十分含蓄，意境高远。

明代著名诗人屠隆的《宝陀寺礼大士》对普陀山的自然景观有极为生动的描述：

> 瀛澳浩亡极，澦宕籔块圠。
> 灵岩貌孤悬，际断神境别。
> 海蟠渴蛟饮，磴道冻虹折。
> 白日浸兽波，晴空翳胶膈。
> 刹那云岛献，倐忽烟凫灭。
> 山足落潮痕，沙明浩如雪。
> ……

在这样神奇的背景下，再凸显观音的形象：

> 大士坐相台，青莲映绀岁。
> 雕窗绕琅玕，函径护松栝。
> 天花雨缤纷，高僧时说法。
> 有去即有住，无解亦无结。
> ……

不过，屠隆此诗其余部分过于拘泥于佛理的阐析，抽象枯燥，走入议论一道了。倒是他的女儿瑶瑟的《礼观音大士》两首写得自然形象：

> （一）
> 水月观音水月明，只将慈眼视众生。
> 众生无量悲无量，应感如传空谷声。
> （二）
> 千江一片轮孤月，直是禅心映玉壶。
> 处处普门凭示观，凭君便作女人呼。

诗歌从"水月观音"得到启发，紧扣"水月"两字发意，水中倒映的月亮，随千江水浩荡奔涌的月光，却意指着观音心怀的开阔朗洁，而"凭君便作女人呼"更增添了人们对观音大士的亲近感。

原中国佛教协会会长赵朴初的《谒金门》则集中状写观音的慈悲与济世精神：

> 不肯去，甘禁万劫风雨。此土缘深非妄许，悲心周广宇。　　从此名山钟毓，无尽妙华慧炬。宝筏不辞千手与，度

普天儿女。

词作说观音不肯去是为了甘心承受万劫的风雨，以深味人世间的苦难；而"宝筏不辞千手与"既写观音的无穷变化，又写观音在惊涛骇浪之上慈航不息的大悲悯情怀，极为形象传神。

佛教世界被称为"清凉世界"，"清凉"的反面就是"热闹"，是世俗的功名利禄。因此，描写普陀山观音道场的诗歌更多是表达暂离尘世纷扰、觅得心灵宁静与精神解脱的欢欣。宋代著名诗人、后为宰相的王安石在鄞县任职期间拨冗游普陀山，写下《洛伽题咏》一诗：

> 山势欲压海，禅宫向此开。
> 鱼龙腥不到，日月影先来。
> 树色秋擎出，钟声浪答回。
> 何期乘吏役，暂此拂尘埃。

在王安石眼中，普陀山是别一世界，所以尽管在大海中，也会"鱼龙腥不到"，而无心自度的月影，满山的秋色，钟声与海浪的应和，都是遵循着大自然的内在运行机制，一派自在自得，毫无功名机巧之心。所以，深味官场之累的王安石，能够在公事之余朝拜观音道场，也就暂时拂去了尘世的灰尘，即功名利禄之心，获得心灵的感悟与安慰，自然感到莫大的欣喜。全诗写得自然流畅，画面鲜明，尽管是暂时的感悟，却是真实的。

被称为"小李白"的南宋大诗人陆游对普陀山印象极深，其《海山》一诗写道：

> 补洛迦山访旧游，庵摩勒果隘中州。
> 秋涛无际明人眼，更作津亭半日留。

诗中最佳一句是"秋涛无际明人眼",这里的"秋涛"既是自然景观,更是观音精神的寓指,佛法的明澈智慧就像明净涌动的海水,洗去心灵的尘埃,让人的心灵之"眼"忽然开启,悟到宇宙人生的真谛。所以诗人连梦里也会重现游普陀山的情景,写下四首《梦海山壁间诗不能尽记,以其意追补》,其第四首云:

> 春残枕藉荷花眠,正是周家定鼎年。
> 睡起不知秦汉事,一樽闲醉华阳川。

众所周知,南宋初年是一个乱世,陆游一心想收复失地,壮怀激烈,却受主和派排挤,一再受挫,内心极为痛苦,自然会寻求解脱的途径。而普陀山别具洞天的自然风光、观音超脱苦海的慈悲情怀,正契合陆游的这种内心需求,可以"春残枕藉荷花眠",面对四季的流转,"一樽闲醉",然后"睡起不知秦汉事",忘却尘世的变故与纷扰。

类似的还有元代著名书画家赵孟𫖯的《游补陀》诗:

> 缥缈云飞海上山,挂帆三日上潺湲。
> 两宫福德齐千佛,一道恩光照百蛮。
> 洞草岩花多瑞气,石林水府隔尘寰。
> 鲰生小技真荣遇,何幸凡身到此间。

在赵孟𫖯眼中,普陀山是海上仙山,云飞缥缈,草花瑞气,是一处"隔尘寰"的清静之地。赵孟𫖯是宋皇室中人,由宋入仕元朝,也是不得已,当然内心不自由,也生怕后世视其为贰臣。"两宫"一联歌颂皇帝和皇后对普陀山佛事的关心,也可见出其处境的尴尬。所以最后一联也就显得情真意切,"鲰生"即浅薄无知之人,

是作者自谦，"小技"即世俗中的谋生之道。身临观音道场，赵孟
頫顿生"荣遇"之感，不由发出"何幸凡身到此间"的感叹，既
是对自我世俗生活的自怜自哀，也流露出超脱凡身的强烈愿望。

　　明代江南四大才子之一文徵明的《补陀山留题》同样表露了暂
离尘世的恬淡从容，不过全诗并非直抒胸臆，而是将意趣渗透于鲜
明生动的画面中：

　　　　寒日晶晶晓海中，中庭映雪一霄晴。
　　　　墙西老梅太骨立，窗里幽人殊眼明。
　　　　想见渔蓑无限好，怪来诗画不胜情。
　　　　江南转瞬相将望，会看门前春潮生。

此诗写普陀山雪后风光，突出寒日、雪、老梅，给人一片冰清玉洁
的冷意，暗寓着佛教清冷空寂的禅意。"窗里幽人"指山中的隐士，
这里指高僧，"眼明"意指得道高僧的智慧通达明澈，而作者也就
自然羡慕起无限自由的渔蓑生活，抛却一切功名利禄，以自然无为
之心去看"门前春潮生"，那才是人间最美好的诗画。

　　普陀山的佛茶产于云雾飘飞的山谷中，茶香而味醇，更主要的
是其产地为观音道场，品茶便与体悟佛理相通。所以有不少诗作便
通过烹茶品茶传递自我心灵的宁静与解脱。这里举"普陀十二景"
的最早命名者、明代诗人屠隆的《静室茶烟》为例：

　　　　萧萧古寺白烟生，童子烹茶煮石铛。
　　　　门外不知飘雪急，海天低与冻云平。

萧萧古寺中，两三僧人或好友机心全忘，烹茶的声音好似石铛奏出
的天籁。作者没有具体写烹茶、品茶的过程，而是宕开笔墨，将镜
头推向古寺外的海天大背景：大雪纷飞，密如织网，天地一片纯

白，冻云缓缓压下，海平线仿佛凝固了一般，而"不知"一词堪称诗眼，正因为一心专注于烹茶品茶，视此为人生一大乐事，并从中体悟到心闲一切闲的佛教哲理，才能忘却天寒地冻的外在世界，守住一方情趣盎然的灵地。

现代著名作家郁达夫素以古典诗作见长。他的《游普陀作》一诗短小而警策：

> 山谷幽深策杖寻，归来日色已西沉。
> 雪涛怒击玲珑石，洗尽人间丝竹音。

前两句写自己被普陀山美景所吸引而终日寻访，后两句则于海涛拍击岩石的壮观场景中悟得自然佛理，从而使身心一洗凡俗热闹的"丝竹音"变得清凉空阔。

当代词坛泰斗夏承焘的《普陀山》一诗同样表达了脱却尘世后的静穆淡定：

> 柏炉烟外浪黏天，吟思争来客枕前。
> 我与万山同出定，一诗脱口一钟圆。

后两句境界开阔，契合禅机，"我与万山同出定"已达到了物我两忘、主客泯灭的超然之境，哪里还有一丝现实的羁绊与烦恼？

朝拜观音道场者多有慧根，对佛理禅机自有一番探究的动机。因此，歌咏普陀山的诗歌有相当部分涉及对佛理禅机的感悟心得，而最集中的是对佛教中色空与破执观念的阐发。陆游《记九月二十六日夜梦》第一首：

> 海山万峰郁参差，宫殿插水蟠蛟螭。
> 碧桃千树自开落，飞桥架空来者谁。

海山中的一切景物都是大自然的创造物，非人力的功利建造，而
"碧桃千树自开落"，花开花落，荣枯有序，何必感伤自哀呢？

　　元代吴莱《夕泛海东寻梅岑山观音洞，遂登磐陀石望日出处》
第三首极写普陀山的孤绝险峻：

> 茫茫瀛海间，海岸此孤绝。
> 飞泉乱垂缨，险岫森削铁。
> 天香固遥闻，梵相俄一瞥。
> 鱼龙互围绕，山鬼惊变灭。
> 舟航来旅游，钟磬聚禅悦。

经过艰辛的航程到达普陀山，闻到天香，见到了观音大士宝相，终
于忽然有悟：笑捻小白华，秋潮落如雪。"小白华"即普陀山的梵
音汉译，佛祖在灵山手捻白华含笑不语深藏着玄妙高深的佛理，吴
莱借此典故是传达自己破除执念之后的淡定从容，正如拍岸翻卷的
秋潮自生自灭，永远是开始，永远不会有结束。

　　"色空"是佛教最核心的观念，借此佛教才具有了超越性的哲
学高度，或者说是具备了引领生命趋向彼岸的神性维度。先来看清
朝叶明德的《重至普陀记事之二》：

> 置身丘壑里，世事复如何。
> 功业草头露，荣华转眼过。
> 洞天新日月，沧海老烟霞。
> 我亦将栖隐，崖前补绿萝。

作者之所以决心放下世事栖隐，去过"沧海老烟霞"、"崖前补绿
萝"的出世生活，是因为悟彻了"功业草头露，荣华转眼过"的

生命本相，即一切是空，破除杂念，打破执迷。

最集中展示佛教"空寂"观念的是明代嘉兴陆光祖的《补陀山》诗：

其一
天抱琉璃宫，鳌柱不见底。
谁骑香象来，明月弄空水。

其二
山椒石壁塞，沙岸水痕溆。
涛声日夜喧，禅心自空寂。

其三
宝殿低秋浪，疏钟入夜风。
身心无处着，始悟本来空。

"明月弄空水"一句意绪晃荡而迷离，水中之月只是一个倒影，一种幻象，所以万象皆为空；"涛声日夜喧，禅心自空寂"一联妙在动与静结合，日夜喧闹的涛声是自然现象，又不妨看作俗世之音，而禅心恰恰要从这喧闹中感悟其虚无，或者说，排除一切俗念的禅心才可抵住外在的引诱，视而不见，听而不闻。正因为"空"，心才能变得广大而无阻碍，达到"观自在"的境界。第三首中的"秋浪"、"疏钟"、"夜风"既是动态的，又是无迹可寻、转瞬即逝的，因此诗人感到个体生命也是无着处的，因为生命本就是"空"，从"空无"中来，最终又回到"空无"中去。

类似的还有明代姜子羔的《梦游补陀山》：

忽然飞渡海云东，海色澄清霄汉通。

借问此心何所似，白云映水月当空。

"白云映水"极其自然，又不着痕迹，"月当空"则一碧如洗，纤尘不染，又朗照天地，毫无阻隔。

屠隆《游补陀》第八首后半首云：

只因海浪兼天远，转觉香台与世违。
尘土劫灰都不到，莲花开落是禅机。

"与世违"即是说佛国高于尘世的超越性追求；佛看透了尘世的变迁，所以在具佛性者的眼里，莲花的开落过程也就蕴含着深邃的佛理禅机。

朝山拜佛重要的不是身到，而是心到。明代金锷《游补陀》一诗于写景中饱含着空寂的思想：

梅影尽含空外色，潮音不杂定中禅。
金沙滩上僧归月，紫竹林中鸟破烟。

梅影摇曳既是实有，又是空无，禅定中的僧人连大海的潮音也无法打扰他，"僧归月"、"鸟破烟"，用字精练，意境极为淡静自然，一派空寂。最后诗人将对佛理的感悟归为一个"心"字：只为真心归大道，无须宝筏渡迷津。

李一鸣《游补陀》颇有沉沦红尘的悔恨之意：

大道元无我，浮生委此形。
客来秋结社，僧过夜谈经。
虚室月生白，空庭雨送青。
怜余樱世间，宁不愧山灵。

"无我"、"浮生"以及"虚室"、"空庭"等词正是对"色空"观念的具体写照，而能够"愧对山灵"则证明还有拯救之希望，觉道悟道全凭心灵的刹那圆通。

在这些诗中，由"色空"观念的支配，诗人主要选取了荒林、山谷、泉流、月亮、夜晚、雪、野渡等意象，营造出清、远、寂、静的艺术境界，类似于中国的写意山水画。

但另一方面，佛教虽然强调"空"、"寂"，但并不彻底否弃现实人生，特别是禅宗，强调修炼佛性与日常生活之间的关联，现实世界无处不是道场，正如六祖慧能所言："佛法在世间，不离世间觉；离世觅菩提，恰如求兔角。"禅宗大师神会也说过："若在世间即有佛，若无世间即无佛。"后来的禅宗甚至不读经，不拜佛，不坐禅，认为坐卧行走、砍柴挑水都可以悟道成佛。所以，吟咏观音道场的不少诗歌并不直接关涉佛理禅机，而是细致描述日常生活中的细节片断，充满了人间生活的气息。譬如明代徐如翰的《雨中寻普陀诸胜景》一诗：

> 缘崖度壑各担簦，翠合奇环赏不胜。
> 竹内鸣泉传梵语，松间剩海露金绳。
> 山当曲处皆藏寺，路欲穷时又遇僧。
> 更笑呼童扶两腋，朔风直上最高层。

全诗写诗人"缘崖度壑"赏览美景，看到竹林、清泉、松林和海，一派幽静脱俗。"山当"两句既写路途转折回环，又点出寺、僧之多，而"更笑呼童扶两腋"一句洗尽机巧，信手拈来，充满天真烂漫的趣味。

清代万斯同的《佛顶山庄》二首：

其一
先人余旧业，卜筑向山椒。
饭有胡麻种，山留黄独苗。
一竿娱暇日，万籁度深宵。
会得林泉意，高山亦可招。

其二
紫扉遥向岭，竹阁近临湍。
野老须眉古，山僧礼数宽。
荒厨逢俎豆，樵室有衣冠。
慰得鹪鹩愿，一枝已自安。

两首诗除描写佛顶山庄的偏僻幽静外，大量涉及了日常生活中的用品：山椒、胡麻、俎豆、紫扉、竹阁、樵室，又写到了野老与山僧，诗意高古，生活气息浓郁，诗中几乎没有涉及佛理禅机，却又处处让人觉得蕴含着颇深的寓意。

姚燮的《息耒院》同样清新可喜：

佛灯荧荧一星挂，庭笋将篁箨初败。
雏僧六七如雀群，抢攘团蒲学膜拜。
柴门松绿篱枳黄，夕照在地人影长。
东海不受海烟气，吹动春岚作麝香。

诗中写到院落的景象是庭笋将篁，箨叶初败，柴门篱笆，夕照在地，山居生活满是泥土气息与自然气，丝毫不关外面的世事沉浮，只按照四季的轮回。最妙的是"雏僧六七如雀群，抢攘团蒲学膜拜"两句，活脱脱地写出了小和尚的率真稚朴。这类诗作关键在于作者有一颗淡泊宁静之心，有一双看透一切人世沧桑的慧眼，才能写得如此朴素自然,一派天籁。

佛教东来,为中国传统文化注入了新鲜血液,其对中国文学艺术的影响至深至巨,可以说是一种革命性的改变。譬如题材与主题方面的开拓,佛教人生如梦,一切皆空,六道轮回,善恶报应等观念,启发了中国古典小说的新发展。如唐人传奇《南柯太守传》、《枕中记》等作品对人生虚无的反映;《霍小玉传》、《错斩崔宁》等对因果报应的信奉;《三国演义》开卷引明代杨慎词"是非成败转空头,青山依旧在,几度夕阳红"同样渗透出强烈的佛教"色空"观念。特别是《红楼梦》,全书以梦开始,以梦告终,始终贯穿着佛教人生如梦,世事无常,一切荣华快乐皆是虚幻的佛教思想,《红楼梦》也正因其非凡的超越性成为中国古代最伟大的文学作品。佛教的思想,尤其是禅宗的思想,对中国古代诗歌的影响同样深远。禅宗那种超越逻辑与概念推理,直指本性的顿悟思维方式,与中国人擅长的直观思想、跳跃式的片断思维有着内在的一致,而艺术创造,尤其是诗歌创作,特别强调直观的形象性、灵感的偶然性与丰富的想象力,以心灵为中心向宇宙万物作精神的辐射。

至少从唐初开始,就有了旨在表现"禅悟"的诗歌创作,即所谓"禅诗"。寒山子、拾得等走的是通俗一路,以议论入诗,抒发佛理禅趣。而诗僧皎然、王维走的是清雅一路,讲究形象与意境,含蓄幽深。如皎然的《题山壁示道维上人》:

独居何意足,山色在前门。
身野长无事,心冥自不言。
闲行数乱竹,静坐明清源。
物外从知少,禅徒不耐烦。

诗歌抒发了飘然物外,解脱世俗之累的情趣。

王维中年后笃信佛教，写了大量涉及禅境的山水诗，如《鹿柴》：

空山不见人，但闻人语响。
返景入深林，复照青苔上。

寥寥二十字，精确地描述了薄暮时分山林的光景明灭，表现了禅家的色空思想。王维诗中类似的佳句不少，如"行到水穷处，坐看云起时"；"人闲桂花落，夜静春山空"；"泉声咽危石，日色冷青松"。

宋代苏轼、王安石、黄庭坚等的诗歌也写得很有禅味。

以禅人诗，以诗参禅，使中国古代诗歌于山水、田园、玄意之外，开拓了"理趣"的新境界，在中国诗坛独标一格，并影响到诗歌理论。如为了解决"言不尽意"、"言有尽而意无穷"之间的矛盾，皎然提出创作应追求"文外"之旨；晚唐司空图《二十四诗品》指出"不著一字，尽得风流"、"超以象外，得其环中"。南宋严羽在《沧浪诗话》中提出"妙悟"说："大抵禅道惟在妙悟，诗道亦在妙悟"，"其妙处透彻玲珑，不可凑泊，如空中之音，相中之色，水中之月，镜中之像"，清初王渔洋又在此基础上提出"神韵"说，认为"舍筏登岸，禅宗以为悟境，诗家以为化境，诗禅一致，等无差别"。禅诗无论从内容上看，还是从诗艺上考量，都算得上是中国诗歌的一朵奇葩。歌咏普陀山的诗歌绝大部分也可划入禅诗范畴。诗心通佛心，佛心启诗思，不同时代的作者们从心灵感悟出发，融入自我生命的丰富体验，从不同角度艺术地传达了佛教的哲学思想和宇宙观，而其数量之大、题材之广、风格之多样，堪称蔚为大观，是中国诗歌史上的一大奇迹，诗人们的创作实践，正是对中国古代禅诗及相关理论的继承与发扬，其中的许多诗作具备了很高的艺术境界和审美价值。因此，这些洋洋大观的诗作对于佛学思想的研究，对于中国诗歌发展的探讨，都是极其宝贵的资料，值得人们作进一步的发掘和总结。

第三节　赠高僧诗:兴会与神游

普陀山高僧辈出，他们的德行操守、人生阅历，特别是对佛教事业的大力践行，最典型地体现了佛教精神与佛学境界，赢得人们普遍的敬仰。他们交游广泛，言传身教，重情重义，"君子之交淡如水"，友人或师徒便有大量写给高僧们的诗作，这些赠诗既印证了彼此间的友谊，也刻画出高僧的品质与风采，并深深浸染着佛学的基本精神。

人际交往贵在相知，俗家与高僧亦如此。元朝黄镇成的《送涧泉上人游补陀》即是:

> 潮音海洞石磐陀，送子东游奈别何。
> 日上扶桑天不远，云连析木地无多。
> 水王献宝开丹穴，星使通槎泛白波。
> 见说蓬莱清浅水，便从鹏翼起秋河。

首句点明上人东游之处，"奈别何"道出依依惜别之情。"日上扶桑"、"云连析木"既是东海中普陀的实景，也是作者想象上人去处的路途遥远。"水王"、"星使"一联写普陀山的神奇，上人远游的潇洒之态。因此，作者祝愿上人如大鹏展翅，而汹涌的东海也只是一湾清浅之水了。

清朝洪陈斌《别别公》一诗道出了友情的深挚动人:

> 一棹茫然出海云，探奇聊可却尘梦。
> 谁将花雨从空洒，何处涛声入座闻。

> 梦里自吟新得句，病中我索旧镌文。
>
> 茶山绝顶还须到，莲水东西未忍分。

作者与别公分手后，遥想佛国的花雨缤纷飘落，海国的涛声清晰可闻，这都是因为别情所牵。从诗中可知他们是诗友，所以梦里吟诗，共论诗艺，在病中还在寻找别公的旧文，可见一往情深，十分感人。类似的还有清朝舒声的《舟至普陀有怀潮音和尚》：

> 望洋悲晚节，带月挂帆行。
>
> 风紧潮无力，矶峥浪有声。
>
> 钟鸣知寺近，心定觉舟轻。
>
> 明日磐陀石，何人话旧盟。

正因为有着如此深挚的情谊，俗家与高僧并不因为身份不同而有隔阂：

> 君堪方外友，我岂世中情。
>
> 旧咏挑灯读，新茶接雨烹。
>
> 因闲分佛火，不寐理涛声。
>
> 殿角雷门鼓，贤愚共一惊。
>
> ——洪陈斌《晤潮公》

一方是"方外"高僧，是贤者慧者，一方是"世中情"，是俗人，"愚者"，却相处一室，挑灯读诗，接雨烹茶，或者就着佛火作长夜谈，听涛声直到天亮，何等相知，何等兴会！

自然，这种相知与兴会，从深层次看，乃是他们有着共同的信仰与精神追求，尤其是高僧对世俗中人精神困惑的引导指点。如明朝沈秦冲《送普陀润渠师自长安礼五台》一诗：

> 海云无端百千色，为向吾师送飞锡。
> 莲花洋畔香满衣，泠然御风来北极。
> 怜予寂寞不得意，乍吐玄言解愁怒。
> 片时置我松风间，涤尽烦襟坐萧飒。
> 却月之游未便忘，倏忽弃去心转恻。
> 试与海中洛迦山，谁是如来真托迹。

海云百千色，可理解为祥端与花雨之盛，"香满衣"与"泠然御风"状写禅师的飘游之态。而禅师的"乍吐玄言"便解除了"我"的愁怒，使"我"顿觉如坐在松风间，"涤尽烦襟"而豁然开朗，感叹禅师正是"如来真托迹"。

久居尘世，红尘万丈，烦忧之事甚多，便自然向往佛家的清静无为，这也是许多赠诗表意的重心所在。如明朝丁继嗣的《游白华庵为昱光上人题》：

> 证果白华巅，超然出世先。
> 望空开宝刹，枕石听山泉。
> 花发传灯后，龙皈说法前。
> 吾将扫尘虑，对尔共安禅。

诗作赞颂上人超然出世、矢志"证果"的毅力，并羡慕"枕石听山泉"的忘忧境界；"花发传灯后，龙皈说法前"写其智慧圆通，连海龙王也皈依佛法了，所以作者深有触动，有了"吾将扫尘虑，对尔共安禅"的强烈愿望。同类的还有明代陈大可的《送了然上人归补陀》：

> 剑锷霜寒又拂衣，梅花香处送君归。

　　　　他年参得无中诀，小白华山共掩扉。

"剑锷霜寒"句颇具剑侠之气，也可理解为作者在风尘中的奔波；在冬天送别了上人，并期望终有一天会与上人在佛国"共掩扉"，但那是"参得无中诀"即真正体悟了佛学之后。还可以明朝张四岳的《送昱光上人归南海》一诗为证：

　　　　锡驻长安道，言归小白华。
　　　　一心忘去住，双鬓怯尘沙。
　　　　已觉浮生幻，宁辞去路赊。
　　　　慈航应不远，遥望海天曙。

"一心忘去住"自然指上人云游四方、心无滞留，"双鬓怯尘沙"既可指上人追求佛理的艰辛，也可理解为作者在尘世挣扎谋生的处境，因此体悟出"浮生幻"，重新选择的"去路赊"，即皈依佛门的新境界。"慈航"一联自然是祝福上人一路平安，也是作者对今后人生归宿的自我期许。

　　明朝章载道的《赠三藏上人》说得更加明白：

　　　　吾闻大海南，眼界都无染。
　　　　安得从师游，迷方一朝点。

这种强大的感召力当然与高僧的人生追求与人格魅力密不可分。所以许多赠诗将焦点集中于高僧的精神风姿，对佛法的苦心追求，以及修成的卓然人格上。先看明代张可大的《赠白华庵昱光禅师》：

　　　　不识青莲界，山花白几重。
　　　　松关窥澹月，竹径逗微风。

> 人语龙天外，僧归蜃市中。
> 支公谭小品，跌坐任从容。

"不识"句谓佛国之境俗人很少能真正体悟，"山花"句谓自然更迭，岁月悠久。此诗妙在不直接涉及禅师言行，而是状写环境的清寂优美，"澹月"、"竹径"、"微风"等既是自然之景，又处处蕴含佛理；"人语龙天外，僧归蜃市中"更突出了佛国的幽深神奇。处在这样的环境中，自然想见禅师的心无俗念，胸次的自由豁达了。结句才回到禅师身上：跌坐于蒲团或林泉之中，从容自适，虽片言只语，而机锋迭出。不直接写人，而从自然、环境入手，以衬托人物的高蹈出世，也就避免了直率论说人物品性与佛理禅机的单调枯燥，灵动而含蓄。

再如清朝朱谨的《过旃檀寿庵赠通长老》一诗：

> 深林藏幽屋，中有鹤发翁。
> 枕石抱萝月，弹琴流松风。
> 寂寞运真宰，燕闲忘化工。
> 不知是何世，云水满清空。

"幽屋"藏于林中自然清静，更因为主人是"鹤发翁"；枕石抱月，松风弹琴，何等潇洒！"运真宰"、"忘化工"点出长老已达到宠辱皆忘、物我相融的高远境界，也就"不知是何世"了；"云水满清空"一句境界开阔，动静相合，令人顿生悠然神往之思。

开坛讲法，显示高僧不凡的功力是赠诗中的应有之题，清人陆祖修的《宿白华庵赠剖疑禅师》有很传神的写照：

> 白华岩下法堂开，白玉为阶绝尘埃。
> 自劈门庭成祖席，天留水月礼香台。

生前见佛无他路，劫后谈空有辩才。

风雪一灯春睡好，枕头又听子潮催。

全诗写诗人夜宿禅院听禅师讲法后的一番观感。"白玉为阶"、"天留水月"既写法堂的洁净无染，又写法师讲法的高妙深远。禅师一生经历重重劫难，悟透宇宙人生的"空无"，因而辩才超群，机锋迭出，最后的"春睡好"、"子潮催"写出禅师的心境通脱透明，无碍无障，一派天籁。

又如清人张尚瑗《赠震六禅师归普陀》一诗：

何年飞锡渡沧溟，四大安恬等一萍。

夜榻静趺山魈伏，虚堂挥麈毒龙听。

衔花无路惊禅定，蛮獠同参证性灵。

归到白华烟水阔，海鸥冲破嶂云青。

禅师在夜晚静趺说法竟可使山魈伏服，轻挥麈尾使毒龙驯服，飘零无主的落花也从此禅定，蛮獠也同参法师有了灵性，可见禅师佛学的高深与启悟之力的强大了。

这种启悟既来自长期的艰苦修炼，也来自于自然造化的暗示，如清人朱景颐的《珂公大和尚枉顾，小诗奉祝》：

闲肩飘笠任西东，正切相思喜又逢。

波劫销归莲漏里，潮声悟彻竹林中。

冰床五夜禅逾定，心月孤标相已空。

约略从今无量寿，海涛长见一灯红。

"闲肩飘笠任西东"状写大和尚为求佛法四处云游，人生劫难销亡于莲池的钟声里，从潮声的来去与幽静的竹林中彻悟万物的真谛；

"冰床五夜"言其住室之简陋，而禅心逾定，"心月孤标"言其精神的高洁自赏，进入万象皆空的境地，高僧的智慧也便是茫茫大海中的一盏红灯，指引着尘世中的万千苍生。

高僧之所以超越常人，很重要的一点是能够随遇而安，守贫乐道：

> 古寺风推盛，惟师善守贫。
> 竹披孤灶冷，潭制毒龙驯。
> 贝叶书经满，莲花刻漏新。
> 请斋不过午，梵吹每先晨。
>
> ——（明）陈竟《吴中寄朗彻上人》

诗中的上人形象是一个甘心清贫者，居住于竹林中，灶头冷清不生烟火，时常饥饿，甚而从寒潭中舀水充肠，早餐之后便整天不食。但他自有快乐在，"贝叶书经满，莲花刻漏新"、"梵吹每先晨"，心无旁骛，一心探究佛学精义。也正因能甘守清贫，才有求法悟道的坚贞之心：

> 老树吟风户不扃，横陈一榻略忘形。
> 涛看近岸头先白，窗对遥山眼亦青。
> 默坐蒲团参玉版，闲翻贝叶诵金经。
> 因缘我又添香火，竹韵松声悦性灵。
>
> ——（民国）周庆云《赠普梵庵越山上人之二》

户外老树骨立，可见禅师修持年代之久，坚守意志之弥；"横陈一榻"见其生活之简单随意，不拘世俗之节；"涛看"、"窗对"一联极佳，禅师就在默坐诵经中白了头发，但禅师的精神愈健旺，悟道愈深刻；"眼亦青"并非"白眼青眼"之意，而是说面对自然完全脱却尘世俗念，智慧明达而宠辱皆忘了。

涉及这类题意的还有明代屠隆的《一瓢行，赠海潮玉田上人行脚》：

> 手中持一瓢，四海在脚底。
> 衣染南浦云，口吸西江水。
> 大士跏趺莲花湾，文殊高坐清凉山。
> 峨眉层冰鸡足雪，甘露竹院高峰关。
> 震旦茫茫不问路，洪波一苇便径渡。
> 王侯将相作等闲，华屋朱门等蓬户。
> 铁鞋踏穿世界空，孤云野鹤何定踪。
> 瞥然回头发大笑，明珠只在衣领中。

诗作以"手中持一瓢，四海在脚底"总领，描述了高僧不辞辛劳，四方游学参禅的丰富经历，如传说中的列子御风而行，高蹈出世；而之所以如此，是因为他志趣高远，孤云野鹤，看穿了世界万物的"空"，自然王侯将相也不放在眼里，华屋朱门的繁华也不屑一顾了。结句"瞥然回头发大笑"十分传神，写活了人物的神采与个性，磊落洒脱之极，"明珠"即佛珠，一心礼佛，傲然自尊。

一些诗作还涉及高僧的人生经历、出家的缘由：

> 昔日相依旧邻曲，青山偕隐连茅屋。
> 叹息君家有二难，十亩之间耕且读。
> 栽花满圃待春风，岁时杯酒相追逐。
> 十年杖锡无书信，故里存亡不可问。
> 怜君皓首着袈裟，我亦飘蓬霜满鬓。
> 海上相逢各涕零，旧时怀抱为君尽。
> 劝君还家看弟侄，岂谓禅门无至性。

瞥眼风波行路难，老来骨肉应亲近。

山前喔喔海鸡鸣，夜半连床语未竟。

——（清）孙渭《甘露亭遇雪魔上人话旧》

作者与雪魔上人既是同乡，又是少年伙伴，所以对上人的家世和人生十分了解，写来非常亲切朴素。上人生于乡村，家境清贫，勤于耕种，又能苦读。闲来种花，也会杯酒相逐。但"君家有二难"，必定是重大变故，所以才会突然弃家入佛门，"十年杖锡无书信"，直至今日相逢，一个是"皓首着袈裟"，一个是"飘蓬霜满鬓"。诗作的特别之处在于凸显上人的"至性"，出家礼佛并未使上人成为漠视世事、无情无义之人，仍怀有一份浓浓的"骨肉亲近"。因此，当作者回首往事，劝上人回故乡看望亲人，上人便也"涕零"感动，而与少年伙伴更是放开怀抱，"夜半连床"晤谈，直到海鸡打鸣，天色大亮。全诗娓娓道来，如话家常，而乡村少年怎样变为高僧，其间的曲折情由，艰辛修炼，到老仍葆有人间情怀，一个立体的、有人情味的上人形象也便跃然纸上了。

赠高僧诗的内容十分丰富，视角灵活多重，而最关键的是作者自身既有向佛的强烈愿望，又与高僧有深切的交往了解，崇敬其人格与修炼。因此，相聚时兴会无比，说佛品诗，莫逆于心，分手后又梦萦魂牵，神游天地，同气相求，毫无阻隔。由此观之，赠高僧诗也就成为禅诗中十分重要的组成部分，一道独特的景观。

最后，可以清人朱谨的《寓白华庵赠耆英长老之三》为例，再次品味其中的意蕴：

入山谁与语，一笑此相逢。

坐月留禅室，观涛上别峰。

浮踪云外鹤，古衲涧边松。

淡极情逾至，春山带雨浓。

首联并不写与长老的"佛语",而"一笑"中包含了十分丰富的暗示,可谓"此时无声胜有声"。"坐月留禅室"自然是谈禅了,但"坐月"又将一切化为空灵,镜头一转,突然跳跃到"观涛上别峰",别开生面。"浮云"、"古衲"一联状写长老求道的漂泊生涯,以及高洁坚贞如涧边老松的风姿。全诗也未写作者与长老的深厚交谊,但愈是淡泊愈见出彼此的心心相印,正如雨中的春山,翠色逼眼,生机盎然,一派天然趣味。全诗写得灵气飞动,转换自由,又意境含蓄深远,大有唐代王维禅诗的风韵。

第四节　舟山本土诗人的禅诗创作

至少在7000年前,先辈们就在舟山群岛生息繁衍、牧渔耕海。壮丽神奇的山海景观,独特的风土人情,滋养了舟山人丰富的艺术想象力,使蓬莱仙境成为文学艺术的一方沃土。舟山历代文才荟萃,诗书风流,冠以省级历史文化名城正可谓名实相符。定海文人陈庆槐是清朝舟山第一个进士,著有《借树山房诗钞》八卷,同是定海诗人的刘运坊在《〈借树山房诗钞〉题词》中写道:

> 君从日下袖诗还,我读题词一解颜。
> 多少诗中老名士,因君不敢小舟山。

"君从日下"句言陈庆槐诗人本色,风度潇洒不凡;"一解颜"言作者与之心意相同,快乐莫名。最妙的是下面两句,高度称颂陈庆槐的诗作,连众多"诗中老名士"也因为陈庆槐的才情而不敢小看舟山文人。"因君不敢小舟山",内里自有足够的自信。而观音佛教文化乃舟山民众最重要的信仰,耳濡目染,日积月累,便沉淀为舟山文人深层次的精神基因。因此,舟山文人对佛教文化生发出持久的崇敬，并以大量的佛理诗表达人生的感悟，也便成为一件非常自然的事。

舟山本土诗人的禅诗创作，主要集中于明、清两代。先来看舟山历史上唯一的状元、明代张信的《游补陀》一诗：

> 浮生同一梦，感慨怜我情。
> 文章只覆缶，铅椠总顽形。
> 拂兹蘅窦下，凌彼天之层。
> 和风洒云龙，清樾培佳程。
> 眷言游仙侣，趣趾成蓬瀛。

"文章"、"铅椠"皆指世俗的功名追求，平时深陷其中，到此才恍然觉悟"浮生同一梦"，从佛教之眼看，一切都是空无，官样文章不足恃，绳墨之烦徒然消耗精神，一个"怜"字道出了自惭与愧恨。那么如何超脱世俗之累呢？张信选择的是向佛与仙游，双手拂动香草，一路直上高处，沐浴着和风白云，原来解脱之路并不遥远，"趣趾"即快步行走，迅即便可到达佛国仙境。

对世俗人生的反思与校正，想寻找一条超脱之路。来源于自身的生活遭际，也正契合佛教"空幻"的原理。年少的张信况且有如此感悟，更何况阅历丰富之人？清朝史节文的《怀补陀》也有很深的体味：

> 其一
> 吾生知幻寄，浮海竟为家。
> 胜地邻相接，仙山路不赊。
> 波光凝晓日，洋水浴莲花。
> 但得烟霞趣，何烦入少华。

其二

阅世炎凉遍，归山老薜萝。

年高迎客少，病起读书多。

雨意添岑寂，诗材费琢磨。

日斜欣就枕，不问夜如何。

史文节就是普陀山人，原诗有注："予家于舵岙，去山只一水耳。"
作者无数次涉海营生奔忙，渐知生命之虚幻，只不过在天地间暂时
寄存罢了。而自家身边正是佛国仙山，也就觉得格外亲近，大可看
波光，晓日，看万朵莲花沐浴于大海，过逍遥的日子，"但得烟霞
趣"，也就不必为祈求少华重来而烦忧。第二首写年老多病的生活
情状，因为"阅世炎凉遍"，才下决心"归山老薜萝"。来客稀少，
病中唯以读书写诗为乐，什么时候睡起都可随心所欲，毫无束缚。

　　对尘世生活的反思，也使一些文人产生未能及时皈依佛门的矛
盾与追悔心理，如清人刘心南的《和陈江洲司马游普陀原韵》
一诗：

澄波带月度慈航，彼岸初登叩佛堂。

半沼白莲滋法雨，一声梵鼓起朝阳。

清修有路追难及，尘俗为缘恨颇长。

焉得年年海氛靖，与君相约话禅房。

首句中的"澄波带月"既指朝拜时的心境，也含有佛理，"半沼白
莲滋法雨，一声梵鼓起朝阳"，巧妙地将佛理与普陀山的景物融为
一体。第三联是重心，表达自己的矛盾心态，清修之路之所以"追
难及"，是因为自己的"尘俗"太深，不能超拔，因而悔恨不已，
结局虽期望"与君相约话禅房"，但最终是否能够了断尘缘也只是
一个未知数。

金士奎的《游普陀》也是：

　　宝筏来西竺，暗渡人鹿鹿。
　　为言佛教隆，我心未输服。
　　生平事半违，抱脚思虔祝。
　　因觅洛迦踪，破浪帆一幅。
　　琼官峻插烟，入门容已肃。
　　黄面化千尊，灵迹醒食肉。
　　梵音石洞深，听法鲸蛇伏。
　　一处一奇观，古碑拨苔读。
　　探寻不可穷，抱云三四宿。
　　我未脱红尘，让僧受清福。

作者云游佛国，是由于"生平事半违"，历经蹭蹬，而向观音大士虔祝好运。作者探幽访胜，流连忘返，感受到佛法"鲸蛇伏"的无上功德，对"食肉"者的启悟之力，不过，从最初的"我心未输服"到最后的"我未脱红尘"，仍然徘徊于世俗之中而无法皈依，可见其矛盾挣扎之难，悔恨自责之深。

　　对人间万象"空无"的感悟也好，对尘世之累的反思导致的矛盾悔恨也罢，其主动力当然来自佛法的广大与深邃的感召力，舟山本土诗人的禅诗中也便大量涉及这一主题。先看清人余灿的《过法华禅院》一诗：

　　闲来独与高僧坐，洞达轩窗纳晚凉。
　　静境谈禅诗作偈，绿荫消暑竹侵床。
　　鸟窥钵饭穿云度，龙摄天花带雨香。
　　话到玄机真妙谛，依微星斗落山房。

诗歌写作者在"绿荫消暑竹侵床"的僧舍中乘着晚凉，与高僧对坐谈禅说偈，俗气全消，心境如水。诗作重心在于状写高僧说法的玄妙高深，表面上看，是鸟被钵饭吸引穿云飞落，带雨香的天花是龙从天空洒落，实际上是说连鸟也被高僧说法吸引也有了灵性，龙也叹服佛法而助播法雨洒遍人世。结句说高僧的说法揭示出深刻的妙谛，又充满玄机，不可道也，正如天上的星斗静默不语，却又光明永恒。

再来看武镐的《和林蕙亭游普陀原韵》：

缥缈云烟入翠微，蒙茸青草闭闲扉。
浪声远送疏钟断，蜃气轻浮宝锡飞。
满沼白莲参净境，一轮皓月透禅机。
须知佛力乾坤大，能使苍龙听法归。

云烟缥缈，翠微重叠，"闭闲扉"的自然是山中高僧在清静修为，"浪声"、"蜃气"营造出佛国的神奇脱俗，而"钟声"、"飞锡"暗示着无处不在的广大佛法，连满沼的白莲也参拜着净境，一轮皓月也透出深深禅机。作者感叹"佛力乾坤大"，连苍龙也因痴迷于听法而从茫茫大海中依约归来。

还可拿当代文人王道兴的《次韵俞律先生游普陀》一诗为证：

暂排尘事跨鱼龙，喜此因缘豁俗胸。
观海无涯心即岸，探山有相耳闻钟。
禅林宴梦妙开识，佛国径行香染踪。
人世劫波何足惧，凡身顿觉渡汹汹。

作者不忌讳自己是尘世中人，游佛国仅仅是"暂排尘事"，一豁俗胸；探寻中"耳闻钟"，"香染踪"，感悟"心即岸"，并从高僧说法中"妙开识"，于是不再惧怕人世的劫波，凡身也因有了觉悟而有勇气渡过汹险的大海到达彼岸。

这一类诗中也有不直接入题，而巧用其他事物起到暗示、隐喻的功能。如前面提到的《借树山房诗钞》作者陈庆槐，写有大量的舟山竹枝词，极具浓郁的海岛生活特色，其中也写到普陀山：

> 洛迦名胜海东偏，一炷香烧古佛前。
> 愿郎心似观音竹，愿妾颜如海印莲。

首联写舟山民众对佛法的信仰长盛不衰，后面急然转向对民间男女爱情的祝福，但选择的恰恰是"观音竹"和"海印莲"两种形象，而这两种形象又恰恰是佛国之物，也就值得玩味了。"观音竹"长年青翠，又具备慈悲之心，"海印莲"年年花开，相守有信，既可指男女对爱情的专一，也可解为佛法的广大布施，无情又有情，佛教徒追求佛法真谛的坚贞之心。

再如现代文人金性尧的《在山》一诗：

> 在山泉水本清幽，每听潺潺去复留。
> 若道辞山能作泽，也应长自向低流。

诗作是对山泉自然流动的描述，又含有佛法哲理。泉水在山当然清幽，但它必然要潺潺流去，即"出山"，只有流动才能保持鲜活；流出山外形成水泽，可以利众生。而佛教既讲"无情"，又讲"有情"，关怀一切众生，只不过也如山泉一样向低处流方能汇成水泽，佛教徒的"有情"也是取谦卑之姿，自然不做作。

类似的还有当代诗人方牧的《千年巨樟》：

千秋嘉令德，十里接芬芳。

清叶风呼雨，唐柯天摆云。

高飚谁识我？直道最怜君。

汉武今不见，嗟嗟大将军！

诗作吟诵的是普陀山的千年樟树，历尽风雨磨难，依然"接芬芳"，"风呼雨"，林干高耸入云，活力不衰；"高飚"通"高标"，表面是言巨樟之高，骨子里是说巨樟的品格，即"令德"，与自然相契，荣辱不惊，超然看世。当然，谁都看得出，作者采用的是拟人手法，从千年巨樟中正可见出高僧的形象，苦守心志，凡尘不染，德被后世，因而卓尔不凡，为人敬仰。

"心闲地自偏"。普陀山本来就是偏静之地，而出家人精神上最可珍视出的就是"心闲"。许多禅诗着力描绘了佛国僧人悠然出世的闲适与洒脱：

荷锸归来乍掩关，禅心千古白云闲。

愁城苦海人如许，尘攀何曾到此间。

——陈庆槐《息耒院》

"息耒院"的名称大有禅意，表面上是说劳作归来放下农具，实指人生必须及时放下一切不必要的负累，解除精神上的困厄。陈庆槐此诗也是从这里生发开来："荷锸"说明高僧刚在山野间劳作，体现出百丈怀海所说的"一日不作则一日不食"的禅林传统，"乍掩关"则指高僧无一日不修为，在入定中"禅心千古"如白云样悠闲自由；"愁城苦海"则指红尘世界，人们为名为利熙攘不息，而这些与老僧毫无关系，真正超脱世俗了。

邱逸夫两首诗对此有很生动的描述，一是《普陀寺》：

环山皆海水，山晓梵宫开。

大士修真处，潮音逐日来。

慈云垂紫竹，甘露散苍苔。

有老于斯子，安禅坐石台。

佛国置于茫茫大海，正适合清静修炼，"潮音逐日来"既是写景，也暗示着高僧修炼时日之久，不疲不息；"慈云"、"甘露"一联对仗工整而有深意，佛法无处不在，滋润生灵，慈悲有情；尾联是一个特写镜头：高高石台上，那僧人闭目垂眉，入禅已深，就这样度完一生了。

二是《游普陀》：

暂泊轻舟入此山，步随云影造禅关。

天晴愈觉峦光好，地远深容物性闲。

僻径时逢孤兽过，危巢暮见众禽还。

老僧莫怪忘归棹，亦拟栖神水石间。

诗作将一个个镜头自然连接起来：轻舟、云影、天晴、地远，构成一个闲适的天地；而"孤兽过"与"众禽还"则静中有动，生机跃然，自由自在。最后连"我"也忘了归棹，"栖神"于水石之间。不直接说僧人，而是巧妙地说"老僧莫怪"，可见老僧之精神也正游荡于如此美妙的自然境界中。全诗处处写"物性闲"，自然也包括了僧人的神采风姿。

普陀佛国以海山兼胜名闻天下，诗作自然涉及到海山胜境的描述。试举两例：

环海青山皆未了，竟说补陀山色好。

补陀山灵境溟渤，圆峤仿佛拟蓬岛。

……

始游洞天继绝壁，历尽陂陀三百级。

芒鞋踏破海南云，玲珑怪石迎人揖。

峰峦蕴藉有奇姿，楼台半露瓦参差。

三分树色二分竹，浓青淡绿衬相宜。

……

山僧引我入松寮，松风镇日听萧萧。

烧茶蒸篆栖息处，别有名花香六朝。

——（清）王庆年《游补陀》

诗作列举了普陀山的洞天、绝壁、怪石、云海、楼台、树色、松风、佛茶、名花等，营构出一个奇丽幽深、美不胜收的蓬岛仙境，让人叹为观止。

汤浚的《普陀纪游》更为详尽，只引上半部分：

我本山中人，夙具游山癖。

况有竹林贤，左右相提挈。

言作南海游，海岸录幽僻。

补恒洛迦山，形胜昭往昔。

未登梅仙岑，先访短姑道。

怪石青鼓青，小山寻华白。

金沙千步平，无风亦涧渚。

法华一洞幽，岩扉两分擘。

梵音与潮音，朝暮吼潮汐。

奔涛若怒雷，惊心又动魄。

最高菩萨顶，去天仅咫尺。

置身云雾中，异境想天劈。

诗作以游踪为线索，涉及了梅仙岑、短姑道头、千步沙、法华洞、梵音洞、潮音洞等诸多佳境，叙述平实，又夹以描述，亦颇生动有趣。

观音道场，高僧大德，又是如此引人入胜之妙境，也就引得人们心驰神往，流连忘返了：

> 蕙风送客到南天，舟子呼登彼岸边。
> 后寺地连前寺净，在家人结出家缘。
> 得诗偏是观山海，有酒何须辨俗仙。
> 甚欲步成归去赋，老僧且复强留船。
>
> ——（清）韩廷娥《夏日游普陀》

作者直言自己是"在家人"，登临佛国结了"出家缘"，游佛寺、观山海而多有诗作，有酒则畅饮不辨俗仙，不失为诗人本色；最感人的是当诗人欲归，"老僧且复强留船"，老僧也是有情之人，可见双方的友谊之深。

作者的另一首《重游普陀》则是游历佛国后的怀念与追想：

> 抛却红尘佛国游，曾经两宿白华楼。
> 老僧相识仍如旧，明月多情又到秋。
> 睡起云看巢岭角，梦残风听荡潮头。
> 者番酣意题难了，莫与蒲帆挂去舟。

诗人多次游普陀山，碰面相识的老僧依旧身体健朗，明月如此多情，"多情"既因是佛国之月，又因了与老僧之谊不变；"睡起"、"梦残"一联状写身心的随意自由；诗人诗兴又起，颇伤脑筋，干脆不再写了，且挂云帆驶向茫茫的大海。佛国的一切已成了诗人最美好的记忆。

　　说到舟山本土诗人的禅诗，当然要提到白华山人厉志。厉志是岱山县秀山乡人，善书画，又工诗，诗品甚高，有《白华山人诗钞》十八卷行世，在清道光年间名动四方，康有为称其诗"超绝清诗谢尘埃"，读来"如嚼冰雪，如见高僧，如在奇松怪石灵岩古洞间"。厉志一生淡泊名利，喜作四方云游，到过许多寺院，与佛颇有缘，涉及佛教题材的诗多达三十余首，如《过古观音院》、《梅子真祠》、《万峰庵》、《僧窗》、《经三塔寺》等，这里只举出两首与普陀山有关的诗作，其一为《洛迦寺月夜观白莲花》：

> 澄潭玉莲池，远凿瀛海中。
> 翠盖积茂叶，渌水浮群峰。
> 峰峰合影抱落日，花花侧萼摇清风。
> 我方寂坐澹尘虑，东隅皓魄升珠宫。
> 晶光照耀殊色相，湛露滴淅滋华容。
> 银盘昨放堕轻瓣，玉瓯刚拆含纤蓬。
> 芳馨袭衣久不散，薰蒸换骨良有功。
> 上方钟鼓夜深绝，沙渚烟冷无鸣虫。
> 此时人间若异世，岂来海上还尘踪。
> 沧洲花木四时好，快睹宝相无终穷。

诗作先描绘莲花生长的玉莲池环境，四周大海，群峰叠翠，绿水荡漾，落日在山，花萼摇风，是极为幽静所在。而重心在描述月出之后的白莲花：诗人在莲花池边独坐，尘虑全消，而皓月从海上升起，晶光照耀，与露水一起滋润花容，更显姿色不凡，"银盘"、"玉瓯"都是形容莲花的皎洁，发出的芳香经久不散。然后镜头推开去：钟鼓传来，夜更深绝，沙渚烟冷，虫鸣已息，恍若异世。全诗笼罩着一层清寂而朦胧的意绪，迷离、幽美，而莲花本是佛教中的重要意象，孤傲自赏，香气四袭，高标不俗。诗人咏吟月光下的白莲花，正表达了身处佛国，一洗尘虑的欢愉之情。

二是《佛顶观海》：

> 群峰欲东尽，杰阁自孤蹲。
> 俯瞰沧波涌，中当白日翻。
> 平生信漂泊，此水见根源。
> 回首大千界，芸芸徒尔繁。

诗作先从宏观角度描述山海景色，"孤蹲"一词既写寺庙所处地位高峻，又暗示与尘世隔离而卓尔不凡；"沧波涌"与"白日翻"气势宏大，豁人心胸。然后诗人道出了一己体悟：自己一生漂泊四方，精神无所依傍，而今见到了佛国的波涛（也即灵泉），信仰才有了归宿。最后诗人感慨大千世界中的芸芸众生太执着于得失荣枯，不过是空自忙碌罢了。

佛教是舟山民众最重要的宗教信仰，舟山的大小岛屿寺庙遍布，香火鼎盛，因此舟山文人的佛教题材诗数量也就极为可观，不过，涉及最多的当数佛国普陀，无论是反映的内容，还是其艺术风貌与审美境界，歌咏观音道场的禅诗无疑代表着本土诗人同类诗作的最高水准。

第 二 章

僧侣世界的精神映像

第一章中所涉及的诗歌绝大部分是世俗中人记述和表达朝圣观音道场的过程与心灵体验，也就是说，是从佛门外看佛门内的世界，中间终究横隔着一道无形之门槛，因而必然会在作品中留下许多尘世之累所带来的沉重感喟。而僧侣为佛门中人，彻底斩断了与世俗之累的牵连，加上对佛学的精研修炼，他们对佛学的理解更圆通，其对生命与世界的体悟以及艺术表现形态也就有了自身的特征。本章考察的对象除僧侣的诗歌、游记创作，还包括普陀山历代高僧的事迹、序、碑铭、对联与地名，尽管后者并非纯粹的文学创作，仍具有某些文学的审美因素。通过多角度的考察分析，意在凸显和描述僧侣世界的精神映像，因而也就有了别一样的意义。

第一节　僧侣的诗歌创作

出家人之中，历代不乏诗歌创作的高手，如唐代的寒山子、拾得、贯休、齐己等。僧侣虽为出家人，但并不意味着"心如止水"，只不过他们所关注的对象和问题与世俗中人有异，而以艺术形式传递内心世界的需求则是人类所共有的。在歌咏普陀山的诗作中，僧人的作品占有不小的比例。

　　第一类是歌颂观音慈悲与伟大的诗作。元代僧人释中峰本的《观音菩萨补陀岩示现偈》叙述了观音显身的奇观后，以偈诗表达自己的体悟：

> 妙圆通体超诸碍，包裹色空含法界。
> 见与不见二俱离，始识大悲观自在。
> ……
> 我昔曾游碧海东，海王抱日扶桑红。
> 怒浪摇金光闪烁，照开朵朵青芙蓉。
> 珊瑚树头月徘徊，水晶帘外蛟龙舞。
> 波神拔剑驱长鲸，吞空浪雪粘青冥。
> 撒出龙堂珠万斛，宝光射透琉璃屏。
> 法身惊入一毛孔，一毛孔里波涛涌。
> ……

诗作将佛理具体化含于神奇的自然环境中。碧海、朝日、怒浪、芙蓉、珊瑚、月亮、蛟龙、波神、长鲸、珠光等一系列意象，营造出观音道场目眩神迷、奇伟险峻的境界，与现实世界迥然相异；而结尾"法身惊入一毛孔，一毛孔里波涛涌"则将万千的生命、自然的变化全收藏于一刹那间，显示出佛法的广大无量，并应对开头的"妙圆通体超诸碍，包裹色空含法界"的总体评说。

　　一些诗歌着眼点往往在于宣示佛理禅机，所以渗入了较多的佛教理念，如元代沙门全室的《赞普门品观音》：

> 一毫端现菩萨身，大悲光相离诸尘。
> 无量句中无量义，炽然常说开迷沦。
> 圆音偏法界，万像皆玄文。
> 耳观入真境，眼听融真闻。

　　言词寂灭相非有，心本无生法无咎

　　……

　　这里的"光相"、"无量"、"迷沦"、"圆音"、"真闻"、"寂灭"等都是佛学中的重要概念，一般人难以猜透，但对于僧侣来说则是日常进修的基本功课，深入佛义的必经之路，所以信手拈来，毫不凝滞。

　　再譬如清代释照慧的《偶成》：

　　大士家三界，悲心圣莫伦。
　　海潮时说法，鹦鹉日留春。
　　会得身如幻，非关见是亲。
　　寄言朝礼客，何以福城人。

　　不过，由于概念的大量进入，理性因素的过于强大，使诗歌因缺乏形象与意境而大大降低了其美感力量。倒是一些因物抒情、不刻意宣讲的诗作显得通俗率真，如清代释性统礼赞观音像的两首诗。

　　　　一
　　寂然不动，感而遂通。
　　耳观无尽，眼听何穷。
　　惟一音之妙入广慈，渡于寰中。

　　　　二
　　用手把针，以针引线，
　　谁为如此，绣成背面。
　　紫竹林中，潮音岸畔。
　　呼彼善财，鹦鹉随现。
　　手中童子送将来，珍重老婆心一片。

更多的诗歌则是通过具体的形象、意境的营造，含蓄生动地传达对佛理禅机的理解与体悟。如宋代释天目礼的《观音大士赞》：

> 千丈白华岩，回头冷眼看。
> 天龙如领会，沧海亦须干。

白华即普陀山梵文音译"白华山"，当指最高处佛顶山。"冷眼看"指用超脱的、不带功利的眼光看待世间一切事物，观音是因为慈悲而入世，也因为阅尽人事巨变有一双洞彻宇宙人生的"冷眼"，才成大智大慧大功德，"出世"与"入世"并不矛盾，而是互为因果，同体共生；"天龙"指佛教中的护法神龙，常住在大海中。诗歌告诉我们只有登上高处，才能看清一切，对世俗的得失成败保持一颗平常心，连沧海变桑田也不过是万物轮回中的一瞬罢了。诗歌只有短短四句，而其内涵并不单薄浅显。

明代释如泉的《春日归普陀》则将一切隐藏于从容的叙述描写中：

> 担簦北海客蹉跎，鼓枻南溟放浩歌。
> 厌俗懒于谭小品，待时偏拟泛长波。
> 钟鸣晓日开香积，雨过春池长芰荷。
> 到此最宜堪大隐，且将飘笠挂藤萝。

从诗中可以看出作者是一个游方僧人，到过许多地方。"厌俗"、"泛长波"等语状写其飘然出世之态。"钟鸣晓日开香积"状写普陀山的景色与佛事之盛，而"雨过春池长芰荷"一句尤其新鲜滋润，极富自然意趣。作者认为普陀山是最适宜于隐居修炼的，于是"且将飘笠挂藤萝"，不再四处漂泊，终于找到了精神的皈依之所。

全诗写得洒脱自然，于平淡中蕴含着深长的意味。

写得清新脱俗的还有清代释明成的《题普陀》：

> 月白风恬海气清，岛山处处锁银城。
> 钟敲梵阁鱼龙动，法听莲台龟鹿呈。
> 紫竹石中含玉节，白花雪里见梅情。
> 更怜瓶内杨枝水，洒出春光觉逾明。

全诗除最后两句以"杨枝净水"点明题意外，都是对海天景物与寺院行状的叙述。"紫竹石中含玉节，白花雪里见梅情"两句最妙，状物极为精炼生动，又见出其不凡风骨。

僧侣本是出家人，他们的诗作所透露的心迹与世俗中人便有了明显的差异。世俗中的人为尘世所累，尽管想往佛界清凉地，也有皈依的心愿，但仍不免于牵挂尘世之情，或感叹人生之劳烦，或体验生命之空虚，即使在皈依途中，也往往带有迷茫难解的心结。如明末张煌言的《月夜登普陀山》之一：

> 孤情深一往，初夜扪云峰。
> 古色空山树，玄音暮海钟。
> 衣痕盛月淡，香迹踏花重。
> 渐觉浮生冗，何劳来去踪。

张煌言是明末著名的抗清志士，协助鲁王朱以海在舟山建立复国基地，偷闲往游普陀山，尽管表面上优游自在，看树色，听暮钟，赏月光，踏野花，但最终又回到现实中，觉得"浮生冗"，并怀疑起"来去踪"的劳烦有何意义。

再譬如明代谢万钦的《游普陀》：

胜地从来不倦游，寻幽依旧过林邱。

老僧前度曾相识，茅屋今朝复小留。

风卷波涛声叠壮，天开石塔影层浮。

生平愧我多漂泊，长啸何时学隐流。

诗人四处探幽，流连忘返，并与老僧为朋，小留于茅屋内晤谈，从而产生惭愧之心，"长漂泊"可理解为经商、求功名等到处奔忙，作者虽然惭愧，并说要"学隐流"，但想要彻底忘掉世俗，恐怕不容易。

对世俗中人来说，要彻底悟透佛理禅机也是一种十分困难的事。譬如清代张本均的《普济寺晓起》：

古寺一声钟，千山晓景融。

鸟喧深竹雨，花落过墙风。

春意看将老，禅机悟未通。

茹峰亭子上，微见日华红。

诗作写早晨起来时的所见所闻，于写景中传达与自然融合的欣喜，也是对佛理的一种体悟，但作者坦承自己"禅机悟未通"，身处红尘中，毕竟隔了一层，倒也是大实话。这种心绪也体现在与僧人的赠答诗中。如清代裘琏的《净土庵赠仲宁上人》：

门外金沙万丈铺，听涛终日坐蒲团。

桥边笑客来如梦，竹径诗人老更癯。

耐是名心听贝梵，好从世味嚼菰芦。

海鸥几个斜阳里，为问前宵浪在天。

前两联写仲宁上人的生活情况，以及作者对他的深切怀念，后两联写作者对佛法的敬仰与心无机巧的向往。其中的"耐是名心听贝梵"的"耐"既是一种修持，也是一种人为的努力，算不上圆通，而"好从世味嚼菰芦"一句则明白表示了作者对世俗生活百般滋味的体会，无法超脱的苦恼。

而僧侣的诗作则一概除去了种种留恋俗世生活的烦恼，对佛法的体悟也更为圆通，心无尘埃，一派光明无碍：

> 总角随师履，舟行至南海。
> 所经凝故里，相见宛同参。
> 示幻全知醒，问心杳莫探。
> 夜深学趺坐，明月入疏帘。
>
> ——（清）行童心鼎《甲申至普陀》

作者"总角"就随师四处云游，自然对佛法极有心得，但一切又了无痕迹，"示幻"、"问心"全凭个体的体悟，"明月入疏帘"一句尤其好，既写月色之美，又写出心态的彻底放松，天然无尘。

又譬如清代释照慧的《青莲阁》：

> 幽胜青莲阁，推窗烹茗剧。
> 花开且共看，不必问花落。

这种心无尘埃的境界，可以清代释潮音的《摩尼庵僧无染照慧禅师像赞》概括：

> 咄哉无染，无染者谁。僧中之耆。
> 戒严食密，独慎衾知。
> 松风水月，仙露明珠。
> 念佛声中回首去，手拈百八是摩尼。

这样一种超脱无碍的心境，还体现于一些描述日常生活的诗中。清代释潮音的《山中四威仪诗》可谓代表：

（一）

山中行，闲踏青，没意智，沿路扯葛藤。

（二）

山中住，煨紫芋，拾枯柴，不伐长青树。

（三）

山中望，偶回顾，牧童儿，问我牛何处。

（四）

山中卧，无事做，醒来时，红日将西堕。

四首诗像一个个特写镜头，描述了日常生活中的行、住、坐、卧，看似毫不起眼的小事，作者却信手拈来，毫不用力，写得格外天真有趣，仔细品味，则大有佛教的精义，正是禅宗所谓的"求佛成佛不脱日常之事"的绝妙写照。可以看出，作者是学寒山、拾得一路，不避俗事，语言通俗明白，似乎是脱口而出，背后却有着精深圆熟的佛学修养为铺垫。

由着这样的对人生宇宙的观照，必然对人世的兴衰变幻看得明白，看得透彻。僧侣诗作中的另一类主题正是对兴衰沧桑的佛理式审察。先看清代释隆寿的《归山重栽蔚鉴池梅》：

适土无如故，重来忆旧时。
欲仍幽径趣，先植早春枝。
香国人难到，冰心我独知。

沧桑何足计，面水问须眉。

诗中的"归山"、"重来"、"旧时"等词说明作者云游四方多时，现在重归故地，肯定经历了许多磨难，有很多话要说，但却一字不提，而是先种植一棵梅树，等待早春时发花，因为作者独守着一片冰心，心静如水，所以才会有"沧桑何足计"的达观，正如独坐于水边的"须眉"老者，笑对青山，一派恬静。

清代释观参《登普陀》之四云：

> 白云红树梵山头，蹙磴攀萝径转幽。
> 斜日荒荒岩际下，清泉浅浅寺前流。
> 短姑圣迹名犹在，大士残碑迹尚留。
> 千载兴废真梦幻，青灯夜夜思悠悠。

作者着眼点不在于描述寺庙之多，香火之盛，在探幽的过程中，细察普陀山曾遭受过的劫难，表现的是观音道场偏于荒凉的一面：斜日荒荒，清泉自流，短姑道头不复当年景象，只有名声犹在，只有模糊的石碑上的文字依稀记载着大士显灵的事迹。所以作者独坐青灯下，夜夜悠思不断，发出了"千载兴废真梦幻"的沉重感叹。这里的"梦幻"自然也契合佛教的"色空"观念，因此感慨中又具备了达观平静的心态。

再譬如清代释广慈的《烟霞馆志感》：

> 峻层古路绕苍藤，赢得烟霞旧署名。
> 无限兴废成底事，年年萝薜送风清。

诗作既写烟霞馆所处自然环境的偏僻幽静，又写人世间岁月的无情流逝，只有清风吹打着萝薜，一切的兴废已无从寻觅。

　　这种对世事兴废的体味往往通过对佛法的体认曲折地传递出来：

　　　　到此弥知佛理深，普门日夜演潮音。
　　　　莲为大士出尘相，海是空王度世心。
　　　　今古沧桑从变幻，鱼龙多少任浮沉。
　　　　喜游华藏庄严刹，吐我平生浩荡襟。

　　　　　　　　　　　　——（清）释敬安《禅寂中忆游普陀》

　　"出尘"与"度世"正是佛教精神的二位一体，或者说，唯有"出尘"之心才能去度世人之苦难。唯其如此，也才能真正做到"今古沧桑从变幻，鱼龙多少任浮沉"，才能拥有达观无碍的"浩荡襟"。同类的诗还有清代释照机的《旃檀精舍口占》之四：

　　　　浮生原是梦，六合一松关。
　　　　识破水中月，观空镜里颜。
　　　　随方皆乐土，何地不深山。
　　　　趺坐山穷处，看云自往还。

　　"水中之月"、"镜里之颜"原不过是幻影而已，随生随灭；既然识得"浮生是梦"，也就随遇而安，到处是安顿灵魂的乐土和深山。"趺坐山穷处，看云自往还"两句天然无痕，大有唐代诗佛王维之风。

　　许多诗作将个人的身世融汇其中，便有了真切的体验。清代释敬安的《普陀山次易哭庵观察原韵二首》之二云：

　　　　麻姑三见海扫尘，今我重来三十春。
　　　　波底鱼龙仍听梵，林间猿鹤尚亲人。
　　　　自怜衰鬓非前日，却笑浮沤是此身。

谁识南询参访意，百城烟水渺无垠。

作者三十年后重来普陀山，顿觉物是人非，正如仙人麻姑三次见到沧海变桑田。"自怜"一句感叹生命的易老，而"却笑"在自嘲中自有达观的心襟，处变不惊，荣辱两忘。

这方面的代表作是释太虚的两首诗。其《普陀山怀冯君木居士》云：

平生奕奕飞动意，欲决沧海回横流。
忽逢慷慨悲歌士，各有沉沦破碎忧。
力弱难援天下溺，心孤遑恤众人仇。
别来思子不可见，望断苍茫云尽头。

太虚法师是一代名僧，曾创立"中国佛教总会"、"觉社"等，热心于救国救民之事，不辞辛劳，又是文章家，著作等身。太虚法师对国事十分关心，所以说"平生奕奕飞动意，"想挽救危局，自己正是"慷慨悲歌士"，满怀着"沉沦破碎忧"，虽"力弱"、"心孤"而坚持不懈，真正做到了如弘一法师所说的"救国不忘念佛，念佛不忘救国"。1914年8月太虚法师再上普陀山，10月掩关于锡麟堂，题关房为"遁无闷庐"，自号"昧庵"，作《梅岑答友》诗：

芙蓉宝剑葡萄酒，都是迷离旧梦痕！
大陆龙蛇莽飞动，故山猿鹤积清怨。
三年化碧书生血，千里成虹侠士魂。
一到梅岑浑不忆，炉香经梵自晨昏。

此诗中的心境已与前面一首颇为不同，尽管写到了"大陆龙蛇"、

"书生血"、"侠士魂"等与时代相关的人和事，但终究彻悟了当年的"宝剑葡萄酒"的壮怀激烈不过是"迷离旧梦痕"，这里的主因当然是力弱难救颓势的无奈，以及对时代政治的失望，决心谢绝俗缘，一心求佛。其闭关之室题为"遁无闷庐"，就是要寻求心灵的宁静，自号"昧庵"也就是要昧于世俗之事，寻求解脱之道，所以"一到梅岑浑不忆"，过去的一切譬如春梦一痕，不再回首，也无法回首了。牵挂世俗人生，是因为对人世"觉有情"，现在放下了世事之累，并不是无情，而是由"有限之情"进入到了"无限之情"，也即是"博爱"，将爱与救赎投向更广大的生命。

太虚法师1947年病逝于上海玉佛寺，遗诗云：

> 年年世世劳辛积，五渡莲洋暗自伤。
> 齐到沧桑亦萍萦，听东风雨胜官商。

诗中回味自己一生的辛劳，与普陀山的因缘，最终领悟个体生命亦不过是风雨中的浮萍，"沧桑"之感又何能以语言表达！太虚法师的诗作情感极为真挚，内涵又十分沉厚，真切地刻画出一代高僧精神世界的演变，诗艺又灵动飞扬，音节顿挫沉郁，具有很强的感染力。

僧侣的诗歌创作，表达了他们对佛理禅机的独特感悟，对时间、生命、宇宙的个体体认，许多诗作又融合了自身的人生经历，真实敞开了自我的精神世界，诗艺上又经过不断的磨炼，颇多佳处，因此具备了多重的意义阐释空间与不菲的艺术价值。

第二节　赠诗与颂偈

前面有专节谈论俗僧之间的交往，所写的禅诗也都是俗家人写赠僧人的，视角与着意更多是对高僧的追慕，对超然出世的歆羡与向往。僧人之间也留下了不少赠答诗，由于身份的一致，对佛学的体味尽管有深浅之别，而信仰则高度契合，因而与俗家人所作赠诗相比，又别有意味，相映成趣。

先看高僧之间的以诗相酬。普陀山代出高僧，他们阅历丰厚、德行深湛，又相知莫逆。这里以民国时期普陀山的两大高僧太虚法师与昱山上人的交谊为例。1911 年，昱山上人回普陀山，闭关于般若精舍，两年后出关，写有《圆关诗》。太虚法师和了一首：

> 人在永嘉天目间，点红尘亦不相关。
> 三年牧得牛纯白，清笛一声芳草闲。

诗作点出昱山上人不染尘俗，闭关修炼功力又进一层，"清笛一声芳草闲"写上人出关后的气清神朗，也充满了由衷的喜欢之情。

1928 年，两位大师在杭州灵隐寺相会，昱山赠太虚诗云：

> 性定曾经悟上乘，廿年锻炼更相应。
> 青莲火里光华灿，信是人间第一僧。
> 佛法双肩早自承，青年逸气逐云腾。
> 道宏世浊相知少，欧海波澜展未能。

太虚和诗一首：

> 春满湖山花满林，连朝阴雨阻探寻。
> 老天不解如人意，何日方能慰此心。
> 倘得狂风腾虎啸，尽教枯木作龙吟。
> 浮云扫却晴空现，涌出红曦换绿霖。

昱山法师一诗主要意思有两层：一是高度称赞太虚法师刻苦修炼，

道行高深，悟透上乘佛法，是"人间第一僧"，并志向远大，充满"青年逸气"；二是感叹世道浑浊，太虚虽"道宏"而"相知少"，尚未能充分展示自己的抱负。太虚法师一诗也是两层：一是对老友的殷勤之意，连朝阴雨多次探访未果，今日始得相见，极为欢悦；二是相互的期许鼓励，相信终会"狂风腾虎啸"而"枯木作龙吟"，"浮云扫却晴空现"，对前途充满了自信。两相比较，昱上法师诗作文字质朴平实，多为议论说理，而太虚法师一诗多用形象，文字活泼有生气，显示了不凡的诗才。

1936 年昱山法师病逝，太虚法师有挽诗云：

> 太白共膺戒，汶溪共阅经。
> 补陀双鬓白，般若一灯青。
> 愿语方期践，风铃忽已停。
> 平生几知友，挥泪向林坰！

诗作追叙了与逝者一起"膺戒"、"阅经"，探讨佛理的交游经历，"双鬓白"与"一灯青"言时间之久，苦持之勤，而如今"风铃忽已停"，再不能朝夕相处、共同切磋了。悲哉痛哉！太虚法师视昱山上人为"平生几知友"之一，其人已萎，只得向荒野山林挥洒无穷的泪水了。

太虚法师虽是化外之人，却特别有情有人性，从上面的悼诗可见一斑。再举一例。1917 年太虚法师闭关于普陀山锡麟堂历三年出关后，遍访山内知友，并赠诗示众：

> 出关刚值立春日，却为立春方出关。
> 山后山前霎时遍，春风浩荡白云间。

自然，更多的赠诗是一般的佛门子弟写给高僧的，表达对高僧的敬仰、颂扬高僧的功德也就成为首要之义，如清代释如玉的《送别公和尚住普陀》：

> 偶然相值东山东，一言未吐识英雄。
> 笔底青云三万丈，胸怀明月照秋空。
> 方今法道如累卵，我与陈公心自同。
> 强君补陀立表帜，慧祖一脉续高风。
> 脚头天地空今古，伫看铁骨撑寰中。

诗作评价别公和尚是佛界中的英雄，才气纵横，胸襟磊落；其德行是佛国的旗帜，接续慧祖的真传而发扬光大，其节操高洁，铁骨铮铮而无愧于天地古今。诗中也透出彼此对"法道如累卵"的深切忧虑。

再如明代释真澄的《昱光上人自南海来清凉将图南别赋此送之》：

> 清凉南海两名山，万里区区独往还。
> 信有如来真胜迹，肯将行色畏艰难。
> 大悲深广谁能到，妙智孤高尔欲攀。
> 为忆善财珍重去，丈夫须透生死关。

诗作称颂昱光上人为求"大悲深广"、"妙智孤高"的佛法而不畏艰难，四处探访，万里独往的意志，并启示人们从而悟透生死荣辱。

当高僧坐化仙逝，其一生的功德也就圆满，引发后人的追念与评价，这在挽诗中有鲜明的体现：

> 白拂初无恙，师归不用怜。

　　春风慈味普，秋月戒光圆。

　　励行追先哲，承恩在末年。

　　只因瞻依依，远近各潸然。

——（清）释心喻《挽潮翁和尚》

从诗中可以看出作者是以弟子身份追念潮音和尚的，所以时常聆听教诲，如坐春风，如沐秋月；追怀先哲是为了自我励行，而"承恩"的岂止作者一人？"师归不用怜"，尊师归化极乐世界，也是功德圆满的轮回法则。清朝释普纯的《挽潮公和尚》意味也大致相同：

　　名山久式微，师至会初机。

　　乞佛原无著，安心众亦归。

　　海天真浩瀚，台殿忽崔巍。

　　岂实无功德，悬崖掩夕扉。

此诗称赞的是潮音和尚以德行安众心、建庙宇，弘佛法，使"久式微"的观音道场初现中兴的气象，其精神与人格犹如浩瀚的海天，崔巍的台殿，令人怀想不已。

　　一些赠诗则重在描写高僧的飘然出世、心无机巧：

　　寄住承恩卅载余，门前车马更稀疏。

　　从来君子皆忧道，岂有高僧不读书。

　　绝俗爱耽山水冷，幽禅识破利名虚。

　　江乡风景虽无在，幸得莲池月照除。

——（清）释铁庵《赠鸿昆禅师原韵》

三十余载苦心守持，门前车马稀落，不与俗人交往，何等定力！除修持外，高僧的乐趣是读书和"爱耽山水冷"，这里的"冷"也可理解为"一片冰心"，因为高僧早已识破利与名的虚妄，智慧圆通，如明月倒映莲池，纤尘不染了。

明代释德清的《胜林法侣》也是：

> 普陀崖下白华村，日夜潮声涌普门。
> 试问庵居何所事，几回鹦鹉报黄昏。

住于崖下，与山林为伍，耳听潮声日夜涌翻而心境自闲。作者问法师"居何所事"，故意不提念佛读经，而说"几回鹦鹉报黄昏"，意在凸显高僧与禽鸟友善相待而欣然忘机。

此类题材的赠诗多用形象，化佛理禅机于鲜明生动的画面中，极富意境，如清朝释上继《同珂月师登磐陀石》：

> 久切普陀胜，携筇一过从。
> 禅心澄海月，诗思老云峰。
> 林静驯幽鸟，风高落晚钟。
> 主宾松下坐，啸咏碧天空。

诗作一连用了"海月"、"云峰"、"林静"、"幽鸟"、"风高"、"晚钟"等意象，营造出澄澈、幽深而有生命律动的别一天地，结句才道出于碧空下的松林中，主宾说佛谈诗，意兴飞动，可见上面的风物描写实则是高僧清寂无欲的内心世界的映衬与投射。

赠诗的另一内容是描述高僧佛法的修为与说法的玄妙精彩：

> 杖锡飞经楼阁东，彩云捧出白华峰。
> 鲸吞沧海三千浪，龙卧青山百万松。
> 池上莲花霞照里，堂前说法水声中。

客来借问分真迹，大智灯辉大慧宗。

——（清）释湛碧《赠别庵和尚》

彩云围护，杖锡飞经，写高僧布道说法之状极为传神；"鲸吞"、"龙卧"一联气势劲奔，境界远阔，而后镜头转入微观："池上莲花霞照里。"不过，这些都是为高僧"堂前说法水声中"造势，最后点出高僧说法显示出大智大慧，如灯耀海中，指引人们去追寻"真迹"。

再如清代释上继的《谒潮公和尚》：

> 海国苍茫一问津，狂澜砥柱晚沉沦。
> 频闻涧瀑穿林响，时见天花下树深。
> 胜地安禅开法窟，大洋垂钓鳌丝纶。
> 逆雷吼动鱼龙化，道唱东海有几人。

诗作于写景中化示潮音和尚佛力的深湛与广大：狂澜砥柱不使沉沦，如涧瀑穿林，时见天花下树；安详开法，意态从容，如大洋钓鳌浪动心不动；尾句突起声威，"逆雷吼动"可理解为禅宗的棒喝、狮子吼，佛法的威严竟可使鱼龙化归，幡然醒悟。

写得最生动的当数明代释来向的《宿白华庵访赠朗彻禅师》：

> 未观慈颜到白华，白华林里道人家。
> 峭崖凿透千年石，古树锄开方丈霞。
> 舌卷潮音谈妙义，壁挥云影笑空花。
> 相逢洗我风尘色，夜静浇铛雪煮茶。

于海山胜景间谈禅说佛，"舌卷潮音"，"妙义"层出，可见谈锋之健，体悟之深，而"壁挥云影"，潇洒自如，何等神采飞扬！谈至深夜，以雪水煮茶待客，又是何等清寂绝尘的境界！

最后，蕴藏于赠诗中的友情也十分动人：

> 天际芙蓉暮霭清，群山万叠雨初晴。
> 金幢玉座碧云满，绛阙琼楼皓月明。
> 向以疏懒忘主客，今从患难见交情。
> 孤云避绘辞沧海，风雨飘飘赋远征。
>
> ——（清）释元盛《留别潮音和尚》

作者在"雨初晴"时到佛国与潮音和尚晤谈，因为"疏懒"而忘了主客，这"疏懒"透出双方因为相知既深，也就不拘俗礼；"今从患难见交情"一句确乎发自肺腑，而"风雨飘飘"的世界间，这样的患难知交又有几人？

再看清代释德玄的《古烟霞馆晤樾堂禅师》：

> 与君分袂虞山日，万壑云深有隐居。
> 笔墨经年闲木石，天涯知己绝鸿鱼。
> 因看海上好风景，竟不思归旧草庐。
> 十载相逢如隔世，殷勤但订乐邦年。

作者与樾堂禅师是老友，但"天涯知己绝鸿鱼"，久不通音讯了，十年后再见已恍若隔世，而友情丝毫未减；作者明言自己"因看海上好风景，竟不思归旧草庐"，为佛国胜景所吸引而流连忘返，实是说樾堂禅师的执意挽留，自己也依依不舍，分别之时还订下他年再聚的盟约，足见双方的一往情深。

僧人的诗歌创作中，相当部分是颂偈。这是一种比较特殊的诗歌形式，常常是韵散结合，以说理为主，但也有不少是用形象、比喻、暗示等文学手法表达。颂偈语言简洁明快，往往指东说西，言在此而意在彼，引导人们通过某种启示进入神秘的内心体验而豁然顿悟，所以对禅师创作有重要影响。正如唐代诗僧拾得所说：我诗也是诗，有人唤作偈。诗偈总一般，读时须仔细。

这里涉及的颂偈主要有两类。一是关于禅理的对答与辩诘。普陀山高僧留下了许多这方面的行状。试举几例：

自得，名慧晖，北宋高僧，曾去明州（宁波）天童寺，请教于宏智正觉禅师。

宏智问：

> 当明中有暗，不以暗相遇。
> 当暗中有明，不以明相睹？

自得无对。夜坐禅毕，到僧像前烧香，宏智来，自得忽悟前语，次日入室，宏智又问：

> 堪嗟去日颜如玉，却叹回时鬓如霜。

自得对曰：

> 其入离，其出微。

宏智喜欢，允其为法嗣。

"幡动与心动"是佛教中的著名公案，自得对此有解云：

> 风幡动处著得个眼，即是上座。
> 风幡动处失却个眼，即是风幡。
> 其或未然，不是风幡不是心。

大川，名普济，南宋嘉定年间住持宝陀寺，曾至天童谒净全禅师。

净全云：

> 有句无句，如藤倚树。

普济云：

> 斩钉截铁。

净全云：

> 沩山呵呵大笑鼟。

普济云：

> 寸钉寸木。

净全深契之。

梦窗，名嗣清，南宋末住持宝陀寺，提倡"默照禅"，曾上堂说法云：

> 德山入门便棒，临济入门便喝，逼龟成兆，终不能灵。
> 宝陀者（这）里，寂然不动，感而遂通，马无千里漫追风。

又云：

佛真法身若虚空，因甚二月十五日却向双树林下做尽死模
活样，竹影扫阶尘不动，月穿潭底水无痕。

古鼎，名祖铭，元代高僧，至灵隐寺谒无叟行端，遇兹明
禅师。

元叟问：

如何是越州道，台山婆子，被我勘破？

兹明笑对师云：

是骂耶。你且道，二老汉用处是同是别？

祖铭答：

一对无孔铁锤。

元叟又问：

黄龙直下悟去又如何？

祖铭答：

也是病眼见空花。

元叟答：

不是不是。

此类对答辩诘，不直接表达意思，而是曲里拐弯，绕着说，内里满含机锋，真如"竹影扫阶尘不动，月穿潭底水无痕"，无法准确解析，全靠心灵的意念与默契。

另一类颂偈是高僧圆寂时留下的片言只语。这方面最有代表的是与普陀高僧印光法师交谊极深的弘一法师临终的偈示：

　　君子之交，其淡如水。
　　执象而求，咫尺千里。
　　问余何适，廓而忘言。
　　花枝春满，天心月圆。

普陀山高僧也留下不少临终颂偈，有些描述颇为生动。北宋正觉禅师十月还山，第二年沐浴更衣，端坐告众，索笔书偈云：

　　梦幻空花，六十七年。
　　白鸟烟没，秋水连天！

写毕即逝。龛留七日，颜貌如生。

元代净日禅师将圆寂，书偈以示其徒云：

　　天为盖兮地为函，吾奚为兮塔与庵。
　　灰吾骨兮山阿，言已矢兮勿镌。

三日后沐浴端坐而逝，享年八十八岁。

宋末元初高僧一山一宁渡海弘法，死于日本，临终书偈云：

　　横行一世，佛祖吞气。

箭已离弦，虚空堕地。

元代高僧祖铭法师寂前谓其徒曰："观世音持莲花至矣"，书偈云：

生死纯真，太虚纯满。
七十九年，摇篮绳断。

掷笔而逝。火化时舌根数珠不坏，五色舍利无数。

清代高僧行悦法师一夜索水沐浴，焚香礼佛，垂诚恳至，众皆感泣，请说临终语，乃说偈：

使符多谢远相迎，撩起袈裟请芝行。
一曲浩歌归去乐，从来老将不谈兵。

三日后火化，舍利莹莹，灵骨片片，作金玉声。

清代高僧大晓法师仲夏微疾，画圆相云：

未入娘胎怎么来，湛然正眼古今开。
了知非我非世界，无边无际乐无涯。

偈毕示寂。

清代高僧慧源法师病，诲导合庵子孙无忘祖训，说偈云：

这个皮囊臭，在世终非久。
一句弥陀佛，直向西方走。

偈毕跌坐而逝。

这些高僧竟然知道自己何时圆寂，一派从容端庄，毫无恐惧悲戚之状，确是一般俗众难以达到的境界。而其临终所作偈诗或旷达真率，或诙谐婉转，都蕴含着高深的佛理禅机，凝结了一生的体悟，言简意赅，其风采与道行令人缅怀不已。

第三节　序评、传记中的名僧风采

"自古名山僧占多"，僧人断绝俗念，一心求佛，自然要将修身之地安置于风光奇特的名山之中。但山之有名，也不仅因为自然条件，也得益于各种名人，所谓"江山亦要文人捧"。对于佛教名山而言，更是因为有高僧大德，且历代承续不息。来普陀山访禅、晤谈、闭关、主持佛事的高僧不计其数，他们以自身对佛学的虔诚、对佛理的深湛悟解，对佛法的苦心弘扬，大大加深了观音道场的历史内涵与文化底蕴，确立了普陀山作为中国四大佛教名山的崇高地位。他们中的许多人不但身教，而且言传，写下了大量的作品，许多人在文学上也有很高造诣，是诗文中的高手、才子，少数人如太虚法师更是著作等身，堪称大家。而为他们的著作写的序跋、记录他们一生行事的传记、与不同人群交往的赠答诗，从不同视角刻画了他们的性格、才情、修养与品德，为探究他们的精神世界提供了极好的佐证。

首先是僧人为自己著作写的自序。宋代高僧普济的《五灯会元》题词云："世尊拈花，如虫御木，迦叶微笑，偶尔成文，累他后代儿孙，一一联芳续焰，大居士就文挑剔，亘千古光明灿烂。淳祐壬子冬，住山普济书于直指堂。"《五灯会元》共二十卷，删繁就简，辑录唐前至宋禅宗各家一千二百多位大德的"机缘"和行述，苦心经营，刊行后影响巨大，而自序只寥寥数十字，极为精练。"世尊拈花"即传说中的佛祖在灵山大会上以手拈花暗示佛法，一般人难以体会，"如虫御木"，只有迦叶微笑领会其中的奥秘。佛祖便让迦叶去传扬"正法眼藏"。"正法"即全体佛法，"眼藏"即佛法能普照天地万物。迦叶也就成了禅宗开山初师，称为"头陀第一"。禅宗主张"不立文字，见性成佛"。更多运用身体语言传道，如擎拳、竖指、扬眉、瞬目、挥棒、执拂、脚踏、手斫、掀翻禅床、踏翻净瓶等，强调暗示、启发与顿悟。所以迦叶的"偶尔成文"，其奥义深藏不易破解，累得后代儿孙"代代求索，各立门派，众说纷纭，争论不休"。普济编撰《五灯会元》正是为了正本清源，各采众长，互相促进。"就文挑剔"，既需眼光，又需耐心，其宏愿在于使佛法不断弘扬，"亘千古光明灿烂"。普济作序的地方名为"直指堂"也堪玩味，既可指禅宗的要义，也写出了作者敢于直言、不随波逐流的性格。

与普济一样，志在弘扬佛法而著作的还有清代的潮音大和尚。其《普陀列祖录》自序云：

> 名山大川，固虽天造地设，莫不因人而传而重者也。苟不因人而传而重，则古今天地，古今山川，岂达摩之后始有嵩山，仲尼之前竟无洙泗耶？天造地设者固多，其有幽闭而终不之传者，漠然而终不之重者，可胜限计哉！是皆未得因人而传而重者也。

作者论述了人与山的关系：名山胜迹虽多，但幽闭冷漠而不为人所知者众多，名山大川之所以出名，一个重要原因是山有名人，有名人才有名山，如达摩之于嵩山，孔子之于洙泗。一个反问，一个感叹，使行文有起伏变化而不呆板，也传达出作者为列代祖师立传的急迫心情与用意所在。接下去转入中心题旨：

> 普陀一山，卓越海涯，屹立巨浸，大经具载，乃普门示现之区，实列祖宏大之地，又不可以寻常形胜并论也。……无何

沧桑变易，甲乙风波，法鼓不鸣百余年矣。嗟呼！四十代恒赫
祖师，泯焉无闻，谁之责欤？予忝为末裔，承乏兹山，窃恐祖
德靡扬，山灵见鄙，是以求诸群集，考诸旧志，实于此山阐法
住持者，或得一句一偈，或仅得其名，一皆归诸山志，间有缺
典，惟俟渊博之士，采而补入焉。复刻是篇，以表彰之，且见
四十代老古锥，面目犹在。

序文以"卓越海涯，屹立巨浸"高度概括了普陀山独特的地域特
征，又指出其为佛教圣地，所以"不可以寻常形胜"论之；接着慨
叹普陀山历经沧桑风波，迭遭劫难，冷落萧条已有百年，致使列祖
事迹湮没无闻，深感痛惜；再叙述自己身为后代传人，自当承担起
薪火相传之责，"是以求诸群集，考诸旧志"，"复刻是篇，以表彰
之"，使四十代祖师之精神风骨"面目犹在"。通读序文，后人也
正可看见作者的面目，其情切、其志坚、其行笃，将这一切蕴注于
文章，文字也便有了动人的力量。

　　潮音和尚长期主持普陀禅寺，秉性恬淡，凡事无不亲莅，使佛
教名山百废俱兴。其言辞多机锋，善于日常生活中提炼佛义，存有
《潮音语录》五卷，清代释大容有序云：

　　　　吾宗无语句，实无一法与人。……须知从上诸圣，建立化
门，入水救人，观机逗教，不得已，示一机，垂一境，如风行
大野，雁过长空，扫绝支离，不留朕迹。……我同门潮音和
尚，夙承愿力，主席普陀，掷龙宫之大宝，普施群生，剔太白
之真灯，照开一切。拈椎竖拂，直指惟心。不露锋芒，全照顾
鉴。洵哉！法苑祥麟，宗门之标帜也。余年垂老，承乏平田，
一睹兹编，得毋加额，信古人亲见先师之语，岂偶然哉！

此序说"吾宗无语句"传人，即禅家的"不立文字"，"不得已，

示一机，垂一境"，非有悟性难以窥见奥妙，以衬托潮音语录对后来学佛者的启示，倍觉珍贵，称其为"法苑祥麟，宗门之标帜"，偶然得之，大为快意。序文的最大特色是善于取譬，如说诸圣的片言只语如"风行大野，雁过长空"，赞潮音语录的启示如"剔太白之真灯，照开一切"，极为生动传神，富有文学色彩。

同一类型的还有清代释传修为高僧德辉《僧家竹枝词》所作序文：

> 吾师孤峰老人，悲象教之险夷，慨狮虫之炽盛。有志上进者，参禅念佛，靡所适从；无意真修者，随波逐流，罔知振作。爰将僧家所行之事，作竹枝词四十八首，以示徒辈，描写逼肖，搜括无遗，或贬或褒，直言不讳。真可谓眉毛拖地，一片婆心矣。修等亲承棒喝，拳拳服膺弗敢忘。顾私之一家，何如公之一世。俾初入佛门者，咸知法戒。清夜扪心，陡发猛省，岂非启迪后进之一助乎？

序文指明德辉作《僧家竹枝词》一书的缘由是"悲象教之险夷，慨狮虫之炽盛"，即佛教屡遇险境而不振的现实，一"悲"一"慨"，可见心情之沉重；针对的是有志佛门者无所适从，一般人众则随波逐流的情状，真可谓煞费苦心，"一片婆心"。读此书，可令人"清夜扪心，陡发猛省"。

接下去则是评价此书的独特所在：

> 夫偈颂拈提，诗歌赋赞，或阐向上之旨，或宏净土之宗，古人著作，汗牛充栋矣。是编别创一格，非雅非俗，亦讽亦箴，实足补前人语录所未备。愿发新意者，各取一编，置诸案头，时一展诵。山歌也，村谣也，实警语也。间有不拘韵处，毋以诗律衡之可也。

《僧家竹枝词》"别创一格"就在于"非雅非俗",或者说打通了雅俗之间的分界;在于"亦讽亦箴","讽"即有所批判,有所规劝,直言不讳,"箴"即箴言,短小而寓哲理佛法;在于其形式的新鲜活泼,不板着脸孔教训,多为山歌村谣,贴近日常生活,描写逼肖,可作文学作品阅读。因此,时常有"不拘韵处",不可以严格的诗律苛求之。此序文字极为精练,既讲形式与诗艺,又评启示之意义,更做到知人论诗,刻画出一代高僧对佛教事业的拳拳之心。

再来看文士学者为僧人著作所作的序文。此略举几则。

其一,明代宋濂为古鼎禅师《四会语录》的序文:

> 古鼎禅师铭公,以临济十七世孙,四坐道场,为黑白之所宗仰。一旦祝禧浙江省垣,现白光三道。丞相康里公见之,极加敬礼。未几将示寂,语其徒曰:"观世音莲台至矣。"安坐而逝。及火化,舌根齿牙数珠俱不坏,五色舍利灿烂无数。……而《四会语录》,未有序之者……濂览已,合爪言曰:是真正语,是不著有无语,是雷轰电扫语,学者随所悟入,如慈云遍覆,法雨普沾,大小根茎,皆获生成。非入正知见,具大力量者,孰能与于此?呜呼!世安复有斯人乎哉!非谓果无之也,求其真淳无伪若师者,鲜也。

宋濂序文落墨古鼎禅师的经历与威望,"四坐道场,为黑白之所宗仰",并举其不同于常人之处:游历浙江,现白光三道,灵异附身;将示寂,见观音莲花台;火化后身体不坏,五色舍利灿烂无数。这些都是为评其《四会语录》高深不凡作铺垫。作者对高僧的语录内容不作正面评价,而是采用文学手段,让读书细细体味,如"雷轰电扫"、"慈云遍覆"、"大小根茎,皆获生成"等,极言其语录所蕴含意义之深,启示力之大,而所谓"是真正语,是不著有无语",

正是禅宗传法的特点。最后指出古鼎禅师为人的最可贵处是真淳无伪，正因为心地淳厚坦荡，不自欺，更不欺人，其语录才能产生如此大的感召力。

其二，明代张煌言为高僧海观诗集《林樾集》所作的序文节录：

> 夫诗本性灵，而禅亦性灵。要自有活泼泼地者，此即禅机也。普陀端公者，吾未知其禅理何如，而微吟高咏，绝非枯空者可比。彼岂欲以诗名鸣哉！毋亦禅机所触，不禁其洋洋洒洒矣。余偶得其数什而讽之，固天贝叶昙花风味，以是知端公能超于禅，而不拘于禅者也。端公之师朗公，有《秋兴》数十首，清微宛淡，业剞劂传世。而端公复能继其宗风，真不愧传衣钵矣。

张煌言认为诗性与禅性相通，都是人类心灵的触发所致，是活泼泼的生命情态的表现，评价海观的诗寓有灵气，绝非一般讲佛法者的"枯空者可比"，不是为了出名而写诗，所以毫不做作顺乎自然本色，"不禁其洋洋洒洒矣"。又说到海观的诗作"能超于禅，而不拘于禅"，并承续其师的才情与诗艺，又有自己的独特之处。张煌言对禅与诗的关系的论述可谓精妙。

文人学士由于趣味所致，往往是因为欣赏高僧的创作而为其作序，并借此以抒发自己的怀抱。以范炜为清代高僧通元《通元诗集》所作的序文为例：

> 诗必隐逸者能之乎？非也。隐逸者，栖迟山林，身闲心静，其地其时，俱可以为工诗之具。故古今来隐逸者之诗，率多传耳。从兄，今号通元者，幼慧而寂。与余辈群从，出就外傅，辄不喜经心尘务。甫十七，竟逃浮屠……及海禁弛，则又

还普陀，主大寺方丈。……予自释褐，奔走风尘，羁栖外吏。
堁麓绝和者，且数十年。虽须眉笑貌，忽忽如梦，求一见不可
得，又安知兄之能诗也乎！……及今复阅三十余年，兄道益
高，心益古，貌益臞，神益旺，而诗亦益工。

序文开篇论及隐逸者与诗的关系，强调其身处林泉，"身闲心静"，
故诗思勃发而发为清峻之音，而高僧者也与隐逸者同调，如通元大
和尚年才十七就皈依佛门，不喜尘务，"幼慧而寂"，也就不奇怪其
成为一代诗僧了。再以自己的"羁栖外吏"，为俗事所累作对比，
突出通元经三十余年的阅历与修炼，"道益高，心益古，貌益臞，
神益旺，而诗亦益工"，正所谓"赋到沧桑句便工"。
　　然后是对通元禅师诗歌风貌的点评品味：

兄之诗，清真苍朴，发抒性灵，亦不甚拘格律。如高山飞
瀑，寒林著雪，非不磊落烂熳也。要其体质，玉洁冰清，绝不
惹一点脂粉尘埃气，为可贵耳。……呜呼！春涛激云，骄林却
日，奇葩异鸟，绕案盈庭，当斯时也，荣辱不加，理乱不闻，
兴之所至，慨然成咏，其诗亦安得而不佳，然则予之所不如兄
者，独一诗乎哉！

作者对通元诗歌风格的总体评价是"清真苍朴，发抒性灵，不拘格
律"，又用文学手法取譬为"高山飞瀑，寒林著雪"。而其诗之所
以独出机杼，"玉洁冰清"，"不惹一点脂粉尘埃气"，乃在于身处
佛门，亲近自然，真正做到了"荣辱不加，理乱不闻"。作者最后
感慨自己不如通元，不仅仅在于诗歌方面，更在于精神的高下，境
界的迥异与修炼的深浅。序文不仅仅是在谈诗论艺，更在于揭示诗
歌背后的人生追求、阅历磨炼与禀性资质，触及了文学创作的深层
肌理，称得上是一篇文情并茂、见地独到的文学评论，而一代诗僧

的才情风流与磊荡胸襟也就跃然纸上，令人神往。

为历代高僧作传，也是佛教发展史上的重要环节。高僧的生平行事，皈依佛门的由来，其对佛法的苦心修炼与弘扬之志，莫不是对后来僧众及一般俗众的巨大精神感召。至少从晋代开始就有了专记某一僧人行状的专传，现在保存最完整的是东晋法显的自传《法显传》，南朝梁时释宝唱撰的《名僧传》、释慧皎撰的《高僧传》，则开了僧人总传的先河。唐代是佛教的繁荣期，影响最大的是玄奘的《大唐西域记》和《大唐西域求法高僧传》，后者记载了有唐一代西行印度求法的高僧六十人的事迹。以后各代皆出现不同特色的僧人传记。仅就《普陀山志》而言，明代万历年间就有两部，清康熙到道光年间就有四部，其中记载了不少与普陀山有关的高僧事迹。这些记载可划入史传体文章，记述有序，描写生动，也可当作文学作品欣赏。这里就同代人或后人为普陀山高僧所作传记略举几例。

一是清朝雍正朝黄应熊的《普济寺监院克勤上人记》：

　　盖天下有髡而缁者，名为佛徒，好广大宫室，珍美服食，聚不耕之身而放恣也。然其间岂无屏绝声色，淡节臭味，约身劳体，以自刻苦，居无行丈之息，行有风涛跋涉之艰，属属然奉其教之所谓戒者，以求别于其徒。如洛迦普济寺克勤上人，本奉川以邬氏巨族子弟，十九岁丁外艰，继以丧偶，遂来普陀礼大士，祝发于士美，受戒与法于绎堂，越十二年，即为监院。以其身不辞劳瘁，一心协力，招提有得。于《金刚经》所云："应无所住，而生其心。"老和尚六次进都门，谢皇上颁赐隆恩，必克勤与之谐行。道上遇泉声山色，无不与和尚悟，为广长舌、清净身。雍正九年，蒙圣天子垂念普陀为大士道场，发帑大修前后两寺。土木繁多，工匠堙塞，或错若棋置，或蓊若云屯，余几窘于措处，赖克勤逐一经营，分财用、平板、斡

称、畚筑、积土物，俱如老作宫室。而且刳辟朽壤，煎焚榛
秽；决泫沟，导伏流，无不身先之。或笑克勤何不惮烦乃尔。
克勤曰："我不能为须达多长者，其尚可虚糜天家之大赍，而
靳惜一己之肌肤精力乎。"于是咸啧啧称曰："诚为善上人
也。"绎堂尝以年老告休，环普陀僧，与余皆欣然欲延克勤继
席。而克勤坚辞，以为于迦叶相传一派，犹未能自信。且身荷
普济总持，亦未便退偃于丈室。如克勤者，非王遵岩所谓会精
于性地，殚力于心源者耶夫。苟能于性地心源，月皎春融，即
与吾儒之存心养性无毫发异。起昌黎、柳州一辈，与克勤游，
当不深为之距，而欢然相和答以乐。

文章先发议论，论及名为佛徒而追求世俗享乐者甚众，但其间却有
一些"屏绝声色，以自刻苦"，自我要求极为严格者。而克勤上人
正是此类人物的代表。文章交代了克勤上人皈依佛门的缘由是因为
父母早死，又遭遇丧偶，深感人间之苦而欲寻求解脱之道。传记记
录了克勤上人随师六进都门的经历，遇"泉声山色，无不与和尚
悟"，可见其性特异，慧根自成。传记中的克勤上人称得上是一位
实干家。在修建寺院的过程中，不辞辛苦，事无巨细，安排得井井
有序，并自谦对佛法未有深研，甘心做一个实实在在服务于佛教事
业的人。文章特别举出一例：当老和尚年老告休时，众僧皆欣然推
举克勤做接班人，但克勤认为自己对修炼一道"未能自信"，也不
想"退偃于丈室"，坚决推辞，作者认为这正体现了克勤上人修身
养性已达到了常人不能企及的境界，并认为如果好与僧侣交往的韩
愈、柳宗元与克勤上人交往，也必能"欢然相和答以乐"，以彰显
其人格之魅力。文章叙事简扼，而内容丰富，描述生动如见其人，
刻画出一代高僧独特的精神风貌与个性。
　　二是清道光年间僧人释能仑所作的《恒学禅师传记》：

佛顶山，即白华顶，高五里余，梵宇创自明季，迄今百有余年，其中兴废不一，兰若久湮，无可稽考。峰顶惟存石亭，供石佛而已。恒学禅师名能职，四明王氏子，剃染于悦岭庵之林苍师。苦行真操，不撄尘虑。一日，偶蹑白华顶，过慧济禅林遗址，得石碣于荒烟蔓草中，遂慨然存兴建之志焉。于是下山募化，寄迹黎里，结茅乍川，行脚数年，备尝辛苦。……遂于乾隆五十八年建造圆通殿、玉皇殿、大悲楼、斋堂等处，庀材鸠工，陆续告成。并自郡城铸钟，由海船载至山后，峭壁十余仞，绳缚毡裹，百人牵曳弗能上也。越三日，师夜梦佛曰："斯时钟可上也。"师惊寤，亲自督工运钟，顷刻已至山上，显有神助。当殿宇兴工之日，忽于土中掘得木雕僧首，面目清癯，与师无异，其徒装金，偕师遗像供奉于影堂……圆寂后，其徒一泉、登泉，越州山阴人，亦能恢宏法道，振作宗风，建上客堂，修圆通殿，约身厚物，茸敝补残，缙绅所钦慕，诚克家之令嗣也。

传记对恒学禅师的总评是"苦行真操，不撄尘虑"，叙其登白华顶，见禅寺遗址，因悲兴废不一，荒烟蔓草，于是"慨然存兴建之志"，奔走数载，备尝艰辛而终获成功。其中两事颇有传奇浪漫色彩：一为运钟上山，夜梦见大士，得神力相助而成，其意在刻画恒学禅师之精诚感动大佛；二是于土中掘得木雕僧首，与禅师面目无异，意在表明禅师与前代高僧一样，都是得道之人，值得后人纪念。最后交代其徒弟能继续发扬宗风，为众所钦慕，显示恒学禅师言教身传的影响，道行萃于一门而先后辉映。

一些短文也新鲜可读，如清代陈璇所写《息耒庵后记》：

补陀丛林就废，潮音禅师从而兴之。工讫，爰筑一庵，名曰"息耒"，言乎可以息肩也。……珂月，乃普济监院，主一山之政，大细就裁，不居丈室。于潮公示寂之后，理此庵尤谨。春秋佳时，坐客于其中，谈山中往事。尝语余曰："衲欲退此久矣，而苦于未遂。"余不待其辞之竟，而应之曰："子之来，奈何时息乎？"

取名"息耒庵"，是取农夫放下工具休息之意，在佛门则指放下一切杂务，专心致力于养性修道。珂月禅师与客谈山中往事，可见其阅历之深，大有兴废沧桑之感。作为监院，总想寻得清静，但"苦于未遂"，也即有事要做，不得不做，因为职责所在。所以终究无法"息耒"，庵名与行事相左相对，于矛盾中显出机巧，又含有深意，其哲理真可以涵盖人事之方方面面。

另有一些算不上传记的介绍文字，也颇可见出普陀山高僧的个性与品质。如《普陀洛迦山志》一书所记的北宋高僧真歇：

> 眉目清疏，生有慧根，自幼见佛辄喜……抵汉口参丹霞子淳禅师，霞以"如何是空劫时自己"诘之，不解。隔数日，登钵盂峰，豁然契悟。师上前说："今日升座更瞒我不得也。"霞惊奇……尝赋《赞船子和尚拨棹歌》云："离钩三寸如何道，拟足义还同眼里沙。篷底月明载归去，劫前风韵落谁家。"寂前说偈云："归根风随叶，照尽月潭空。"谥号"悟空禅师"。

真歇禅师的"慧根"主要体现在超群的悟性，与师问答一时不解，则登山峰，从自然景象中豁然了悟禅机。而其所作诗歌与偈语既生动形象，又因空灵而难解深意，其行事正体现了禅宗的独特风格。

一些高僧的出家缘由颇为奇特，如清代的正明和尚："生相雄奇，笃志好学，独怀幽趣。至二十，一日初夏黄昏，仰天叹曰：'世界广大无际，我何据一方，错过善因，誓必舍去！'乃渡海至普陀山，剃度出家，参学禅宗，以苦行磨砺性灵。后至伪山，结茅为

庐，以粟充饥，挥拂论道，宗风渐开，四众云集，渐创丛林。"正
明和尚的出家竟然是因为感世界之广大，以居处之逼窄，想去寻觅
另一种人生、另一番道理所致，而终成一代高僧。有些则似乎命定
要入佛门，如清代的别庵和尚："世代业儒，传说母李氏临产，父
梦见白龙浮江，见一童子入怀，醒后说：'白龙，静业也，苦生子，
必定出家。'后果生师。至十二，父为谋请出家授经，有僧问：'此
子聪明，前程无量，怎舍得放弃学业？'因问师：'做和尚好？做官
好？'师答：'做和尚好。'后登堂说法，机锋明彻，如'虚空戴
角，镜鼓生耳。山头浪涌，海底尘起。'别庵和尚能文能诗，有
《续灯正统》四十二卷、《梅岑集》等诗文传世，极富文才妙思。"
出家正是别庵和尚的宿命，也正因为如此，才玉成了他的禀赋与才
情。自然，所谓"白龙入梦"之类只是浪漫的文学手法罢了。

　　察其行，读其文，见其志，阅读有关历代高僧的序文、传记，
后人可以真切地看见他们的音容笑貌，性格禀性，感受到他们对宇
宙物理的不息探究，做人做事的诚恳与坚持，这一切不仅对后代僧
人是一种示范，对佛门外的世俗众生也无疑是有力的警示，留下了
深远的启示意义。

第四节　楹联、匾额、石刻：佛理与审美的融汇

　　普陀山成为天下名山，既有其兼海山之胜的独特地理位置，也
有赖于其丰富的文化底蕴，而这种底蕴又是通过各种形式的载体折
射出来。除开诗歌、游记、序文、传记，普陀山历代所遗留下来的
楹联、匾额、石刻等无不包含着值得品味的佛教文化信息，这些形
式与载体无不契合普陀山的自然风光与寺院建筑，昭示着观音道场
的千年昌盛，彰显出深厚的佛教意蕴。这些独特的文化遗存大多并
非僧人所为，但因为置于特定的地域环境中，也就成为营造海天佛
国特异境界的重要组成部分。再者，这些楹联、匾额和石刻对佛理

禅机的展示，又是通过具体生动的形象，运用暗示、描述、比喻、对比等手法，情与理交融，心与境相通，避免了枯燥直露的训示宣讲，因而往往具有较高的文学审美价值。

先来看楹联。楹联主要集中于普陀山的三大寺院。第一类为直接展示佛法的庄严广大，如普济寺：

1. 悲愿洪深，尽尘刹示生救苦；普门广大，遍法界随类现身。此联言观音大士悲世间众生，自愿下凡界救苦救难，其法力无比，可化无数身度化一切生命。

2. 无住始为禅，十方国土庄严，何处非祇园精舍；有缘皆可度，一念人心回向，此间即慧海慈航。此联强调"无住"即破除执念，强调成佛与否在于"人心"的一念之间，度人同时又度己。

3. 暮鼓晨钟，惊醒世间名利客；经声佛号，唤回苦海梦迷人。此联针对世间的"名利客"与"梦迷人"，"惊醒"与"唤回"昭示佛法的觉悟之力。

法雨寺有：

1. 五蕴皆空，即众生而观自在；六度齐修，惟菩萨亲见如来。此联涉及佛法的"色空"观念，观世音菩萨的苦修及在佛界的地位。

2. 大海仗慈航，广渡一切众生，破迷雾，息黑风，意朗心开登觉岸；弥天施法雨，普润四方国土，布嘉禾，覆美树，鸟飞鱼跃乐和曦。此联较长，既颂扬佛法广度众生到觉岸的功德，又描绘了一派嘉禾美树的和谐世界。

3. 乘幽控寂，晨钟夕梵，佛方开口点；涉水朝山，阔海高天，人自纵心游。此联将佛理禅机与纵心游山融汇一处，笔调轻松有趣味。

慧济寺有：

1. 终年露乃腹，谓胸怀洒落，即上是乘；终日解其颐，笑世事纷纭，曾无了局。此联写弥勒佛形状，笑对世事展示其洒落胸怀。

2. 灵山可即，谈玄说妙落声尘；性海非阔，拟议思量起识浪。此联言说佛法之玄妙，而觉悟全在个体之心。

3. 暮鼓晨钟，与佛有缘，成天上道；松风水月，问天无愧，是大菩提。此联谓有缘即可成佛，而觉悟在于心无愧怍，如松风水月无碍无隔。

其他如隐秀庵的"待人总要真面目，处世何妨大肚皮"；鹤鸣庵的"鹤从何处飞来，海市蜃楼参法相；鸣到群山响应，晨钟暮鼓觉迷途"；大乘庵的"千说千谈，不离超脱生死；佛经佛法，无非转悟开迷"；紫竹林庵的"天地大樊笼，试问几人得出去；宇宙皆幻影，已尝清趣盍归来"；海岸牌坊的"到这山来，未谒普门当先净志；渡那海去，欲登彼岸须早回头"；南海观音石坊的"莲为大士出尘相；海是空王度世心"等，对佛理禅机均有不同层面的阐释。

另一类的楹联则避开直接正面的阐释，多用形象、暗示，将佛理禅机巧妙地蕴含于具体的意境中，使人既悟佛理，又欣赏美妙的光影色香，得到艺术上的美感享受。也以若干例子为证：

1. 南海潮声，水月流光环佛地；普陀山色，松筠耸翠蔽禅天（普济寺）。此联以潮水、水月、松筠写出普陀山独有的美景，展示观音道场不愧为真正的清凉地。

2. 淡泊葆天真，冰心不染尘；江南春信到，雪里见精神（普济寺）。此联以"冰心"、"春信"、"雪"等渲染淡泊天真的心境，合乎佛教的"空"、"寂"境界。

3. 有感即应，如一月丽天，影现众水；无机不禅，犹万卉敷发，化育长春（法雨寺）。此联状写佛法的感应，妙不可言，一见开悟，则如万花齐放，一派融通。

4. 烟霞清静尘无迹，水月空灵心自明（法雨寺）。此联强调佛心之无尘出世，如烟霞水月般明澈旷达。

5. 花开便见如来面，月上方知菩萨心（鹤鸣庵）。如来面、菩萨心谁也无法真正看到，此联用"花开"、"月上"状写，化虚为实，巧妙含蓄。

6. 海山万里云水阔，草木一溪雨花香（香云亭）。此联表面上写自然景色，而"云水"、"雨花"又使人联想到佛法的广大与慈悲。

7. 紫竹林中，化山石色，示令有漏归净土；白华岛上，宣海潮音，感渡无明出迷津（紫竹林庵）。紫竹林有不肯去观音院，乃普陀山兴佛之初，所以"化山石色"、"宣海潮音"都在指证观音大士指点迷津的大功德。

8. 极清闲地是兰若，观自在春于竹林（不肯去观音院）。此联对仗工整而自然，突出"清闲"与"自在"，巧用观音佛号。

9. 片石孤云窥色相，清池皓月照禅心（磐陀庵）。连石、云都沾染了佛性，而禅心犹如清池皓月一派天籁。

10. 有感即通，千江有水千江月；无机不度，万里无云万里天（海岸牌坊）。此联极为优美，境界开阔，谓佛心如千江水月永不枯竭，如万里云天纤尘不染。

11. 一日两渡潮，可听其自来自去；千山万重石，莫笑他无知无觉（海岸牌坊）。此联就眼前取景，贴切天然，以潮信说一切事皆随本性，而山石也有知觉，佛性无处不在。

12. 半轮淡月照禅心，几缕残烟萦客梦（极乐亭）。禅心如淡月，无碍无痕，而客梦中还萦绕着几缕香火，意境迷离。

13. 心定一池大悲水，佛香三界藕花风（定香亭）。此联巧用亭名含义，池水也含悲慈之情，藕花播香也是佛香。

14. 钟声鼓声梵吹声，宝殿八声迭奏，声声常寂；月色花色明霞色，莲池五色重开，色色皆空（普济寺）。此联妙用叠字叠韵，化实为虚，乐器的演奏为实，"常寂"为虚；月色花色霞色为实，而"色色皆空"，道出佛教的核心理念"空寂"。

15. 露挹琼英，不俗为仙骨；月鲜珠彩，多情乃佛心（普济寺）。此联先赞超脱尘累的高蹈之风骨，又赞佛家的多情之心，佛家讲空寂，并不是不关世事，而是看透一切后的有情和救度。

16. 鱼吹龙吟，变化何速；狮吼象舞，觉悟莫迟（普济寺）。从世事变化之快之无常，劝迷途者早日觉醒。

17. 无法可说，印此明月；有容乃大，乘彼白云（大乘庵）。"无法可说"即禅宗的"不立文字"，如明月高悬，感应全凭慧心，而心胸开廓，可学白云行天。

18. 松风入梵响，莲月澄禅心（莲花池）。梵响被风吹走，禅心映照莲月，若无若有，全无机心，颇有禅诗风味。

与楹联相比，匾额形制更为短小，但内涵并不肤浅，细细读来也颇堪玩味，短小中有深意在。也举几例为证：

1. 慈航普渡（普济寺圆通殿前）。高度概括了观音大士不畏艰险，驾慈航救一切苦难的伟大胸怀。

2. 心莲香远（圆通殿前）。普济寺前有莲花池，此匾额巧用地理景物，并与"心"相关，"香"则指佛法远播。

3. 月印千江（圆通殿内）。"千江"流动不居，且境界浩大，佛法如月印江，无所不在。

4. 慧灯净照（普门殿前）。"慧灯"即佛法的"智慧之灯"，"净照"非一般的日常之用。

5. 天花法雨（法雨寺九龙殿内）。此匾额运用佛教典故，谓佛法的高妙与布施润泽之功。

6. 光明洞澈（大雄宝殿内）。佛法指引才有光明，有光明才能心境自明，洞察一切。

7. 度生情切（慧济寺大雄宝殿内）。"度生"是观音大士的主业，"情切"则传递出"度生"的动因，一切皆是因为"觉有情"。

8. 般若指月（悦岭庵）。"指月"即指佛法庄严光明，滤尽尘念，又指一心，不因方法而忘根本。

9. 妙涤心尘（伴山庵）。"心尘"即魔障，须以佛法除之。

10. 甘露清凉（梅福庵）。"甘露"即指佛法，"清凉"是说梅福庵是净地，又指人心的宁静自守。

11. 佛即是心（观音洞庵）。这是禅宗的"见性成佛"观，一切皆由心生，心悟是关键。

12. 皓月禅心（普陀山文物馆）。此额为康熙御书。禅心与皓月齐明，互相映照，辉映万里。

13. 澄灵寂照（普陀山文物馆）。此额为康熙皇太子书。"灵"即"心"，只有心灵澄澈，才能以"空寂"看待一切。

14. 同登彼岸（海岸牌坊）。此额为民国大总统徐世昌题。观音大士之事功在于救度苦海中人到极乐世界。同类的还有民国大总统冯国璋题的"宝筏迷津"、民国大总统黎元洪题的"金绳觉路"。

15. 回头是岸（海岸牌坊）。"回头"即破除执念，是否达彼岸世界往往是一念之差。

16. 海月常辉（御碑亭）。"海上生明月"乃自然之理，这里自然指佛法长明。

17. 一路涅槃门（洛迦山）。抱定一种心愿，一步步走向皈依之路，方可进入光明之门。

18. 海岸孤绝处（真歇庵）。此额为北宋高僧真歇所题，既是实写海边景色，而"孤绝"更指禅心的超脱坚守。

19. 木石居（清凉庵内）。"木"与"石"最是自然平常之物，居室之朴素简陋，正反映主人的宁静淡定。

20. 有情说法（法雨寺）。"有情"两字最为精到，一切说法救度皆是因为"有情"。

21. 海山第一（多宝塔）。此额为康有为所题。"第一"既指普陀山卓绝的自然景色，更指观音道场在佛界的崇高地位，两者融合，名实相符。

石刻即"摩崖石刻"，普陀异石奇岩遍布全岛，至少从宋代起就有人在石崖上刻石题咏。据北宋张邦基的《墨庄漫寻》载："有外国人留题，颇有文采。"现有石刻近二百处，以明万历、清康熙、光绪和民国初年题刻最多。由于海风吹蚀，一些石刻已风化淹没，而"文革"时不少石刻被铲平改凿，也可见证观音道场之沧桑变故。石刻因凿写之难，更追求短小精练，要言不烦。以形式论，有些以山石形状题名，有些据自然意境而刻，而更多的是与观音道场特有的文化氛围相关联。这些石刻有文采、有意境，对自然美景与佛理禅机各有体会和领悟，算得上是丰富多彩，各擅胜场，是历史文物的宝贵遗存。这里不再对这些石刻作一一点评，只介绍其名目与地理位置：

短姑道头有：同登彼岸、乐土、佛放光明、世外桃源、求生好人、佛等；

南天门有：海岸孤绝处、砥柱南天、山海大观、无入我相、即心即佛、得月最先、别一洞天、到此尘空、入佛境界、到此方知等；

妙庄严路有：白华山、须觉迷途等；

无畏石有：海天春晓、空有镜、刹海偏潮音等；

百步沙有：师石、回头是岸、七星崖等；

法华洞有：空青福地、东南天柱、别有一天、心、西天、听涛、龙宫鳌柱等；

潮阳洞有：梧冈、心、难得清静等；

玉堂街有：金绳觉路、一诚如流、作如是观、海山真境、玄之又玄、海籁常闻等；

香云路有：灵山会上、云扶石、海天佛国、入三摩地、朝阙玉柱等；

西天门有：西天渡口、寰海境清、证菩提道、极乐界、无量寿佛等；

识法台石有：性海灵台、佛说因缘、法台灵迹等；

芥瓶庵东石坡有：同登道岸、名教乐地、圆满菩提、心即是佛、海阔天空、振衣千仞等；

潮音洞有：现身处、光明池、甘露法源等；

已风化不显的有：起敬（福泉庵路侧）、顽石点头（短姑道头）、流云吐月（西天门）、圆通境（圆通岩）、中国有圣人（几宝岭）、淡心（民国志所记）、渐入佳境（玉堂街）、看破世界（玉堂街）、名山秀色（磐陀石）、灵石（磐陀石）、苦海无边即心是佛（香云路）。

这些石刻锲入山崖巨壁、亭楼牌坊，或淹埋于岁月风尘中，向人们诉说着历史的无情变易，曾经有过的情感经历与生命感悟，抚之读之，使人发思古之幽情，平添了一份复杂难言的追忆与缅怀。

第 三 章

一山一水总关佛

在吟咏观音道场的文学作品中，除诗歌外，还有大量的山水游记。如果说诗歌重主观精神，重心灵的内证与自省，那么游记作品带有更多的叙事性成分，因而更客观些；其视角更为灵活多样，所包罗的内容也更广阔丰富些。当然，与一般的山水游记不同，吟咏观音道场的游记并不仅仅为了记录和描述个人的游山经历，更重要的是记录自己一段特殊的心灵遭遇，也即是说，这些游记中的一山一水，一草一木，都与佛教精神相关联，由于佛教精神的辐射，山水草木便染上了浓郁的文化色彩，情为景触，景由性生，最终建构起超越现实世界的全新的精神图像。这里可以拿青原惟信所说的著名的三境界为证。青原惟信说学人未悟前，情生智隔，知有而不知空，"见山是山，见水是水"；当他受了教导开悟而见色明空时，就会"见山不是山，见水不是水"；既悟之后，通体是慧，心光流布，无物无我，性相融通，便达成了最高的境界："见山又是山，见水又是水。"吟咏观音道场的游记中的山水其实也正是心灵的物化，其所追求的也正是这种物我两忘、智心无障的通脱之境。

第一节　灵异之验与山水奇观

最早的普陀山游记可能是北宋宣和年间徐竞所作的《宣和奉使

高丽图经·梅岑山记》一文：

> 宣和五年五月二十六日戊寅，西北风劲甚，使者奉三节人以小舟登入梅岑，旧云梅子真栖隐之地，故得此名。有履迹飘痕，在石桥上。其深麓中有萧梁所建宝陀院，殿有灵感观音。昔新罗贾人往五台，刻其像欲载归其国，暨出海，遇礁，舟胶不进，乃还，置像于礁上，院僧宗岳者，迎奉于殿。自后海泊往来，必诣祈福，无不感应。吴越钱化，移其像于城中开元寺。今梅岑所尊奉，即后来所作也……是夜，僧徒焚诵歌呗甚严，而三节官吏兵卒，莫不虔恪作礼。至中宵，星斗焕然，风幡摇动，人皆欢跃，云：风已回正南矣。

自唐以来，舟山海域成为"海上丝绸之路"的重要通道，众多船只经此到达日本、朝鲜、东南亚等地。徐竞作为使者去高丽也必经莲花洋。文章前半段交代了普陀洛迦（旧时称梅岑山）的得名由来，并追溯了观音像从五台山落户普陀山，并形成观音道场的历史，以及僧人与官吏兵卒一起祷颂的情景。不过所述不确的是"置像于礁上"乃系日本僧人慧锷。这是就游山而言。因为"西北风劲甚"，不利航行而到山上暂避。后半段写离山入海的经过，上文中的"自后海泊以来，成请祈福，无不感应"一句乃是伏笔：

> 二十七日己卯，舟人以风势未定，尚候其熟（海上以风转至日不改者，谓之熟）。不尔，至洋中卒尔风回，则茫然不知所向矣。自此，即出洋，故审视风云天时，而后进也。申刻，使副节与三节人俱还入舟。至是，水色稍澄，而波面微荡，舟中已觉鼬脆矣。

或许是祈福之由，"风已回正南"，虽中间又"卒尔风回"，但终于

"水色稍澄，而波面微荡"，使船得以正常航行，印证了前面所说的祈福观音"无不感应"。

元朝诗人吴莱的《甬东山水古迹记》中也录有发生于补陀洛迦山的灵异之事。文章先写潮音洞所见景象，极有气势：

> 自山东行，西折为潮音洞，洞瞰海外，巉岩中裂，大石壁紫黑，旁罅而两歧，乱石如断圭，积伏蟠结。怒潮舂击，昼夜作鱼龙啸吼声。

后写立于磐陀石上眺望所见浩茫壮阔的场景：

> 山麓怪益高，垒石如埕，东望窅窅，想象高丽日本，如在云雾苍茫中。日初出，大如米筛，薄云掩蔽，空水弄影，恍若铺金。僧伽黎衣，或见或灭。南望桃花、马秦诸山，嵌空刻露，屹立巨浸，如山垒太湖。灵璧不著寸土尺树，天然可爱。

而在前后的景象描述中间，忽然插入一段灵异之事：

> 又西则为善财洞，峭石齿足，泉流渗滴，悬缠不断。前入海数百步，有礁，土人云："曾有老僧秉烛行洞穴。且半里，山石合一窍，有光大如盘盂，侧首睨之，宽引洁白，非水非土，远不辨涯际。"

引述土人之语是为了增加真实性，老僧秉烛夜游所见的自然是观音神力所开启的另一片奇异的世界，即佛法所说的极乐天地。可见时人非常相信这一类故事。如明代万历年间抗倭将军侯继高《游补陀洛迦山记》中说潮音洞与善财洞："相传二洞中菩萨示异，秉诚叩礼，往往多见者。余愧武人，未离火宅中，不敢妄觊。"清代二十六宜称斋的《普陀山游记》也提及此事："六时至潮音洞……常潮水遇风，狂号驶奔入洞，铿訇镗磕，如雷霆乍鼓，眩目震耳，悸魄坠魂……旁有石题曰：'现身处'。相传朝山士女，向洞叩拜，辄见大士现身不一，随诚所感，甚或投崖碎体，求生净土，谓之舍生。"

不但古人信奉，现代人也不例外。民国五年八月二十五日孙中山乘军舰视察舟山，游普陀山时在佛顶山亲睹灵异，口授陈去病书《游普陀志奇》一文。文章不长，兹录于此：

余因察看象山、舟山军港，顺道趣游普陀山。同行者为胡君汉民、邓君孟硕、周君佩箴、朱君卓文及浙江民政厅秘书陈君去病，所乘建康舰舰长则任君光宇也。抵普陀山，骄阳已斜，相率登岸，逢北京法源寺沙门道阶，引至普济寺小住。由寺主了余唤笋，将出行，一路灵岩怪石，疏林平沙，若络绎迓送于道者。纡回升降者久之，已登佛顶山天灯台。凭高放览，独迟迟徘徊。已而施赴慧济寺，才一遥瞩，奇观现矣！则见寺前恍矗立一伟丽之牌楼，仙葩组锦，宝幡舞风，而奇僧数十，窥厥状似乎来迎客者。殊讶其仪观之盛，备举之捷，转行转近，益了然。见其中有一大圆轮，盘旋极速，莫识其成以何质，运以何力。方感想间，忽杳然无迹，则已过其处矣。既入慧济寺，亟询之同游者，均无所睹，遂诧以为奇不已。余脑藏中素无神异思想，竟不知是何灵境。然当环眺乎佛顶台时，俯仰间，大有宇宙在乎手之概。而空碧涛白，烟螺数点，觉生平所经，无似此清胜者。耳吻潮音，心涵海印，身境澄然如影，亦既形化而意消焉乎？此神明之所以内通。已下佛顶山，经法雨寺，钟鼓镗鞳声中急向梵音沿而驰。暮色沉沉，乃归至普济寺晚餐。了余、道阶精宣佛理，与之谈，令人悠然意远矣。民国五年八月二十五日孙文志。

作为志在改造中国的政治家，孙中山日理万机，谓之"趣游"，当然是为了放松身心。在佛顶山"独迟迟徘徊"，可见为山海奇景所吸引，身心脑神与自然景观的交会，便目睹了非人间的奇观：牌楼伟丽，仙葩似锦，宝幡舞风，奇僧数十，又有一大圆轮（太阳）飞速盘旋于空中，光焰灼目……"方感想间，忽杳然无迹"。神奇的景象来得快，也去得快，令人长叹不已。孙中山说自己"脑藏中素无神异思想，竟不知是何灵境"，可见其见非虚言也。这"灵境"自然是古人屡见的"海市蜃楼"或"海上仙山"了，照现代科学的观点，无非是自然光线折射变化的结果。但文学与科学殊异，科学重实证，文学重想象，关注的是心灵世界，唯其如此，才充满了浪漫色彩，将人心带入超现实的境界，即孙中山体验到的"俯仰间，大有宇宙在乎手之概"、"耳听潮音，心涵海印，身境澄然如影，亦既形化而意消焉乎？"值得注意的是，孙中山并非像古人那样将"海市蜃楼"的奇观归因于道家所追求的"仙人"、"仙境"，而是认为"此神明之所以内通"，况且又是发生在观音道场所在的普陀山，所以这"神明"自然是指佛法的广大无边，为世俗中的人们开启示悟。因此，孙中山耳听着"钟鼓镗鞳声"，与僧人谈佛理，"令人悠然意远矣"。

有如此灵验的异事和奇观，必是发生于不一般的自然山水中。所以，许多游记对普陀山的海山景致作了极为生动细致的描述。先看明代屠隆的《补陀洛迦山记》：

> 东航海抵翁洲，洛迦山周围百里，四际无岸，孤悬海中，赤县神州不复记忆置在何处。秽土劫浊，邈焉隔绝。虽属阎浮，亦造物之所以别立清凉界也。远近诸山，大者如拳，小者如栗。三韩、日本国青螺一抹，杳霭烟际，乍有乍无。微风不动，天镜涵空，澄碧万里。海凫鹍鸹，低飞乱鸣，惊飚下撞，

洪涛上春，银山雪屋，簸荡天地。五更望日出扶桑，巨若车
轮，赤若丹砂，忽从海底涌起……

文中写到洛迦山孤悬海外，浪涛汹涌，澄碧万里，群鸟飞鸣，日出
海中，晃耀心目，是"造物之所以别立"的清凉界（即佛教天
地），又是通向三韩、日本的必经之途。作者笔力遒劲，大处着眼，
取的是宏观角度。

同样视角的还有明代陆宝《游补陀记》中登上磐陀时所见：

余蹑竹梯而上，时惟二客从焉。仆夫俱狼顾返走，余因得
纵览海外，若翁洲，若桃花、马秦，珍错棋置，蜿蜒巨浸中，
如渴虬欲饮。惊涛忽张，众山俱动，又如驾六鳌而排风，良可
喜愕。

有趣的是明代张岱《海志》中记载了从山顶观看海战的情景：

闻炮声，或言贼船与带鱼船在莲花洋厮杀。余亟往，据梵
山岗上，见钓船千艘闻警皆避入千步沙。十余艘在外洋，后至
者贼袭之，斫杀数十人，抢其三舟去，焚其二舟，火光烛天，
海水如沸，此来得见海战，尤奇。

更多的游记是按时间顺序依次描述所到的景点，用微观的角
度，细致而精练。屠隆《补陀洛迦山记》写潮音洞：

山有潮音洞，乃大士示现处。洞上有穴如天窗，仰窥日
星，俯瞰海岛，金沙细软，石罅深黑。海涛日夜来啸吼。

陆宝《游补陀记》状写石之形态：

　　　　忽有石屏，昂立道左，客大叫为奇。稍转见累石无算，大
　　者百堵，小者盈拳，高者陵苍苍，下者傍腰及趾，攒聚献状，
　　出奇无穷：为蚕云，为鲸波，为空中楼阁，为千化塔，为九莲
　　台，为赤城之霞、峨眉之雪，光移影夺，不可凝视……

作者观察精细，善抓特点，一连串的用比，从各种角度极写石之
怪、之险、之趣，令人叹为观止。有些则如诗如画，清新可爱：

　　　　度白华岭，夹路多桃花，间以杂树。轻红浅碧，相错如
　　绣。行二里岭尽，为莲花池。东为放生池，环池植柳成行，萧
　　疏可喜。池中皆白莲花，时尚未著敷蕚，枯茎戢戢如苇林……
　　历寺西数十步，弥望皆草畦麦陇。折而稍北，路渐陟渐佳。长
　　松离立如人，路旁多树木为栅，幽篁掩映，仰不受日光。

桃花、杂树，菜畦麦陇，幽竹掩映，一派怡淡宁静，使人俗气全
消。而莲花、放生池与佛教的慈悲洁净直接相关，长松又使人想到
高僧的神韵风姿。
　　类似的有无风《普陀游记》中的描写：

　　　　旋至后寺，途中风景殊胜，麦苗初苗，菜圃皆黄；曲径通
　　幽，群峰耸秀，而雨中登涉，云气迷茫，飘飘乎如御风而行
　　也。……时方盛雨，泉流树杪，云起檐端。

二静一动，静中有动，而云中登山，云气迷茫，极似山水大写
意画。
　　再譬如二十六宜称斋《普陀山游记》中写观日出：

　　登朝阳岭观日出，霞光万道，灿烂天际。日光初见，如金
绳一线，浮游海面；倏忽变幻，成橄榄、鸡蛋诸状，皆波光荡
折有以成之；最后如金盘承浑圆金球，一霎间，金盘低落，金
球如弹丸跃然而上……

状写日出之形、之动、之色彩、之变幻，辉煌壮丽，是又一神奇
境界。

第二节　心游物外

　　这些游记描摹了普陀山的奇特不凡，千百胜处，但与一般的描
述山水不同，自然只是一个大背景，其要旨在于为探访者获取人生
的智慧与启示铺设一个阶梯，一条通道。普陀山的灵花异草、怪石
险洞与碧波金沙处处沾染着佛家的精神气息，它们不仅是自然的奇
观，也是人心灵的对应物，彼此契合交会，从而开出了一个全新的
境界。譬如描述千步沙，马上接上"有僧大智，自五台山来卓锡于
此，结庵以居，曰'海潮'，庵有梅，开牖视之，则沧溟灏瀁，近
在几席。而涛声訇磕，震应岩谷，超然尘世矣"（侯继高《游补陀
洛迦山记》）；如记述从菩萨顶下来，"还至寺门，月色甚朗。余纵
步莲花桥，见东北最高顶，一灯荧荧如明星，转瞬渐大，金光万
道，散射群峰，奆鲜昱奕，不可名状。同游者曰：'此佛光也。'相
与欢喜赞叹"（陆宝《游补陀记》）；如远望普陀山，"见海外诸山，
火焰直竖，如百千骈指合掌念阿弥陀佛拜向补陀者。过金钵盂山，
进石牛港，短姑道头，则恍如身到彼岸矣"（张岱《海志》）；如写夜
游之兴，"餐后令侍者笼灯引导上山，经圆通庵折而下，至前寺，绕
行磐石庵而返。月影朦胧，人声阒寂，幽静之境，令人意远。返庵
即眠"（天风《普陀游记》）；如写登佛顶山所见所感："天风琅琅，
海山苍苍，令人有飘然出世之想。凭栏舒啸，徘徊而不忍去，向导

之山僧及舆夫，屡相催促。"（二十六宜称斋《普陀山游记》）……
此种佐证，俯拾即是，不一而足。可见描述山水或游程并非重心，
重心乃是人的精神主体，于流连山水间开启的智性与领悟。

为了更好说明这一点，还可以拿现代人写的两篇游记作分析。
一是蒋经国的《游普陀日记》。蒋介石尽管后来皈依基督教，但因
母亲笃信佛教，与佛教也颇有因缘。1920 年 5 月偕妻奉母王采玉至
普陀进香五天，1921 年 3 月，又同母妻赴普陀还愿，施"千僧
斋"，参观受戒仪式。1949 年 5 月 10—12 日、8 月 3—5 日与长子
蒋经国等两次访游普陀山，住天福庵。对国民党来说，1949 年是天
崩地裂的一年，南京已被占领，人民解放军正向南方广大地区推
进，到处风声鹤唳，蒋介石也只好离开故乡，漂泊于海上。因此，
此番朝拜普陀山，也就别有一种心境，蒋经国的日记也有了深长的
意味，为大历史中命运的浮沉留下了一份鲜活的供词。此摘录若干
如下：

1949 年 5 月 10 日

……五时后，船到普陀，未登岸，即在船上视察形势。晚
餐毕，设计明日行程，并念旧地重游，必更觉有趣。父亲独坐
舷头，澄怀伴月，大有"月光如水水如天"之情景。

11 日

天气阴沉，大风突起，九时三刻登岸，徒步至三圣堂，为
父亲民国九年春侍奉先祖慈寄住之地。现房屋款式已变，多不
如前。问寺僧，则曰"廿三年遭焚毁，现屋则重建者也"。视
察一匝，相共唏嘘而别。直上佛顶山慧济寺，到时，已近午
刻。登菩萨顶灯塔，极目眺望，风大，几不能驻足，摄影即
回。父亲数游普陀，皆无暇登临此寺，今始偿夙愿矣。在寺午
餐后，取捷径，东行下山，至古佛洞、梵音洞，皆重游之地也。

古佛洞内，有仁光和尚塑金之肉身。

下午先游梵音洞，复赴天福庵。途经羼提庵之净土亭，息足片刻。庵在千步沙左端，位置甚佳，佛像五幅。途经法雨寺，以微雨，未停游，直抵天福庵，此亦父亲旧日寄住之地，惟建筑皆新，无复观矣。离庵后，道出南天门，游览一周，幽净浩渺，惜无泉水耳。游毕回船，已四时半矣。

13 日

在普陀山时，遇一老和尚，说："寺中有一处名云水堂者，专供来此朝拜的和尚食宿之用。因云飘来飘去，总是不断地流向他方，而不知去向。和尚行踪与此相类，故以云水命堂。"老和尚妙语解颐，亦有"云水流"之意。窃念岂独和尚如云水，世人熙来攘往，亦不如云水也。韶光若白驹过隙，踪迹若清水浮萍。今日父子相依，海上漂泊，何去何从，行毋贻"云水"之诮乎？

8 月 3 日

下午，父亲动身飞赴定海，三时抵达，旋即乘船至普陀山。登岸时，天已昏暗，风浪尤大，夜间明月高悬，海天澄澈，清丽绝伦。

4 日

昨宿普陀文昌阁，今晨迁天福庵。此庵靠近海岸，较为幽净。庵中有一和尚，名仇了凡者，年已半百，近视，宁波人，待人热心诚恳。问他"为什么来做和尚？"他说："因为受了妻子相继死亡的刺激，就悄然来山为僧。经过三年之久，家人尚不知踪迹。到了第四年，老母发现我在此做和尚，即来普陀找我，劝我还俗，我坚决不肯回去，现在又经做了二十年的和

尚。"这也是他的人生观，真是人各有志也。上午，随父游磐
陀石、双龟听法等处，午返天福庵素食。傍晚，又随父作前山
之游。

　　5 日

　　美国政府本日发表对华"白皮书"……上午七时，随父至
百步沙海滨散步，晨光照耀，山气清新，心情愉快。十时游洛
迦山，午返普陀。下午游潮音洞和观音跳。晚间，父亲又在庵
门外观月听涛，谈笑自若，对美国国务院发表"白皮书"事，
无动于衷，此乃得力于"寓理帅气"之修养功夫也。今日为父
出发访韩之前夕，"白皮书"适于此时发表，亦可谓巧合矣。

蒋经国的文字以朴实通俗见长，但又时有即兴抒怀，颇有文学意
味。从六则日记中可以看出，蒋氏父子，尤其是蒋介石对普陀山情
有独钟，依次游历了众多当年所到的各个景点，不计日程匆忙，真
是百忙中偷闲，其依依不舍之情颇为动人。蒋氏一生迭经忧患，其
时又面临"国破家亡"之际，大有"仓皇辞庙日"的狼狈凄楚。
因此，蒋氏父子此番两次登普陀山的心思，无非一为故地重游，难
舍故土，二为镇定精神，以图将来，三为求菩萨冥冥中的保佑，度
此厄难。日记中不时插入有关时事的动态，如 5 月 10 日所记"未
登陆，即在船上视察形势"，8 月 3 日日记中记"下午，父亲动身
飞赴定海"，8 月 5 日日记中记"美国政府本日发表对华'白皮
书'"等，可见蒋氏父子表面上是优游山水，乐在其中，"澄怀半
月，大有月光如水水如天"，所谓蒋介石"在庵门外观月听涛，谈
笑自若，对美国国务院发表'白皮书'事，无动于衷"，都只是一
种自夸，无法真正忘情于世俗，做到心游物外，和光同尘。譬如 5
月 11 日日记记到三圣堂，见建筑多不如前，问僧才知曾遭焚毁后，
"视察一匝，相共唏嘘而别"，透露出的正是物是人非、往事不堪回

首的痛苦与无奈。

自然，最值得关注的是作者身游心也游，即蒋经国由佛法而来的"灵机一动"。5月13日日记中，蒋经国遇一老和尚，解释了"云水堂"得名的由来，作者内心有了所悟："窃念岂独和尚如云水，世人熙来攘往，亦不如云水也。韶光若白驹过隙，踪迹若清水浮萍，今日父子相依，海上飘泊，何去何从，行毋贻'云水'之诮乎？"个人的身心遭际与群体飘泊命运的相通，所发感慨自然深切真实。再如8月4日日记记一和尚因妻儿死亡刺激而出家，老母找来劝阻也不回头一事，说"这也是他的人生观，真是人各有志也"，表达了对一心向佛守志者的尊敬。可见蒋经国是有慧根之人，才有心灵的启示。

二是丰子恺写于1963年的《不肯去观音院》。丰子恺受乃师李叔同影响，是著名的居士，其斋名"缘缘堂"就得自佛法启示。此文先交代来普陀山的缘由，重在介绍关于"不肯去观音院"的来历，文字平淡，结尾的诗"东风吹起千岩浪，好似长征奏凯声"等更是留有时代制约的痕迹。此文最佳的一段是描述去"百步沙"的见闻：

> 潮落时，我们就在沙上行走。脚踏到沙上，软绵绵的，比踏在芳草地上更加舒服。走了一阵，回头望望，看见自己的足迹连成一根长长的线，把平静如镜的沙面划破，似乎很可惜的。沙地上常有各种各样的贝壳，同游的人大家寻找拾集，我也拾了一个藏在衣袋里，带回去作纪念。为了拾贝壳，把一片平沙踩得破破烂烂，很对它不起。然而第二天再来看看，依旧平静如镜，一点伤痕也没有了。我对这些沙滩颇感兴趣，不亚于四大寺院。

这段文字内容简单，就写在沙地上行走，拾贝壳，但叙事描写中其实蕴含了不少与佛理相通的内涵，颇堪玩味。譬如因为行走，划破了平静如镜的沙滩，感到"很可惜"；因为拣拾贝壳，将沙滩踏得破破烂烂，内心里觉得"很对它不起"。这里表现了作者的一片善心，对人力破坏改变自然的由衷忏悔。第二天再来看，曾经被踩踏的沙滩"依旧平静如镜，一点伤痕也没有了"，既写出大自然自我修补创伤的伟大动力，又隐含着对人工改变自然之徒劳的嘲讽，正可为佛教的"色空"观念作注脚。所以，水山的描述只是外在的表象，骨子里是人置身于山水中对佛法的豁然感悟，要旨不在"身到"而在"心到"。

第三节 山水游记的叙事功能

为了突出佛学思想在作品中的主旨作用，许多游记还发挥叙事因素的功能，即常在大段的山水描述中突然插入与僧人山客的对话，借此表达游山者的心灵困惑或者忽有所得，读来颇有意味。兹录几处为证：

其一，"时雨势骤急，余衫履半沾，足力甚倦，遂止宿白衣殿，是为月之十五。……小憩，东方丈住山性海来会。海公，字无边，余戏谓：'是觉海聊？苦海聊？'旁一客曰：'回头即觉矣？'因相与大噱"（陆宝《游补陀记》）。由路的艰难，联想到佛教中的"觉海"与"苦海"，通过戏谑放松身心。

其二，过潮音洞，"再前为善财礁、龙女洞，排列可厌。余问住僧：'志中言潮音洞大士现种种奇异，若住此，曾见乎？'僧曰：'向时菩萨住此，因万历年间龙风大，吹到石梁，遂移去梵音洞住。'余不敢笑，作礼而别"（张岱《海志》）。作者对潮音洞观音现身的传说心有疑虑，请教僧人是否见过，而僧人并不正面回答，其辩解词也十分幽默。

其三，"二月一日往法华洞，怪石苍松，峻壁环抱，瀑流交映……三里入法雨寺……闻化闻长老西归，往吊……遂上经楼，参见印光法师，师云：'你用何功？'答云：'静坐。'师曰：'六祖言，于一切时自净其身，可能否？如其不能，不可沉空守寂，即须广学多闻，识自本心，达诸佛理，和光接物，无人无我，直至菩提'云云。师为山中导师，海上慈航，亲近数次，得益颇多"。去洛迦山，"是日顺风，约一小时即到，惟海浪低昂不易登岸，危险之至。上山约里许，远眺三面大海，一望无际。岛周约三五里，海风狂大，草木不生，上有茅蓬四处。一师示云：'如水投水，似空合空。'一师示云：'汝等发心，先须持戒修福，若心地未明，自力轻微，又不修净土，来生多感富贵之报，亦多为富贵所迷，至造孽堕落，轮回受苦，求出无期，悔之晚矣。'"（高鹤年《由普陀至天台游访记》）印光法师关于"自净其身"的途径，两师关于"空"的偈示，关于富贵之迷、轮回受苦的训示，无不涉及佛教的主要观念。

其四，"坡下小路，去法喜庵，曲折深深，圆通妙境。忽又烟飞雨至，柳洒山中路，莲生海上云。行抵慧济寺，入普度门，住上客厅，主席文质和尚，昔日金山曾同住，今日公出，遂晤文正退院。正老言：'染缘易就，道业难成，情欲牵缠，何能脱尘离垢，若能洗涤干净，当下即是道场，譬如风卷白云去，呆日自然来。'"（高鹤年《普陀山游访记》）老僧主张清心寡欲，当下即是道场，颇具禅宗意味，而"风卷白云去，呆日自然来"的偈颂形象生动，又不着痕迹。

如果光有山水描述与游踪记录，而没有佛理禅机的渗透感悟，只是一般常见的游记，而如果光有佛理的宣讲训示，而无自然山水的点染感化，也就过于抽象干枯，不如去念佛经。这些游记的妙处就在于将两者有机自然地结合起来，自然之趣与佛理之趣高度融合，因而既血肉丰满，又骨骼清朗，自成一格。

不少游记中还记录了当时民众朝拜观音道场的情景，以及住山僧众做佛事的信息，可见观音道场的巨大吸引力。对此屠隆的《补陀洛迦山记》有过总括性的介绍："山上宝陀禅寺，奉观音大士其中，上自帝后妃主，王侯宰官，下逮僧尼道流，善信男女，远近累累，无不函经捧香，抟颡茧足，梯山航海，云合电奔，来朝大士……慧根者顿悟而日朗，迷真者立撒而雾开。"具体描述寺中法事如"复上至镇海寺看饭僧，僧俗几六千人，朗朗诵佛号。杯羹盂饭相攫食，如鸟鸢出寺"（陆宝《游补陀记》）；"直至前寺，殿上嚷嚷打合山斋，僧五六千人皆跏趺坐，绕殿前后，丹墀上下，栉比如鱼鳞，次第食已。有好事者，畀栗梨针线之类，皆来布施，名曰结缘。妙在五六千人集坐，无蚊虻声，《水经注》所谓'疏班绳坐，器钵无声'，想见此境"；"至大殿，香烟可作五里雾。男女千人鳞次坐，自佛座下至殿庑内外，无立足地。是夕，多比丘、比丘尼，燃顶燃臂燃指；俗家闺秀，亦有效之者。燕炙酷烈，惟朗诵经文，以不楚不痛不皱眉为信心，为功德。余谓菩萨慈悲，看人炮烙，以为供养，谁谓大士作如是观？殿中訇轰之声，动摇山谷。是夜，寺僧亦无有睡者，百炬齐烧，对佛危坐，睡眼婆娑，有见佛动者，有见佛放大光明者，各举以为异，竟夜方散"（张岱《海志》）。这里写到了僧俗的吃饭、打斋、做功德、作布施，尤其是燃顶燃臂燃指以示对佛的信念，而人众每达到五六千人，可见其盛况空前。也有描写于登山途中所见："余辈努力奋进，不能不气喘肤汗。见有伛偻老妇，伶仃弱女，拾级上升，如履康庄，彼为祷佛来，至诚所积，夷视险难，充其力何施不可，惜乎其徒为迷信之表著也。"（天风《普陀游记》）老妇弱女爬佛顶山，竟如履平地，作者大为感叹，认为是"至诚所积"，虽然视之为"迷信"，但由信念所产生的毅力自然令人敬佩。

来朝拜者身份地位不同，但都是怀了某种共同的心愿而来，所以不避风险，孜孜以求。游记中自然要描述涉海登山求佛的艰辛历程。譬如写渡海之艰难："渡莲花洋，横顺风，抢风使帆，船傍刺刺入水，樯曲如弓，舟急如箭，桅杆嘎嘎有损声，船头水翻渤如蹴雪。余胆寒股栗，视舟人言笑，心稍安。"（张岱《海志》）张岱文字极为精练，描写准确生动，而乘者的恐慌与水手的从容言笑形成有趣的对比；又如："廿七日早饭毕开船，舟中搭客十八人，舱中以竹杠为界，对面分座，经浑水洋时，风涛汹涌，颠簸之极，众客呕吐，衣履尽污。然人皆虔敬，齐念救苦救难观世音菩萨，闻之一念清净，顿忘污染。"（高鹤年《出普陀至天台游访录》）风涛大作，乘客呕吐不已，极是狼狈，但一念观音名号，却立刻"一念清净，顿忘污染"，可见观音菩萨的灵验，众客一心向佛的虔诚与坚持。描述登山之险的文字也随处可见，如"一食顷，至西天门，绝壁相夹，中仅容一人，危石横亘其上，须伛偻乃得入"；"攀崖陟巘，险巇互值，凡十余里，至朝阳庵……过此路益陡绝，错趾益高。余竦身独上，山童，无草木可倚，尽力把滑，始造其巅，是名菩萨顶……顷之，风力愈紧，耳后肃肃如箭，黄雾四塞，张目不见睫，客皆缩朒"（陆宝《游补陀记》）；"过飞沙岙……两峰联，其路遂通。自东至西，亘三里，阔百余丈，虚沙成壁，下临大海，人行其上，深可没胫，稍不一慎，将坠重渊。予谓常行此间，亦足壮胆"（二十六宜称斋《普陀游记》）；"入门湾东直下，洞口峭壁危峻，石色青黝，高三四十丈，陡劈两岩如门。海潮入洞，激宕有声，如龙吟虎啸，雷霆怒兴，听者悚怖……凡谒洞者先至石顶，纡回随磴而下，数百步，然仅至台而止，去石根潮啮处，犹远数十丈也"（高鹤年《普陀山游访记》）。

在这方面描述最具体、叙述最曲折的当数民国盛叔型的《洛迦山游记》一文。文章先写洛迦山是信佛者向往之地，但又视航海为畏途："两山之间，水势如奔，即天明气清，波涛亦轰隆无息期，盖水为所阻，不得泄也。故自普陀驾小筏游其地，虽山光在望，而欲达彼岸，往往历数小时。阴霾之日，临晨启程，日暮犹未达者，不一而足。且舟危受击，舵失其力，东西飘泊，随波所向。有时距山咫尺，忽又远离，有时方向方准，忽又舵转。老于海程者亦多视为畏途。山中游客，无一不欲一游其地，一览其难，恒以风浪险恶，相戒不前。"这是总的铺垫。而"余自诩胆壮，不之意，乃决欲达其地，以偿夙愿"。作者一来是为偿夙愿，二来自诩胆壮，并不在意航程之险，于是便有了下面的曲折惊险，以验证历来说法之真实：

> 是日适值天霁，和风暖日，朗畅无片云，乃狂喜。寺僧请偕行……僧曰："明日下船，请襆被以往，不然，恐君不耐途中风涛也。"余笑曰："山光水色正宜游目骋怀，安可没首被中作酣睡翁乎！"僧曰："子不信衲言，恐遗后悔。"余亦笑听之。

看天气好，便"狂喜"以为航程一定顺利，是错觉；面对同行的有经验僧人的好意劝说，作者两次"笑之"，反衬出过于自信轻狂。第二天早上起来，作者想吃早饭，"僧止曰：'不可，徒增将来痛苦耳。'又说'子非航海家，果能奈此恶涛骇浪耶？'……余以其言之可怖，亦从之"。刚开始，"时方黎明，鸡鸣月落，海风拂襟……觉爽怀异常。至中流，微波击舟舷，舟身略动，余亦不之意。暗思僧人何胆怯，此微波轻浪，即言之可骇如此，真不值一笑。既而渐近麓，山中风景，已在目前，度不过里程许，因笑谓僧曰：'此即君所谓骇浪汹涛耶！'"先是"爽怀异常"，继而"不之意"，并暗思僧人胆怯，不值一笑，再以言语嘲讽僧人之言不实，作者将自己的轻浮狂态表达得淋漓尽致，为下文的转折蓄足了势头。于是，行文展开另一种完全不同的境地："言未竟，舟忽转东，疾行如飞矢，则洛迦山已失其向。舟子力转舵，重不可移，回首普陀，已在隐约间矣。余乃大惊，同往游者皆倒卧舱中。被复体，如不胜痛苦者。或呕或吐，狼藉遍舱。僧则嗒然如丧，颜色惨淡，俯首念'弥陀'

不置。须臾，浪略静，余方窃喜，忽又一浪击舟身，崒然作响，舟乃升降如点额，忽又转西，旋转水中，既而向前直驶，回视旧地，已在数十里外……时余方倚舷望海景，特觉头目昏眩，两耳鸣蝉，知不可复待，乃骇极，倒舱中卧，舟子导者，皆面如死灰，泪珠夺眶。……良久，洛迦山始达，时已中午，计距启程约八小时，而余居舟中，恍如历十余寒暑也，亦可苦矣。"作者从开始时的狂喜，不以为然，到此时的"乃大惊"、"不胜痛苦"，再到"骇极"、"恍如历十余寒暑"，僧人告诫的话一一应验，才真正感到"亦可苦矣"。直到登岸，"仍觉天地旋转，重以腹馁，两腿战悚，无毫末气……回视海中，浪花不作，不禁叹海行之难矣"。

文章最后叙述重回普陀山的航程又险象环生，几乎葬身鱼腹。上山卧床，一觉醒来，"已打晚钟矣"。作者说能平安归来，主要归功于"有大士默护"，只是"及今思之，犹觉心悸也"。全文集描写、对话、叙事、论议于一炉，尤其抓住人物内心不同之感受，境界变化莫测，前后对比强烈，行文竭尽腾挪转换之能事，确实写得一波三折，气势酣畅，有极强的艺术感染力。诵读全文，使人真切感受到朝圣之路的艰难，求佛法求真理必得有大智慧大忍受，又暗含着凡事当亲身经历方可去除迷执之念等哲理意味。

最后值得一提的是，有些游记真实记录了普陀山观音道场的衰落，曲折表达了对特定历史的评价。祖籍浙江普陀的作家何为先生写于1960年7月的《普陀三日记》就是一例。尽管文章多处写到普陀山的幽静出尘，如"我住在一简陋的楼屋里，静极了，这隐藏在半山腰的楼屋！推开木格窗，一片澄绿的山光岚影扑个满怀，顿然抖落了一身风尘和旅途的劳顿"；"不论走到哪里，这岛上无处不是一片空明，无比清澈，无比洁净。在这里，一缕清风中似乎可以羽化成仙"；写到孩子在池子内游泳，写到村姑"窈窈窕窕的，肩上斜搭着竹篓……灵秀的眼睛，浅浅的笑容，一身青色竹布衫，通体淡雅洁净"。但文中描述更多的是寺院的破旧冷清景象，僧人被遣散后的沦落：在普济寺，"一个善女人虔诚地匍匐在佛龛前念念有词，祈求神的庇护。一个老僧在禅房里单调地敲着木鱼，念他的什么经。四下寂寂，偶或有三二老和尚挑着竹扁走过。偌大的殿堂显得更空玄也更寂寞了"；"在这荒芜的年代，这个剔透玲珑的海岛上，这时候似乎只有我一个远道而来的游客"。当作者早晨去潮音洞，公路上"有人元气充沛地大声吆喝。原来是个满脸络腮胡子、身体健壮高大、年近七十的拐脚老和尚，他挥舞双手，驱赶着田头的一群麻雀。后来又响起一阵响锣，还是那个老和尚，他干脆用敲锣代替吆喝了，在这寂静的夏之晨，未免大杀风景"。写到法雨寺，作者介绍道："寺僧六十余人，都在附属的生产单位劳动……在寺院外遇一老和尚，正悠然放牛。"众所周知，1960年对中国是一个特殊而荒唐的年代，"'海天佛国'自然也受到殃及全国的天灾人祸的影响，再也没有人来朝山进香了"。除此之外，更主要的还是当时主流意识形态对佛教的排斥，与天斗、与地斗，也要与神斗、与佛斗，扼杀一切"异教邪说"。所以香客寥寥，庙宇破旧，僧人都被编入单位参加劳动，种田、放牛、赶麻雀。那个拐脚和尚的形象太生动了，因为不再费心佛事，百无聊赖地大声吆喝，敲着响锣驱赶麻雀，他已沦落为一个粗俗的乡村老头。这是佛界的悲剧，也是时代的悲剧。何为先生用"寂寞"、"荒芜"、"大杀风景"来界定那个时代，透露出浓重的历史沧桑感，内心深处的无奈和沉痛。

第四节　佛国游记里的另类文本

　　描述或记录游历普陀山的大部分山水作品，都是以佛教的清寂虚空思想为主旨，企图在灵山异水间寻得一处超脱世俗红尘之累的精神世界。但也有一些作品很少或者根本不涉及出世的追求，而是以世俗人的身份和眼光去感受和看待佛国的一切景观，或者说，是把佛国看作是世俗世界的一部分，游历佛国更多是一种生活乐趣，观察世态百相的场所，抒发自己对人生的一己之得，构成了佛国游记的另类文本。

第一类是通过对普陀山景观的细察与玩味，引出对人生的所感所思，国画大师潘天寿的《潮音洞》可作典型：

> 由紫竹林东下百武许，有小庵，内即潮音洞也。庵则败屋敞椽，荒草满径，中有古佛数尊，尘垢积面，盖已久作荒废庵矣！余初时，亦不知有洞，然余性贪游喜走，往往穿探尽心始已。乃由庵小廊东入，有小衖，数折出小门而得焉。门外则万岩重叠，险奇难状，有如人者，有如马者，有卧者，有坐者，累累然而入于海。洞由诸岩石合抱而成，下大上小，深邃莫测，稽之古集，约四十丈云。岩上有古刻，多剥落，不可辨。洞上绕以铁栅，足以凭观。傍西两壁不可出入，出入者必庵焉。曩者寺僧久住为陇断之处矣。东则狂波无际，怒浪吞入，如万马奔驰，千兵相接，而洞中则隆隆然，聒聒然，若人之喧闹，一时身入其中，心为之迷，耳为之聋。徐而聆之，无音不有，无奇不闻，丁丁然，东东然，如琴音也，鼓音也；铃铃然，镗镗然，如铃音也，钟音也。得得搏搏，如扣甕缶；铿铿锵锵，如演韶虞。听秋虫于寒夕，金铁齐鸣；敲夜雨于空斋，瓦砖争响。时际天朗风轻，时日和叵，不觉肃然而思，默然欣，懵然不知音之何从也，此余今之奇观矣！细而察之，洞中多险石，犬牙错落，与潮水相吞吐，奔腾竞击而为此也，与海中涛声相应如万乐作焉，此之所谓潮音欤。

此文先交代潮音洞边上小庵的破落荒凉，并说自己性喜游走，"往往穿探尽心始已"，为下文伏笔。然后交代潮音洞周边山石之奇之险，重点则是俯瞰潮音洞时的所见所闻，"身入其中，心为之迷，耳为之聋"。最精彩处是对浪涛击打洞穴的声音的具象化描述,"无音不有,无奇不闻",如琴音、鼓音、铃音、钟音,如扣瓮缶,如演韶虞,"听秋虫于寒夕,金铁齐鸣;敲夜雨于空斋,瓦砖争响",作者不觉赞叹"此余今之奇观矣!"这段描述精当而生动,但全文的文眼是下面一句:"于是余有所感焉。""所感"主要包括两层内容,一是"夫道德深者不显,学问高者不露,彼者有出群之人,非常之学问,非常之道德,不轻求知,不枉求信,山林之中,幽谷之内,岂少有潮音之洞者,故游览之士,常欲一至而不可得,或至其地,不识其门,入其门,不知其奥,此所以终压没而无闻也,可慨也。而倚名盗誉之徒,常借孔子吾师弟子之说,以剥其利,以足其求,亦多矣"。作者认为要成就"非常之学问,非常之道德"必须像探访奇景一样,要入其门,得其奥;二是"余昔所游者,不过一山一水,偶有一得,即为奇伟非常之观,今皆尽为平易矣!信夫,不观乎海,不知天地之浮沉;不登泰山,不知日月之高远;不游圣人之门,不知道德之深宏也。彼不知河汉之大,汪洋万顷,波涛汹涌,宜其见尺泽而沾沾自喜,而谓天下非常之奇观也,然非常之上,有非常焉;奇观之上,有奇观焉;宇宙之宽,四海之广,岂可得一隅以为自负者,则潮音之游并可借以自励云"。作者认为天下之大,奇观不断,但奇观之上有奇观,不应满足做井底之蛙。结句"则潮音之游并可借以自励云",既衬托潮音洞之奇,又道出了观潮音洞所得的人生感悟。从结构看,不难发现,此文类似于王安石的名文《游褒禅山记》。

二是将佛国景观纳入己胸,完全作了审美化处理。现代作家鲁彦游普陀山后,写有《听潮》一文:

> 我们就在一个比较幽静的寺院里选了一间房住下来——这是一间靠海湾的楼房,位置已经相当的好,还有一个露台突出在海上,朝晚可以领略海景,尽够欣幸了。

　　每天潮来的时候，听见海浪冲击岩石的音响，看见空际细雨似的、朝雾似的、暮烟似的飞沫升落；有时它带着腥气，带着咸味，一直冲进我们窗棂，黏在我们的身上，润湿着房中的一切。

　　"现在这海就完全属于我们的了！"当天晚上，我们靠着露台的栏杆，赏鉴海景的时候，妻欢心的呼喊着说。

　　大海上一片静寂，在我们的脚下，波浪轻轻吻着岩石，像朦胧欲睡似的。在平静的深黯的海面上，月光辟开了款狭长的明亮的云汀，闪闪的颤动着，银鳞一般。远处灯塔上的红光镶在黑暗的空间，像是一个红玉。它和那海面的银光在我们面前揭开了海的神秘，——那不是狂暴的不测的可怕的神秘，而是幽静的和平的愉悦的神秘。我们的脚下仿佛轻松起来，平静的，宽廓的，带欣幸与希望，走上了那银光的路，我俩一句话都没有说。

　　海在我们脚下沉吟着，诗人一般。那声音仿佛是朦胧的月光和玫瑰的晨雾那样温柔；又像是情人的蜜语那样芳醇，低低的，像微风拂过琴弦，像落花飘零在水上。

　　海睡熟了。

　　大小的岛拥抱着，偎依着，也静静的恍惚入了梦乡。

　　星星在头上眨着慵懒的眼睑，也像要睡了。

　　许久许久，我俩也像入睡了似的，停止了一切的思念和情绪。

　　不晓得过了多少时候，远寺的钟声突然惊醒了海的酣梦，它恼怒似的激起波浪的兴奋。渐渐向我们脚下的岩石掀过来，发出汩汩的声音，像是谁在海底吐着气，海面的银光跟着晃动起来，银龙样的。接着我们脚下的岩石上就像铃子、铙钹、钟鼓在奏鸣着，而且声音愈响愈大起来。

　　没有风，海自己醒了，喘着气，转侧着，打着呵欠，伸着懒腰，抹着眼睛，因为岛屿挡住了它的转动。它狠狠的用脚踢着，用手推着，用牙咬着，它一刻比一刻兴奋，一刻比一刻用劲，岩石也仿佛渐渐战栗，发出抵抗的噪叫，击碎了海的鳞甲，片片飞散。

作者以极优美的文字，描写了月光下大海的宁静空寂，和平愉悦，连岛屿也"恍惚入了梦乡"，人也"停止了一切的思念和情绪"，但宁静只是短暂的，"远寺的钟声突然惊醒了海的酣梦"，景象便立即转为动荡与激烈了：

> 海终于愤怒了，它咆哮着，猛烈的冲向岸边袭击过来，冲进了岩石的罅隙里，又拨剌着岩石的壁垒。
>
> 音响就越大了，战鼓声，金锣声，呐喊声，叫号声，啼哭声，马蹄声，车轮声，机翼声，掺杂在一起，像千军万马混战了起来。
>
> 银光消失了，海水疯狂汹涌着，吞没了远近大小的岛屿。它从我们的脚下扑了起来，响雷般的怒吼着，一阵阵的将满含着血腥的浪花泼溅在我们的身上。

呐喊、叫号、啼哭，大海突然间充满了愤怒和激情，传递出摇撼吞没宇宙的伟大力量。作者赞美"这是伟大的乐章！海的美就在这里"，并感悟出这样一种哲理："一来一去，来的时候凶猛，去的时候又多以平静啊！一样的美。"

鲁彦完全是以诗人的心灵感受一切，佛国的海纯粹是一个高度审美化了的美感世界。当然，从大海的宁静，到生命力的爆发，挣扎，又回归宁静的自然过程中，人们自然可以联想到佛教的轮回、忍耐，联想到精神修行的曲折艰辛的历程，不过，作者一个字也没提。

　　三是对佛教信众的批评态度。民国时胡适携友游普陀山，逗留五日，有长篇记游《普陀游记》。作为新文化运动的代表人物，胡适大力提倡白话文，反对文言文，但观此文，可知胡适的古文功底不浅，颇具明清人的游记风味。许多描写景物的文字精练形象，擅用白描，如"餐后令侍者笼灯引导上山，经圆通庵折而下，至前寺，绕行磐石庵而返。月影朦胧，人声阒寂，幽静之境，令人意远。返庵即眠"；"旋至后寺，途中风景殊胜；麦苗初苗，菜圃皆黄；曲径通幽，群峰耸秀；而雨中登涉，云气迷茫，飘飘乎如御风行也"。胡适来游普陀，自然也是为了寻求清静之地，所以结尾感叹道："然余辈久居尘浊，今者在山灵数日，无报章可阅，无俗事可为，乃得与山僧、庙祝、樵夫、渔父，上下其议论，又得亲历阴晴风雨诸境，饱领其景色。天虽雨，卒未阻吾辈之兴，况乎宁神壹志，荡涤尘虑，又为终岁劳劳者所至难得？然则斯游为不虚矣。"

　　不过，此文的特异之处在于对佛学及信众的批评态度。文中有三处，一是追述观音道场的由来，历朝皇帝的出资兴建，大力推崇，胡适认为这是"专制君主，有所设施，辄藉以愚黔首"，统治者支持兴佛，目的是欺骗人民。二是上磐陀山，见不少人见磐陀石，"借梯以登者，肩背相摩，登则竟出制钱就石上磨之，询之，谓可得辟邪之效"，作者点评道："愚民无识，天然现状，苟稍奇异，即不肯以智力推究，而归其效于神明，推其弊，遂以为木石虫鱼，无不有神凭附，此其一端也。"三是登佛顶山途中，"见有伛偻老妇，伶仃弱女，拾级上升，如履康庄"，作者既知"彼为祷佛来，至诚所积，夷视险难，充其力何施不可"，又"惜夫其徒为迷信之表著也"。指责信众的行为是愚昧迷信，有些简单化，这主要来自胡适的启蒙立场，重科学与实证主义，而信仰是无法实证的。胡适丝毫没有忘记自己是现实中人，所以文中写到渔民出洋捕鱼，便想到"吾国海权不完"，外国军舰时常入侵，表达了对事局的深深忧虑。

最后一类是寻求生活的乐趣，因而对出家僧人并不崇敬而颇有微词。这里以巴金1933年写的两篇文章为例。《在普陀》情节简单，就是与朋友在岩礁上捉小蟹，挖佛手、海葵，在沙滩上睡觉。颇有异趣的是，作者几次写到买酒糟一事，"起先在寺院里我们就问过和尚，和尚还疑心我们想喝酒"，"却在一家较大的店里买到了高粱酒"。住在寺院却要买酒，而且向和尚打听，确实傻得可爱。文章结尾说："路上有好些和尚和好些男女看客用惊奇的眼光看我们这个奇异的行列，看朱手里的酒罐。"游历佛国，无涉修行出世一类的流行话语；相反，是入世，是世俗生活的乐趣。不避忌讳，率性而为，这也是巴金为人为文的本色了。

这种执着于现世的生活态度，使巴金时时注意体察世态人性，自然也包括对出家人的体察。在《游了佛国》中，巴金宣布"我不是一个拜佛教徒也不是一个山林隐士，更不是什么达官贵人。我伴了几个朋友到普陀来，不过想在友谊里消耗一点我的沉闷的光阴"。"友谊"是巴金一生珍视的精神财富，而他坦率承认游佛国既为了打发沉闷，也是为了友谊。文中写到游后山时，"朋友是个科学家，人又很天真，他第一次与和尚见面，就痛驳了佛家的道理，几乎和那和尚争吵起来"，从中也可看出巴金对佛家的态度。潮音洞是观音大士显身之地，一般信众甚是敬畏，但作者却说"我们所得到的只有失望"，"只看见一些破屋旧洞，并没有什么奇异景象"。文中几处写到对和尚的观感："一个看庙的和尚在殿里洗刷锡器，他就向我们絮絮地抱怨他的单调的生活。我们正在谈话间，外面又有轿夫在打门了，等一会闹得厉害时，那和尚就提了一根木棒出去"，和尚抱怨生活单调，而不是甘守清贫，甚至会提了木棒去打人；因故无法回上海，只得多呆一天，"我们疲倦地走回到那个寺院时，连先前送我们的知客师也有些惊讶了。他也许会高兴，因为寺里又白白多了五块钱的进账"。说和尚因为钱而高兴，自然是猜度，不过有事实为证："在普陀山靠'结缘'吃饭的和尚不知道有几千，我们在任何地方都可以遇见。有的躺在地上，有的盘脚坐在路旁，有的立在树荫下，都伸出手向香客化缘。当他们从我们这里得不到铜子时，他们就批评说：'朝山进香，不结缘，真奇怪！'"这里一方面写出了和尚生活的艰难，佛国的衰落，但类似于强讨的举动毕竟不雅观。巴金还写到普陀山并非清静之地："这一晚我们睡得不畅快，外边有人在打麻将，闹了许久，后来茶房们又因了分赏钱争吵起来，到夜深才静下去。""饭菜是素的，但客人也可以买了荤菜带进去……我们曾经在房里沙发套下面发现过一根烟枪。我们听见过麻将牌的声音，只差了看见人叫娼妓进来"，活脱脱一幕烟火味十足的世俗生活图。作者多次提到"我也不想在普陀山多看和尚的嘴脸"，"这里特别说说和尚的嘴脸"，"那副嘴脸只有古典派的画家才能够把它详细画出"，之所以对和尚反感，是因为"和尚也会应酬人，也会计算银钱，也会奴使用人，也会做生意，就和普通商人没有两样"，因为生存艰难，"所以遇着香客上门他们就得大敲竹杠了。做一次水陆道场，起码得花去千把元。做个小佛事，也要用去百元以上……我无意间在另一个庙里看见一次水陆道场，和尚们对于女香客的巴结，我真找不出话来形容"。

　　这些记录和描写的确是对佛国与和尚固有形象的大胆改写，很不恭敬，但绝非作者的杜撰与有意贬损，茅盾妻弟、现代作家孔另境的《佛国初旅》同样写到"沿路碰见许多来来往往的和尚，见我们轿子过来的时候，他们就站住了一旁，向我们稽首合十。接着又把袈裟的前襟撩起来做成一个兜儿，一面口中念念有词，意思大概是要向我们募化些什么……看这些普陀山的和尚，个个都是面黄肌瘦，穿着破碎，情形十分可怜。我想，现在的普陀山，怕又落入劫运之中了"。文中也写到金钱话题："果然，一回寺，C就提出下午乘轮返棹，其理由，她说：'也不过如此！'我是无话，失望的却是大法师，他之所以兴高采烈地陪我们，无非是想募得一批可观的香资的，不意这位小姐如此兴短，真不免要使他怅怅然了。"我们当然可以批评这些作家总是以世俗的眼光看待僧人，过于注意细枝末节，不够高雅超脱，但另一方面，这些记录描写确也写出佛国的沧桑兴衰，僧人生存的困苦，以及佛教向世俗化转移的趋势。再者，他们是以人性的尺度去探究人，将原来被神秘化了的僧人还原为实实在在的普通人，显示了现实主义作家体验世态人情的犀利与独特，别人没写过，或者说不敢写，巴金、孔另境能写，敢写，比起那些满肚子欲望私利，却故作高深超脱、满口阿弥陀佛的伪君子，自然要来得真实、坦率。当然，他们所写的并非佛国的全貌，普陀山也代有高僧大德在，令人敬仰，不过，这些另类的观察描写，确实可以引发人们更多的思考。

佛偈云："一叶一菩提，一花一世界。"历代记述普陀山的游记作品，多层次、多角度地刻画了观音道场特异的自然景观，可谓造化独钟，别有洞天。仅仅作为单独的山水游记，这些作品也表现了较高的艺术水准，算得上是此类文章中的精品。但这些游记有着更丰富的文化精神承载，也就是说，作者将自己对佛法、对宇宙自然真谛的追求与发现充分注入自然景观描写中，体现心灵与佛法、与万物的亲密交流和融合，具有强烈的主体精神特征。"一山一水总关佛"，一切的通道都指向人类对佛法超验世界的不息追求，因而这些游记作品为后人敞开了一个丰富而深邃的精神世界，只要进入其间，便如入宝山，当可获取不菲的馈赠与启示。

而执着于世俗人生，并不直接涉及佛理禅机的另类文本，也从不同侧面补充与丰富了佛国的自然之美与人性广度，显示了摇曳多姿、不拘一格的艺术风貌。

第 四 章

海龙王信仰:独特的本土文化景观

　　包括舟山群岛在内的东海区域民众中,除了观音信仰,另一个主要的民间信仰是海龙王信仰。这种信仰之所以具有深厚的民间基础,自然与特定的地理环境和生存条件有关。舟山渔场是中国最大的渔场,居民多以捕鱼牧海为主要生计,又居住在四面是海的岛屿上,包围他们的是终年不息的波涛,肆虐横行的风暴,在生产力十分低下的状况下,一片孤帆漂荡于茫茫大海,灾难与死亡是家常便饭,正如舟山俗语所说:"三寸板内是眠床,三寸板外见阎王","行船走马三分命",生存的境遇无疑十分恶劣。而"海为龙世界",掌管东海的龙王就成了至高无上的统治者。据说海龙王脾气十分古怪,性情反复无常,常常兴风作浪,大发淫威,所以只有不得罪海龙王,想尽办法取悦它,才能让航程风平浪静、平安归来。而海洋中的所有鱼类又是海龙王的子民,渔民的丰收或歉收全由海龙王来定夺,海龙王又成了海岛居民日常生存的衣食父母。由此可见东海区域居民的海龙王信仰具有非常浓重的现实功利色彩,它不是彼岸世界的引领,不是超越性的追求,这也是民间信仰最显著的特征。

　　舟山民间浓厚的龙崇拜文化气息,弥散于生活的各个层次,仅举一例便可证明:舟山民间习惯于把自己居住地或经过的地方与龙连在一起,以龙命名的岛礁、桥、洞、塘、村遍及各地。如以龙命

名的山有龙山、龙头山、鱼龙山、伏龙山、龙洞山、黄龙山等;以
龙命名的礁有龙王礁、龙骨礁、龙门礁、龙牙礁、龙九子礁、龙尾
巴礁等;以龙命名的乡村有北蝉龙堂村、干礁龙头潭村、皋泄青龙
山村、荷花龙舌村、石礁老龙王村、长白蛟龙村、普陀山龙湾村、
六横龙山村、嵊泗黄龙乡等。如此深厚的龙崇拜文化传统,也必然
会以文学的形式传递出来,留下大量的诗歌、民谣及民间故事。舟
山龙文化是海洋文化不可或缺的组成部分,带有鲜明的本土化特
征,是中国龙文化的创造性发展。

第一节　龙王信仰的历史变迁

　　龙是华夏民族的象征和标志,中国人(包括海外华人)都自称
为龙的传人。中国的龙文化至少已有七八千年的历史,它主要起源
于先民的自然崇拜与神灵崇拜。原始时代生产力极其低下,人们对
许多大自然的现象无法理解,因为神秘怪异,内心便产生出巨大的
恐惧敬畏,于是任由想象力驰骋,创造出许多顶礼膜拜的神物,日
月星辰、风云雷电、山川树木等都成了崇拜的对象物。闻一多先生
在《伏羲考》一文中针对龙崇拜现象指出:"龙究竟是什么东西
呢?我们的答案是,它是一种图腾,并只存在于图腾中,而不存在
于生物界的一种虚拟生物。"地球上是否存在龙,已有大量的化石
遗迹为证。不过,闻先生说是"虚拟生物",大致不错,因为古人
想象出来的龙或许是以实有的恐龙一类生物为模型,却又加上了许
多虚拟的成分,譬如兽的脚、马的头、鹿的角、狗的爪、鱼的鳞和
须。更重要的是闻先生指出龙是一种图腾,已由实物上升为先民的
宗教崇拜,成为一个部落或民族共同的心理需求与精神依归。何新
在《龙凤新说》中则对闻一多的观点作了补充,认为"上古神话中
的龙……是对一系列相互关系的自然现象——水、云、雨、太阳所
作的功能性解释。这种功能性的解释被本体化为一种有生命的灵物,

这就是龙"。既然是灵物，龙也就可以上至九天、下入五洋，可以行云布雨、降福呈祥，具有超自然的神力了。由于龙崇拜信念的不断衍生，我国的古籍和方志如《山海经》、《易经》、《淮南子》、《论衡》、《汉书》、《拾遗志》、《越绝书》等都有大量关于龙的记载，连传说中的伏羲、女娲、炎帝、黄帝等也是神龙所生，并由此衍生出至高无上的王权意识和王权崇拜。

龙形象的重心有一个从大陆平原湖泊到海洋的迁移过程。《管子·水地篇》说"龙生于水，被五色而游"，东汉许慎说"龙，鳞虫之长，能幽能明，能细能巨，能短能长，春分而登天，秋分而潜渊"。可见龙是生于水泽游于江河之中的，因而能呼风唤雨，腾云驾雾，变化莫测。不过原初的龙主要生活于平原水泽中，与农业文明的关系密切。关于龙与海的关系，比较早的是《越绝书》中记载的越人"断发文身"的习俗；《史记·吴太伯世家》集解引应劭语"越民常在水中，故断其发，文其身，以象龙子"，表明沿海居民已有龙图腾的崇拜；屈原《楚辞·大招》中也有"东有大海，溺水浟浟只！螭龙并流，上下悠悠只！"的诗句。可见在先民的传闻中，东海已是群龙族居之地。而从一般的龙到海龙王的演变，则与对龙形象的分类相关，从收集的资料看，龙的变体大致有六类，即马龙、鸟龙、狗龙、鹿龙、猪龙和鱼龙。其中的马龙主要分布在西南和西北，狗龙分布于各个地方少数民族地区，鹿龙的资料欠缺，猪龙分布于辽宁和内蒙古地区，鸟龙分布于东部沿海和南方。与海洋关系最密切的是鱼龙，除黄河中游和长江中下游地区之外，浙东沿海应是鱼龙最为活跃的地区。发掘的鱼龙文物主要来自浙东的河姆渡遗址。舟山的马岙就出土了不少河姆渡时期的文物，其中有一只鼎，鼎足为鱼鳍形；舟山发掘的陶罐上有大量的蛇纹、水波纹，蛇纹细长曲折，明显是蛇形之鱼，鱼鳍和鸟更是古代"螭龙"即鱼龙的一个特征，水波纹则显示了水与鱼和龙的密切关系。除了龙崇拜，海龙王信仰的形成原因颇多。首先是海神信仰的变迁。实际上海龙王也是一种特殊的海神，早期叫禺猇、禺京、弇兹等，东海海神就叫禺猇，后来演变成东海龙王敖广。海龙王的雏形在先秦时期已经形成，如《史记·秦始皇本纪》中记载秦始皇梦中与海神战，博士曰:"水神不可见，以大鱼蛟龙为候";徐福无法找到仙药，也以"被海中大鱼即海龙王所阻"为借口。

其次，是印度佛教的传入。佛教众多经典中有大量龙的称谓和行迹。如《华严经》:"有无量诸大龙王，所谓毗楼博义龙王，婆竭罗龙王，云音妙幢龙王……其数无量，莫不勤力，兴云布雨，令诸众生，热恼消灭。"另外《大乘佛》中有藏龙，《法华经》中有龙女，《清佛品》则说"海龙王诣灵鹫山"……佛教的传入，使海龙王信仰得到广泛的传播，并由汉到唐正式形成了海龙王信仰。

再者，海龙王信仰的兴盛又与历代帝王的大力推崇有关。祭海龙王仪式至少从唐代就有，唐代杜佑的《通典》说"唐明皇赐封号予四海龙王";宋代、元代沿袭唐制，在四立日祭四海龙王，明代改为春秋仲月上旬择日祭，清代为春、秋二祭制。当然，历代帝王大力推崇祭祀海龙王的主要目的，乃在于自命真龙天子，进一步加强皇权意识，巩固统治基础。

而从古籍与文艺类作品中，也可见证海龙王信仰的大致变迁轨迹。如《太平广记》卷四有记:"震泽中，洞庭山南有洞穴……旁行，升降五十余里，至一龙宫……盖东海龙王第七女掌龙王珠藏，小龙数千卫护此珠。"可见龙宫只是江河水底中的简陋洞窟。后来龙宫便由江河向海洋转移，不断出现关于东海龙宫的记述，特别是明清时期，在演义小说如《西游记》、《封神演义》以及《述异记》、《东游记》、《四游记》等书中，对东海龙宫的描述更加细致，东海龙宫也更加壮丽华彩了。如清朝外方山人的《蜃楼海市》说东海边上常出现奇观，是蛟蜃之气所化，蛟就是龙，有人进了龙宫，但见"面前出现一座气魄宏伟的宫殿，以玳瑁为梁，鱼鳞作瓦，四壁晶亮，金碧耀眼，照得人睁不开眼"，文中还描述了珊瑚床架，斗大的明珠，玉树、异鸟、龙涎香等海底珍室；吴承恩的《西游记》除描述镇海神针外，还写到四海龙王有藕丝步云履、锁子黄金甲、凤翅紫金冠等宝贝。由此，关于东海龙宫的区域、规模、结构以及龙宫的装饰、珍宝奇物等已描述得十分清楚，构成了一个完整的龙宫体系。东海龙宫本质上正是人间帝王宫殿的翻版。

龙宫的主人首先是龙王，依次为东海龙王敖广，南海龙王敖钦，西海龙王敖润，北海龙王敖顺，四兄弟脾气禀性各异。其次是龙子，俗话说"龙生九子"，只是说东海龙王敖广，继位者是龙太子；再次是龙女，如《张羽煮海》中有琼莲公主，《柳毅传书》中有牧羊龙女，《太平御览》中有掌珠龙王，《骊龙珠》中有七龙女等，与龙王龙子相反，龙女的形象都是正面的，她们貌若天仙，能歌善舞，善解人意，有情有义，敢于追求自由幸福的爱情与婚姻。

龙王信仰的历史变迁，从某种意义上说，正是华夏民族精神信仰不断嬗变的一个缩影，包含着十分丰富的历史文化信息，因而也是一个值得深入研究的课题。

第二节　诗歌世界中的海龙王

上文说过，由于印度佛经中龙王信仰的传入，中国才形成了龙宫的概念，而神魔小说《西游记》中的《龙宫供宝》、《封神演义》中的《哪吒闹海》以及《八仙过海》等对龙王龙宫的精彩描述，则使东海龙宫化幻想为实体，引发后人的无限向往。不过，东海龙宫究竟在何处仍是一个疑问。

古代的东海与今天的方位不同，先秦时指的是黄海，汉唐时则包括黄海和渤海，宋以后东海方位才与今日一致。但真正的东海龙宫在舟山群岛四周边的海底较为可信。举证如下：

1. 南宋定都临安，对东海龙王久未致祭，1169 年太常少卿林栗上言："国家驻骅东南，东海实在封域之内。殊不知秦明、越、温、台、泉、福皆东海分界也。"于是宋孝宗诏令补祭于明州定海县海神庙。"定海海神庙"就是定海龙王宫,不去别处而选择在定海祭祀,可见在帝王、大臣观念中东海龙宫即在舟山。

2. 清康熙、雍正二帝多次祭典东海龙王,地点多在舟山。据志书载,仅康熙祭文就有八篇,并以"万里波澄"匾赐舟山东海龙王宫。1725 年,雍正诏封东海龙王宫为"东海显仁龙王之神",使舟山出现了一区一宫或多宫的兴旺局面。

3. 据元大德《昌国州志》和清康熙《定海县志》记载,在宋元之间舟山已有了大量的龙王宫和崇龙风俗,其中尤以桃花龙王、灌门龙王和岑港龙王最为有名;舟山居民历来有以龙王命名岛礁、桥洞、村岙的习俗,崇龙风俗渗透于日常生活的各个层面,为别处所罕见。

4. 五代蜀国杜光庭的《录异记》云:"海龙王宅,在苏州东。入海五六日程。小岛之前,阔百余里。每望此水上,红光如日,上与天连,船人相传龙王宫在此下矣!"从苏州入海向东行五六天,所到海域正是舟山洋面。

5. 东海为四海之首,东海龙王敖广又为四王之首;东海是中国最大海域,物产最丰富,舟山渔场是中国最著名的渔场,而鱼类又是海龙王的子民,理当由龙王管辖统治。

举出这些例证,并非为了坐实东海龙宫的所在,因为无法考证,只是从观念和想象的角度推演而已。

由着这种观念与想象的推动,历代文人便把舟山海域当作真正的海龙王故乡了,其所创作的有关海龙王的诗歌,数量之大,在整个中国也罕有其匹。试举诗作若干为证:

　　　　廓落溟涨晓,蒲门郁苍苍。
　　　　登楼礼东君,旭日生扶桑。
　　　　毫厘见蓬瀛,含吐金银光。

草木露未晞，蜃楼气若藏。

——（唐）陈陶《蒲门戍观海作》

斩蛟将军飞上天，十年海水生红烟。

惊涛怒浪尽壁立，楼橹万艘屯战船。

兰山摇动秀山舞，小白桃花半吞吐。

……

春雷一震海贴伏，龙变海鱼安海族。

——（宋）苏轼《送冯判官之昌国》

投珠鲛人泣，淬剑龙子愕。

海宫眩鳞缫，商舶丰贝错。

何不呼巨鹏，因风溯寥廓。

——（元）吴莱《横水洋》

秋高鸿鹄排云去，夜静蛟龙出穴来。

借问乘槎向何处，五云咫尺是蓬莱。

——（明）陈献章《南海二首》

肃肃洋山暮，苍茫拜水神。

吹嘘端有力，漂泊竟无津。

黑夜鱼龙界，皇天虮虱臣。

生还如偶遂，敢惮历微辛！

——（明）黄潜《洋山夜发》

队火光摇河汉影，歌声气压虬龙宫。

夕阳影里归篷近，背水陈奇战士功。

——（明）俞大猷《舟师》

击鼓灵鼍应,挥戈海若随。

龙惊冬不蛰,鲛畏昼停丝。

——(明)唐顺之《至舟山经双屿山》

老我自余观水术,问渠谁是济川才?

扁舟夜泊金塘渚,分付鱼龙莫见猜。

——(明)金湜《过翁洲作》

莫诧纵横水荡摩,人情底处不扬波?

舟如星汉槎头汛,客在鱼龙背上过。

——(清)姜宸英《夜渡横水洋》

大雨滂沱何处边?山沉岛溺失颠连。

龙天张幔鸣玉珮,鲛海倾珠入管弦。

——当代方牧《雨海》

　　上述所举十首诗作,最早为唐代,最近至当代,时间跨度达一千二百余年,可见海龙王崇拜的由来之久,影响之深。诗作中海龙王形象呈现出复杂丰富的表意功能:苏轼与俞大猷的诗作以"斩蛟"、"龙变海鱼"、"气压虬龙宫"映衬战事的激烈与将士的英武;吴莱"投珠鲛人泣,淬剑龙子愕"与黄潜的"黑夜鱼龙界"、唐顺之的"龙惊冬不蛰,鲛畏昼停丝"写海途的艰险与龙鱼的活动,烘托海洋的神秘恐惧;金湜的"分付鱼龙莫见猜"与姜宸英的"客在鱼龙背上过"是结合自己的仕途生涯而生发的人生感叹;而陈献章的"蛟龙出穴"与方牧的"龙天张幔"、"鲛海倾珠"则状写海的幽秘、朦胧,借此寄托对海市蜃楼的向往之情。

　　有意思的是,在观音道场未形成之前,就有人将普陀佛国看作是海龙王的居所了。如普陀山普济寺前有御碑亭，上有文曰："殿前俾室地龙宫得以广津梁而振钟鼓"，"室地龙宫"即指东海龙宫。明代卢纯写的《潮音洞》一诗说"大海灵山间，龙宫岂易得"，清朝颇有政绩的定海知县缪燧也有诗专咏此事："相传观音现，恐是蛟龙巢。地底鸣空雷，昼夜风怒号。"如此一来，歌咏佛国的禅诗中也就大量涉及海龙王：

献宝兮有龙王龙女，奏乐兮有天仙地仙。

——（唐）王勃《观音大士赞并序》

山势欲压海，禅宫向此开。
鱼龙腥不到，日月影先来。

——（宋）王安石《洛迦题咏》

天香固遥闻，梵相俄一瞥。
鱼龙互围绕，山鬼惊变灭。

——（元）吴莱《夕片海东寻梅岑山观音洞，
遂登磐陀石望日出处》

九天波浪随客星，万壑鱼龙觐水王。

——（元）黄镇成《补陀岛》

日上扶桑天不远，云连析木地无多。
水王献宝开丹穴，星使通槎泛白波。

——（元）黄镇成《送涧泉上人游补陀》

龙宫灼烁珊瑚树，象教缤纷小白华。
空外坐来随世界，幻中那处是天涯。

——（明）董大晟《再题补陀洛迦山》

龙宫鲛室雪涛堆，并是空王梵宇开。
净色青山尘不著，寒光白夜日先来。

——（明）刘尧宾《题洛迦》

名山应有神灵护，龙气长吹落日阴。

——（明）樊王家《寄题补陀》

蛟蜃结楼云涌黑，鼋鼍挝浪日翻红。
潮音夜落龙吟外，天籁时吹僧梵中。

——（明）释道贞《礼补陀》

月圆清梵塔，潮上翠微钟。
鹤梦来何处，龙吟隔几重。

——（明）张煌言《月夜登普陀山》

海表多灵迹，名山万古传。
蛟龙奔浊浪，岛屿出遥烟。

——（明）朱履升《送人朝普陀山》

昔日到补陀，风来船似簸。
此下有蛟龙，榜人戒勿睡。

——（明）张岱《忆普陀》

莲为大士出尘相，海是空王度世心。
今古沧桑从变幻，鱼龙多少任浮沉。

——（清）释敬安《禅寂中忆游普陀》

清夜鱼龙潜弄月，下方钟鼓冷敲风。

　　　　　　——（清）陈常《宿烟霞馆》

时看鹤近云间锡，每有龙听月下琴。

　　　　　　——（清）李侗《赠别庵和尚》

观音过此不肯去，海上神山涌普陀。
楼阁高低二百寺，鱼龙轰卷万千波。

　　　　　　——（民国）康有为《游普陀题》

滔天浪涌千堆雪，匝地沙铺一天金。
云气幻空成蜃市，风声撼树作龙吟。

　　　　　　——（民国）张汝钊《游普陀》

长鲸磨牙海腥浊，巨蛟嘘气天晦蒙。

　　　　　　——（民国）沈昆《长歌送行》

　　这些诗作涉及的内容可概括为几点：龙王龙女打开丹穴献出珍宝，并状写龙宫的富有神奇；鱼龙的自由自在，神秘出没，而且多在夜晚，月下弄潮听琴，吹气幻成蜃楼，或作悠长的吟啸；海龙王是海洋主宰者，所以"万壑鱼龙觐水王"，权势显赫；有些诗作则以"龙吟隔几重"、"鱼龙多少任浮沉"抒发世事变易、物是人非的沧桑之感；也有个别诗作如吴莱的"鱼龙互围绕，山鬼惊变灭"和张岱的"此下有蛟龙，榜人戒勿睡"，意在凸显波涛的险恶与海上旅程的艰辛；有些则借鱼龙的声势突出佛国胜景的特异，如康有为的"鱼龙轰卷万千波"。

　　不过，在更多的诗作中，海龙王的形象发生了重大转折，再不是兴风作浪、怪异可怖，而是皈依佛法、专心修炼了：

海神听法至，天女献花来。

——（明）傅光宅《礼补陀大士八韵》

人非人等俱听法，夜半龙来殿不腥。

——（明）屠隆《游补陀》

奔涛怒挟罡风引，薄雾徐收宝镜开。

雨作天花当席下，龙随香钵听经来。

——（明）陈继畴《题补陀四首》

名山梵刹海东开，金作禅宫玉作台。

万点慈云青雀下，半天法雨白龙来。

——（明）黄之璧《题补陀》

月白沧溟鼍鼓振，风回大壑梵钟迟。

波涛浩渺诸天净，几见游龙觐法师。

——（明）张邦侗《题补陀》

万里苍花蜃色开，琳宫宝殿郁崔嵬。

夜寒风雨龙听法，日落波涛僧渡杯。

——（明）黄正达《题补陀》

水月观中龙子出，旃檀林外雁王过。

潮音作梵山齐吼，野衲栖岩云满窝。

——（明）何士晋《游普陀长律八韵》

潮自雷喧心自寂，海同天际心同圆。

吞舟怪物知皈法，破浪苍虬识引年。

　　　　　　　　——（明）汪学信《题镇海寺》

望空开宝刹，枕石听山泉。
花发传灯后，龙皈说法前。
　　　　——（明）丁继嗣《游白华庵为昱光上人题》

虎豹守门花雨合，鱼龙听法暮朝还。
　　　　——（明）屠隆《寂庵法师新膺常住寄赠一首》

岛出衔香花不落，龙归听法殿无腥。
蓬莱清境非人世，好斫珊瑚盖草亭。
　　　　　　——（清）周圣化《游洛迦山》

夜榻静跃山魈伏，虚堂挥麈毒龙听。
　　　　——（清）张尚瑗《赠震六禅师归普陀》

麻姑三见海扬尘，今我重来三十春。
波底鱼龙仍听梵，林间猿鹤尚亲人。
　　　　——（清）释敬安《普陀山次易哭庵观察原韵二首》

　　龙王（或龙子龙女）是海神，自然是随潮涨而来听法，而且多
是在夜间，既符合龙王的日常行踪，又使听法者获得虚空清净的心
境。不管是"龙随香钵听经来"，"半天法雨白龙来"，还是"夜寒
风雨龙听法"，"花发传灯后"听法，或者"波底鱼龙仍听梵"，它
们暮来朝去，不辞辛劳，的确算得是洗心革面，完全是一种自愿自
觉的行为；因为悟道日深，所以"鱼龙腥不到"，"夜半龙来殿不
腥"，"龙归听法殿无腥"，海龙王们本是大海中物，自然沾有浓重
的海腥味，但这里的"腥"也可理解为原来的暴戾怪异的本性，或

者世俗的杂念,现在则灵性沛然、脱俗忘机了。"虚堂挥麈毒龙听",连毒龙也虚心听高僧说法,可见佛国的海龙王确非一般的海龙王,更昭示着佛法的广大无比,慈悲情怀的巨大感召。

众所周知,观音信仰与海龙王信仰乃是舟山(东海区域)民众最重要的两大信仰,但在这里,却丝毫不存在互相间的矛盾与冲突,确也令人诧异。我想其中的原因在于:首先如前文所说,佛教经典中本来就有大量关于龙王(包括海龙王)的称谓和事迹,龙王本身就是在行施护法、弘法的责任,所以不会把海龙王视为异己的怪物而加以排斥,对其的接纳也便顺理成章;其次,观音道场就在大海中,海洋又是海龙王的居住地,如果一味排斥甚至贬低丑化,也就有违佛教慈悲大同的基本思想,佛教强调众生平等,一切众生皆有灵性皆可成佛,哪怕是毒龙也是点化普度的对象;最后,舟山民间最崇信观音信仰,但又有悠久的海龙王崇拜传统,文人大写海龙王的皈依佛法,意在彰显佛法的广大无比,但民间更关注两者之间如何和谐共存,民众有求于海龙王,不敢得罪,而佛法又可以驯服海龙王,除去海龙王身上的暴戾怪异,正符合民间的心理需求,也就容易获得认同。

由此观之,也就不难理解为何普陀山留下如此众多的龙凤物。譬如普济寺有龙饰御碑、多宝塔、团龙浮雕、龙头木鱼等;法雨寺有九龙壁、雕龙栏板、龙阶浮雕、龙凤柏、九龙殿等;慧济寺的屋顶、正脊和圆柱上也都有龙雕像;而与龙相关的山、湾、石、洞、井、泉、桥等更是不计其数,如伏龙山、龙湾、龙岩、二龟听法石、龙女洞、环龙桥、龙泉、龙珠井、青龙池等;以龙命名的庵也有十处,如龙华庵、龙寿庵等,真可谓"佛国无处不飞龙"。

观音信仰与海龙王信仰就这样超越了二元对立结构,互相依存,有机融合,欢乐祥和,这是一种很高的境界。正如明朝邵辅明《游普陀》一诗所描述的:

> 泽国烟霞驻圣灵，六鳌驾出破沧溟。
>
> 山头晴雪半涵白，水面寒波长送青。
>
> 云涌祇林凝蜃气，香飘佛地散龙腥。
>
> 总知极东西方界，万顷银涛一净瓶。

"泽国圣灵"与"佛地龙腥"的彼此融合、相互映照，丰富了普陀山的历史文化内涵，也使海洋文化焕发出独特而神奇的魅力。

第三节　舟山民间龙歌谣

在舟山民众的生活习俗中，海龙王信仰的体现无处不在。如男女结婚称为"龙凤配"，生下儿子称"龙种"，子女有出息称为"鲤鱼跳龙门"，渔民穿的棉裤称为"龙裤"，老式的床称为"七弯龙床"，老年人的拐杖称"龙头拐"，晒干的虾屑称"龙头烤"，逢年过节、庆丰求雨要舞龙，舞龙有盘、滚、游、翻、戏等二十七个招式，极尽变化之能事，有很高的艺术表现力。在生产习俗中，舟山渔民称船的筋木为龙筋，船的骨架为龙骨，船头下首称龙下头，船首两侧的眼睛为龙眼，称整条船为木龙。造船动工第一天，船匠师父开斧劈木前必须举行祭龙王仪式。其中新船上龙筋是十分隆重的大事，要请风水先生选出吉日，在筋木上写"蛟龙出海"，用红布遮盖，然后放八仙桌，摆上三牲祭品，酒、馒头、豆腐等。新船下海出航，俗称"木龙赴水"，除敲锣打鼓，鸣放鞭炮，船主还要站在船头抛馒头，唱木龙歌谣。接着船主要在船上办一席酒，先谢船神，海龙王。吃酒前先要将一杯酒和若干食品倒入海中，让海龙王尝第一口。而一年中最重大的节日当推祭海仪式。祭海就是祭海龙王，分为开捕祭、庆丰祭和谢洋祭，时间分别在每年的二月、六月和十二月，其操作程序为供龙王、请龙王、祈龙王、求龙王、谢龙王，有祭品、有歌舞、有祭文，参与者众多，场面浩大，多在海

边的港口、沙滩举行,气氛极为热烈。可见,海龙王信仰已成舟山
居民根深蒂固的心灵需要和精神依存。

生活的需求与心理依存必然要寻找相对应的艺术形式传递出
来,于是,在舟山民间出现了大量关于龙的歌谣,包括龙渔歌,龙
俗歌,龙情歌,龙儿歌,龙灯歌等,涉及生产、风俗、信仰、爱
情、娱乐等各个层面,内容十分广泛。

第一类是龙渔歌。

撒网龙歌:

> 网儿长来网儿巧,网儿飞旋罩海腰。
> 老头鱼呀胡须翘,黄鱼瞪眼头摇摇。
> 龙王叫侬来探路,何必生气咕咕叫。
> 渔家本是海八仙,要侬鱼公作向导。
> 一走走到龙王殿,龙王叫我坐花轿。
> 吹吹打打送回来,吓得鱼公网里跳。

此歌表面是嘲讽老头鱼,实际上是歌颂海龙王的仁慈,让渔民生产
丰收,网网有收获。

第二类是龙俗歌。

如舟山各地广泛流行的结婚仪式中的"贺郎调"的开篇:

> 日出东方一点红,吃酒客人都走拢。
> 饭房师徒手灵通,绍兴老酒满壶冲。
> 头一杯酒敬龙王,龙王坐在龙椅上。
> 喜看金龙配凤凰,龙王眯眼哈哈笑。
> 第二杯酒敬龙母,龙母本有菩萨心。
> 千里姻缘红线牵,感谢龙母大媒人。
> 第三杯酒敬众人,四邻八眷来贺亲。

吹吹打打真热闹，好比东海龙宫城。

此歌描述民间结婚场面的热闹，给龙王敬酒以示尊敬，而龙王哈哈笑，一脸和气；龙母是大媒人，成人之美，心地十分善良。

第三类是祈龙歌：

天苍苍来海茫茫，打鱼人得罪海龙王。
三月四月网清水，五月六月断鱼草。
两手空空难回家，急煞老娘泪汪汪。
求求龙王发善心，中秋佳节鱼发旺。
求求龙母多慈悲，救救苦命捕鱼郎。

此歌写打鱼人的辛酸，因为得罪海龙王而两手空空，于是"求龙王发善心"，求"龙母多慈悲"，也含有自责谢罪的意思。

第四类是龙情歌：

妹妹侬，光彩照人，好比龙王宫里"夜夜明"，
情哥我，穿波逐浪，就是那降龙伏鲸的采珠人。
哥哥侬，高大雄壮，好似沧海一蛟龙，
妹妹我，腾云驾雾，跟侬入海闹龙庭。

此歌借龙宫故事与龙的特征，以比兴手法表达青年男女相互间的爱慕之情。

第五类是龙灯歌：

新年见新龙，八十老汉耳不聋。
年年舞龙灯，九十婆婆还会穿针孔。
年轻姑娘见头龙，今年招个如意君。

年轻后生见头龙，今年会交桃花运。
读书郎倌见头龙，今年考场跳龙门。
经商老板见头龙，捧回一只聚宝盆。
造船师傅见头龙，木龙赴海多威风。
柯鱼老大见头龙，网网有鱼勿落空。
不管啥人见头龙，都能吉祥交好运。

此歌涉及了多种年龄、身份的人，借新年舞龙灯，说出众人的心愿，表达祝福之意。

第六类是龙儿歌:

龙门高，侬格龙门几丈几尺高?
三丈三尺高!
再高高? 高勿起!
再低低? 低勿起!
一个龙门跳过去!

龙门高，侬格龙门几丈几尺高?
三丈六尺高!
再高高? 高勿起!
再低低! 低勿起!
撒大网，拿大刀，
走进龙门罩一罩，
跳过龙门舞大刀!

此歌为孩子游戏对唱，与动作相配，其实表达的是父母的心意，企求儿孙长大有出息，如"鲤鱼跳龙门"，愈跳愈高。

以上所举的歌谣，其内容与主题都是感谢龙王的盛德，以取悦于龙王，祈求生产丰收，婚姻美满，儿孙出息，典型地体现了民间海龙王崇拜现实性、功利性特征。这些歌谣都是舟山居民的集体口头创作，结合着生活的具体场景，生产的操作过程，朗朗上口，通俗朴素，极具海岛生活气息和海洋风情特征。

舟山民间在对海龙王的崇拜背后，又怀着十分恐惧畏怯的心理。靠海为生的渔民祈求海龙王保护他们的生命财产是被迫的，无奈的，并非心甘情愿的主动行为，或者说完全是一种出自内心的情感亲近和认同。在舟山居民的心目中，海龙王相貌怪异狰狞，性格暴戾无常，又掌控着生杀大权，时常兴风作浪，翻船死人，使人们遭受无限的痛苦悲伤，所以海龙王总体上是以恶神的形象出现，是与人为敌的异己力量，这与观世音的形象形成了巨大反差。观世音是大慈大悲至上至善的光明神，中国人更多把她看成是女儿身，所以有"玉女观音"之称，而舟山人又把观世音的出生地放在普陀山附近的洛迦山，更多了一份故乡人的亲近感，所以舟山居民对观世音的崇拜完全是发自内心的感激和认同，具有强烈的情感上的亲和力。这正是观世音信仰逐渐取代海龙王信仰并成为舟山民间影响最大的信仰的根本原因。

因此，舟山民众既崇拜海龙王，又蔑视和敌视海龙王。一个显在的事实是，在舟山方志记载中，海龙王的形象由来并不神圣和崇高，如桃花龙是红颈小蚓，青潭龙是蜥蜴，九节龙是鳗，岱山的棕缉龙是综缉绳，定海小沙岭下的韭菜龙是小海鳗，著名的岑港白老龙是猫虎鱼等。可见在东海渔民心目中，被神化的神圣不可侵犯的海龙王，原型不过是一些生活在水中，能爬、能飞、能游、能钻洞的小动物。而在生产活动过程中，渔民们也就自然表露出降伏海龙王的意志。这一点在龙渔歌里有集中体现：

　　　　螃蟹大钳像剪刀，老虾海上跳龙门。
　　　　乌贼抢个大鸭蛋，大小黄鱼披金鳞。

东海鱼儿数不清啦，

老龙王他，胡须捋捋笑盈盈！

海上挂起万盏灯，彩灯闪烁似繁星。

四海渔船全聚会，大网困住龙宫城。

一网抲进六舱平啦。

龙王他，眼泪汪汪汗淋淋！

这首《捞起龙宫聚宝盆》的渔歌要困住龙宫，将海龙王的子民一网捞尽，何等自信，何等豪迈！而海龙王从"笑盈盈"一变为"泪汪汪汗淋淋"又是何等狼狈，何等滑稽！

再看《打桩龙歌》：

众人合力扛起"斗"，让我后生喊起口。

大"斗"小"斗"一起打，记记打在龙窝头。

龙王闻听有响动，会同龟相忖计谋。

当年猴王来借宝，招待不周苦吃够。

今朝那路神仙到，神桩打在龙门口。

还是快快把鱼献，免得龙母再发愁。

一记打了又一记，记记打在好桁地。

八面海仙来卫护，四方潮神都到齐。

这块泥啦是好泥，鲳鱼张过有虾皮。

这块地呀是宝地，龙女献鱼入网里。

起"斗"高呀桩打深，鱼穴龙窝网千斤。

神仙难动海底桩，龙王爷爷也尊敬！

此歌写渔民在海上打网桩，桩桩打在龙门口，急得龙王发愁；渔民又召来与海龙王有仇的八仙指点。于是海龙王叫龙女献鱼，以避免灾祸，渔民因此大获丰收，并赢得了龙王的尊敬。

类似的还有《龙喷水》歌：

> 一张风篷一枝桅，茫茫大海似翡翠。
> 船在碧波浪里过，万朵莲花船下睡。
> 船头好似龙喷头，船尾好像白龙堆。
> 龙子龙孙齐喝彩，擒龙伏虎渔家汉！

此歌描述渔民在海上航行时的自由快乐，其所表现的擒龙伏虎的勇气和豪迈，引得"龙子龙孙齐喝彩"。

这种对海龙王的蔑视与反感心态，在一些龙俗歌里也有体现，如《看嫁妆》：

> 唱着龙歌进新房，新房里面看嫁妆。
> 东边揭开金纱帐，西边摆好龙牙床。
> 八只笼箱簇簇新，只只笼箱看清爽。
> 第一只笼箱描八仙，八仙领班汉钟离。
> 只怪太子多是非，惹得八仙发脾气。
> 第二只笼箱描哪吒，哪吒本是神仙变。
> 小小年纪神通大，敢叫龙王把头低。
> 第三只笼箱描张羽，要和龙女结夫妻。
> 可恨龙王不识趣，横蛮干涉无道理。
> ……

此歌借结婚过程中看嫁妆仪式，融入了与海龙王有关的历史传说，如龙太子看上何仙姑而与八仙大闹东海，哪吒抽掉敖广三子龙筋，《张羽煮海》中的张羽要和龙女成婚，却遭到龙王的横蛮干涉，其中否定批判的倾向十分明显。

"饥者歌其食,劳者歌其事。"舟山民间的龙歌谣来源于丰富多彩的日常生活,质朴率真,又幽默风趣,有别样的艺术感染力;其表现对海龙王的矛盾心态与行为差异,则典型地折射出民间宗教信仰的多面性与复杂性。

第四节　民间故事中的海龙王形象

对海龙王的矛盾心态,导致了舟山民间传说故事对海龙王形象的不同呈现。大致有以下三种:

一是以正面形象出现,为保护当地百姓尽责尽力。如流传于岱山一带的《棕缉老龙的传说》:

> 这不知是哪朝哪代的事了。有一天,刮台风了,平静的海面上突然风急浪高,正在岱衢洋捕鱼的船纷纷逃进岙口避风,这时在岱东沙洋的海面上,急急地驶来七八艘阔头大沙船,他们也躲到沙洋岙内,每艘船前后左右抛下了四五门石碇石锚。
>
> 大风刮了三天三夜,拦在沙洋岙前的塘堤也被巨浪冲塌了,这些大沙船,有的被打坏了,有的桅杆折断了,不少的锚缉也被挣断了,其中有一艘沙船,走了锚,不知飘到哪儿去了。
>
> 大沙船上的人们在岛上住了不少日子,一个风和日丽的早上,他们要离去了,趁着涨潮,起篷拔锚,准备开船,其他船的锚碇都拔起了,靠在稻篷山边上的那艘最大的沙船,起了前锚和边碇,调转头来起后锚,可那坚韧的棕缉绳,说啥也拉不动了。大伙拉得汗流浃背,衣服湿透了,手皮也磨破了,就是拉不动那统锚缉,这到底是啥原因呢?船老大派了两个伙计,叫他们下海看看。

　　一个水性特别好的伙计，顺着锚缉，潜到海底，睁眼一看，只见一个白胡须老公公坐在锚缉上，伙计吓得连忙浮出海面，把水下的情况告诉船老大，船老大将信将疑，只好用斧子，叫伙计把锚缉砍断算了。

　　那两个伙计一个把住锚缉，一个抡起斧子使足劲砍下去，只见那根棕缉断了，断绳处冒出一股绯红的鲜血，喷得俩伙计浑身鲜红，吓得船上人忙跪下来乞求老天保佑，那条大沙船，拖着还在流血的那一半棕缉绳向外海飘去了。两个伙计来不及上船与另一半截的棕缉留在了沙洋的沙滩上。

　　后来，据那两个伙计回忆：当年八月十五晚上，明月当空，他们船上的人正坐在甲板上赏月，聊天，突然，一个小光球从月亮上掉了下来，刚好落在那条棕缉上，棕缉突然发出像闪电一样的光亮，这是月亮树上的果子掉到棕缉上，棕缉入了月华，变成了龙，坐在海底锚缉上的那个老公公，就是这条棕缉龙的化身。从此以后，这条棕缉老龙就长住在沙洋大塘前的海里，千百年来，一直保护着那条大海塘。老辈人传下来说，每当大风暴到来前的三四天，这里就会发出"呜哇呜哇"的警报声，响彻整个蓬莱岛及附近洋面，提醒岛上的百姓和出海的渔民，作好抗风防台的准备。风暴过后，沙滩上常有一条小舢板船底那般阔的沟痕，伸向东海的深处，还能闻到一股腥臭味，沟内有许多小蟹，人们都说这是棕缉老龙保护海塘卧过的痕迹。沙洋百姓还在山嘴头建了一座龙王宫，来供奉这条守护和保佑着蓬莱岛上百姓的棕缉老龙。

故事中的棕缉龙千百年来一直为居民预报风暴，保护海塘，因此人们为它建造了龙王宫以示纪念。不过，类似的形象并不多见。

　　二是中性的，客观的，对海龙王并不作出褒与贬的价值判断。譬如《驱龙鞭》的传说：

　　舟山的八月是台风季节，这与传说中的东海龙王有关。据传，有一渔姑为报父仇，跟吕纯阳苦学剑术，尔后又历经艰险，得到了一条驱龙鞭，闯入东海龙宫与龙王斗法。渔姑战胜了龙王，才使龙王答应不再天天刮台风。然而，一天不刮风也不行，渔姑于是模糊地说了一声:"哪个月海水甜了，就在那个月刮台风。"谁知事有凑巧，八月份太白金星醉酒推倒了琼浆壶，玉露倾泻入海，使苦咸的海水变了甜。龙王就借机下令发台风了。所以八月份聚集了一年的台风，不发则已，一发就是翻江倒海，龙啸虎吼，吓得众生与水族不得安宁。

故事实际上是解析八月份舟山多台风的原因，是一种自然现象，多刮不行，但一天不刮风也不利于海岛生活，尽管与海龙王有关，但叙述的立场是不带感情倾向的。再譬如《海龙王招驸马》:

　　东海龙王贴出皇榜要招东床驸马，梅童鱼不自量力，请箬鳎鱼到龙宫去做媒。结果，龙王大发雷霆，一巴掌把箬鳎鱼的两只眼睛打在一起，胖胖的身子也撞扁了。梅童鱼躲在蟠龙柱后面偷听，逃出来头撞在龙柱上，额角肿得铜锤般大，成了大头梅童。更遭殃的是小白虾和虾屏，它们看见梅童和箬鳎的怪模样，一个笑歪了嘴巴，一个跌成了驼背虾，成了终身遗憾。梅童和箬鳎是自讨苦吃，小白虾和虾屏是幸灾乐祸招来恶果。

这则故事是龙神话和鱼类童话的有机结合，意在解释各种鱼类为何具有现在的外在模样。当然，故事揭示了海龙王讲究门当户对的婚姻观念，但这其实是人间世俗婚姻观的反映，算不上什么罪恶。
　　三是以负面形象出现，暴露海龙王身上诸多恶的因素。譬如民间故事《三龙会》:

　　过去天下只有三条龙，一条是天龙，一条是地龙，还有一条是海龙。这三条龙是三兄弟，可性情却完全勿一样。天龙住在天上，心肠顶好；地龙住在地上，一年到头属其顶勤快；而海龙呢，又凶又狠，又懒又馋，良心坏勿过。

　　这三条龙，每年到八月十五统要带着老婆到陆地上来相会。天龙带着老婆从天上到陆地上来，海龙带着老婆从海里也到陆地上来。可海龙来到陆地上以后，地上的龙子龙孙就要遭殃了，一年要白白做，种出来的东西统要被海龙抢光。其还想要霸占整个天下，想把天下统变成海。

　　天龙的老婆生得蛮好看，地龙的老婆也生得蛮好看，可海龙的老婆难看猛。每年八月十五海龙到了陆地上，总要调戏天龙和地龙的老婆。这事体被天龙和地龙晓得了，统气煞了，决心要想出一个办法，勿让海龙再到陆地上来。

　　有一年的八月十五，天龙和地龙叫来所有子孙，在海边拦起了九万九千九百九十九根竹篱笆，勿准海龙走上来。海龙看见天龙和地龙想用竹篱笆挡住其上来，发怒了，其使出了所有的劲道冲坏篱笆，奔到了陆地上，抢去了所有的财物，吞掉了成千上万的龙子龙孙。

　　天龙和地龙看竹篱笆挡勿住凶狠的海龙，就叫来所有的龙子龙孙，在海边堆起了九万九千九百九十九块大石头，用石头来阻挡海龙上岸。海龙见海边有石头挡着，就越发大喊大叫起来，狠性命往陆地上冲，这就有了八月十五大潮汛。

故事是想象八月十五大潮汛的由来，但主角是龙王三兄弟。天龙心肠好，地龙勤快，唯有海龙王凶狠、贪婪、心肠坏，又好色，为了个人私利而兴风作浪，危害陆地上的生灵。为什么单单挑出海龙王作为恶的化身？这自然与海边居民从长期的生产实践中积累的对海龙王的恐惧仇恨有关。

有意思的是，在民间传说故事中，海龙王和他的儿子的形象大都是负面的，而女性形象也即龙女的形象都是正面的，甚至是可爱的。在舟山流传甚广的《桃花龙》中的龙就是一个渔民的女儿，并无不良的行为，《观音收龙女》中的龙女因为向往世上生活化为一条鱼，被渔民救了，后被观音菩萨收为右肋侍。传说中的龙女美貌非凡，善良温柔，与人间的女子并无区别。所以民间传说故事常常描写龙女与海岛男子的情爱波折，并借此揭示海龙王的冷酷无情。譬如流传于嵊泗的《东海仙子的美丽传说》：

> 　　李时珍在《本草纲目》中曰："淡菜，东海夫人。"《定海厅志》亦云："淡菜，形如珠母，甚益人。"在东海的众多贝类中，唯有淡菜称之夫人，这是什么缘故呢？
>
> 　　据传，在浩瀚的大海里有座水晶龙宫，龙宫的主人就是敖广。有一年，东海龙母生下了个小龙女，诞生之日，满海红光，灿如朝霞，天降百鸟而翱翔，水族列列而朝贺，连南海的合浦皇后也送来一颗五彩的珍珠母作为小龙女的诞日贺礼，东海龙王更是对龙女百般宠爱，取名海红，视为掌上明珠。
>
> 　　星移斗转，转眼间，小龙女已长大到十八岁，只见她脸似艳月，眼若晨星，黛眉含春，玉牙吐香，亭亭玉立，像天仙一般，而且生性活泼，纯洁善良，被称为东海仙子。
>
> 　　俗话说："二月二，龙抬头。"这一天是龙宫开禁的日子，小龙女与黄螺侍女一起外出游春，人间的一切对她来说都很新奇，突然，黄螺侍女变了脸色，连声说："公主，快躲起来吧，有人来了!"东海仙子想起胸前挂着的那件宝贝是合浦皇后所赠，于是变成了一颗珠母，黏附在礁壁上。
>
> 　　不一会儿，礁岩上来了一个年轻后生，后生姓贝，叫贝郎，是附近小岛上捕鱼人家的儿子，近日海岛上流行一种怪

病，患者大口大口的吐血，并腹泻不止。前不久，他的老母也染上此疾，日渐沉重，为了给病中老母吃些海鲜，乘着初二大潮，他前来礁上采贝。

此时贝郎正在礁岩上采一些香螺和佛手，猛一抬头，看见礁壁上有个从未见过的海贝在那里闪光。嫩黄色的肉芯，水汪汪的珠泪，还有那晶莹透亮的乳白色胴体，美艳又可爱，他赶快上前把她采了下来，放入一只小瓦罐里。黄螺侍女跳入海中，急忙回宫向龙王报信。

贝郎是个善良的人，见珠母幼小可爱，不忍伤害，就把她养在门口外面的一只海水缸里。

这天夜里，东海仙子正筹谋脱身大计，突闻室内传来痛苦的呻吟声和哭泣声，她感到惊讶，出于好奇，化身一妙龄少女，踏缸而出，走到屋檐下，透过门缝朝内张望。

室内，点着一盏灯，在微弱的灯光下，有个老妪半卧在床上，侧身向外大口的吐血，那个年轻人一边为老母搓胸揉背，泪流满面的忙个不停，一边喃喃自语，不停地祈祷，她略加思索，就上前敲门。贝郎开门一看，见是个陌生女子，浑身湿漉漉的，贝郎深感意外，忙问："不知姑娘所为何事？"

小龙女进屋后，临时编了一套身世，说自己本是闽南名医之女，名叫淡菜，一月前随父乘船出海，到姑苏会师，谁知船到此处，触礁落海，父亲生死不明，而她却靠着一块船板，侥幸地死里逃生来到小岛，因深夜上岸，故前来敲门借宿。贝郎见她说得可怜，深表同情，但他说："淡菜姑娘，老母病重，小生心乱如麻，何况，陋室一间，你我又是孤男寡女，实难收留。"

小龙女乘机问道："不知伯母所患何疾？有否医治？"

贝郎就把老母的病情细说了一番。小女龙道："无妨。我有珠母灵丹，能治此疾。"说罢，她亲临灶头，把挂在胸前的珠母放入锅中,又放入清水若干,待煮沸后以珠母汤喂之。贝母一口喝下,鲜美无比,二口喝下,心胸舒畅,三口喝下,止血补气,一碗喝下,吐出了一堆瘀血,病情似乎好了一半。

日月如梭,转眼间一年过去了,在共同的生活和劳动中,小龙女与贝郎相敬相爱,产生了感情,在又一个龙抬头的日子里,他们成亲了,东海小龙女由此也成了东海夫人。

俗话说:"龙宫一日,人间一年。"东海小龙女在人间一年,在龙宫即为一日。当黄螺侍女回宫报信之时,龙王大为震惊,虽然龙王发出十万火急令牌,命龟丞相以及众水族打听,但都一无所获,无奈,龙王只得打扮成海外方士模样,叫黄螺侍女作为随从,离宫外出,亲临人间寻找。

这一天,他们来到贝郎居住的小岛,刚巧东海夫人在门口晒鱼,被眼尖的黄螺侍女瞧见了,于是龙王急命黄螺侍女送信给小龙女,叫她到龙牙礁相见。

此时,东海夫人深知大祸临头了,她怕父命难违,更怕父王加害贝郎与乡亲。小女龙稍加修饰,留下一张条子给出海的丈夫,匆匆赶往龙牙礁。

一见面,东海夫人告知一切,龙王听了,脸色铁青,当他得知小龙女已与贝郎成亲并暗结珠胎,不禁暴跳如雷。

龙王大怒:"你你你……你好大胆,你可知龙宫禁规,龙女若与异类成亲,该当何罪?"

龙女道:"剥去龙鳞,逐出龙宫,罚为最下贱的贝类,永遭水冲浪打,日晒雨淋。"

"好!"龙王横下一条心,"你既然明知故犯,本王只好成全你。为了整顿龙纲,就让你永远与礁石为伴吧!"说罢,残忍的龙王一挥手,一声惊天霹雳,迫使龙女现了真身,在电光火石的雷声中,东海夫人被剥去龙鳞,化作一颗裸身而灿烂的珠母,遗留在礁石缝中。

再说贝郎知道情况后即飞舟来救，但为时已晚。悲痛欲绝的贝郎见妻子已亡也纵身跳入大海，贝郎死后，化为一个黝黑色贝壳。此事感动了南海观音，观音对善财童子道："这是多么难得的一对情侣呀！"为了实现贝郎的心愿，观音施法把贝郎化成的那个贝壳，紧紧地把小龙女包裹起来，使之不再受日晒雨淋，水冲浪打之苦，此时，夫妻连体，相依相偎，后人们因此而给其取名为贻贝。

传说解释的是嵊泗著名特产贻贝何以被称为"东海夫人"的由来，而其叙事曲折，描述生动，极具人间生活气息，算得上是民间传说故事中的精品。渔家青年贝郎善良孝顺，龙女海红美丽多情，医术高超，有同情心，他们在劳动中结下了深厚感情，结婚有孕。这种人神相恋的故事历代不乏，最著名的是《柳毅传书》。东海仙子与普通渔郎的相恋故事也正符合民间对超越世俗之上的理想情爱的追求心理，因为难得而更加珍惜。本来这是个十分幸福圆满的故事，但最终处理成了一个悲剧，转折就来自海龙王的横加干涉，决绝无情。龙女也知道家规森严，勇敢承担一切责罚，而海龙王全不念父女之情，为女儿幸福着想，手臂一挥"一声惊天霹雳，迫使龙女现身，在电光火石的雷声中，东海夫人被剥去龙鳞，化作一颗裸身而灿烂的珠母，遗留在礁石缝中"。当然，结尾写到观音菩萨的悲悯，让跳海自尽的贝郎化为贝壳，将龙女包裹起来，使他们永远相连相守，体现了民间的深厚同情，也是浪漫主义的精神力量，使人不禁想到白居易《长恨歌》结尾的深长感叹：天长地久有尽时，此恨绵绵无绝期！而作为暴君的海龙王的形象也就永远被置于历史的审判台上。

从以上的叙述与分析中，可以得出如下的结论：第一、海龙王信仰是一种历史悠久的积淀，它不是一朝一夕形成的，而是经过不断的增补、调整，经历了交替演变的漫长过程，影响的因素又是复杂的、多方面的。第二，海龙王信仰具有广泛的现实生存的针对性，即是说，这种信仰与东海区域居民的生存条件与生存环境密切相关，具有深厚的民众心理需求基础，它很少具有超越性功能，而是一种实实在在的现实功利性信仰。随着生存环境与条件的改变，这种信仰的内涵也是在不断变化发展的，因此海龙王信仰具有很强的适应力与生长变化的活力，而不会趋于停滞和僵化。第三，作为一种集体无意识的沉淀，海龙王信仰广泛渗透于涉海居民的日常生活、生产和各种礼仪节庆中，既具有物质性的外在表现形式，又具有内在的精神传达的功能，物质与精神的互为一体，保证了这种信仰有着坚实的载体，而非虚无缥缈，无法把握。第四，海龙王信仰是中国古老的龙文化的一个分支，但又有其自成一体的生成机制与表现形态，其内在指向的多样性与外在表现形式的丰富性，是对中国龙文化的独特性的补充与创造。因此，以舟山为主的东海区域居民的海龙王信仰也就带上了鲜明强烈的海洋特质与本土文化特征，成为瑰丽繁复的海洋文化不可或缺的重要组成部分。

第五章

道教信仰:生命的超越性展现

　　道教是中国本土化的宗教,奉老子为教祖,以《道德经》、《正一经》和《太平洞绝经》为主要经典。道教主张自然无为,清心寡欲,"合则仕,不合则隐",以优游山林、求仙炼丹、修身养性、追求长生不老为人生信念,炼丹士也可称为中国最早的自然科学家和养生学家。舟山地处东海大洋中,历来被视为传说中的仙山所在,又时常出现"海市蜃楼"的奇观,引发人们的无限向往,据民国《定海县志·人物》记载,与舟山有关的道教人物,秦代有安期生,隐居地为桃花岛和朱家尖,徐福,求长生药处为岱山岛;汉代有"四皓"之一的黄公,隐居地为六横岛;梅福,隐居地为普陀山;东晋有葛洪,一度隐居普陀山,为道教理论家、医药家、炼丹术家;元代有王天助,蓬莱乡人,号太虚元静明妙真人;单奇,修炼于定海马岙中峰洞。这些历史人物本身奇异的人生经历,加上舟山自古被视为"海上神山",孤悬海中,人迹罕至,两相结合,更增添了浪漫传奇的色彩,因此也就自然产生了大量歌咏其志趣追求的诗歌作品,描述其生平行事的民间口头传说和故事,透露出浓郁的道教信仰氛围,或者说,是文学作品一次次复活了他们在历史中的风貌,鲜活地展示出生命的另一种存在形态。在舟山影响最大的则无疑是道家代表性人物徐福、安期生和梅福。

第一节　徐福东渡有遗响

徐福,一作徐市,山东琅琊人。其入海求仙之事,最早见于司马迁《史记·秦始皇本纪》:"二十八年……齐人徐市等上书,言海中有三神山,名曰蓬莱、方丈、瀛洲,仙人居之。请得斋戒,与童男女求之。于是遣徐市发童男女数千人,入海求仙人。"另有东方朔《海内十洲记·祖洲》载:祖洲"迁在东海中,地方五百里,去西岸七万里,上有不死之草……服之令人长生。秦皇慨然言曰:'可采得否?'乃使使者徐福发童男童女五百人,率摄楼船等,入海寻祖洲。逃不还"。

从以上记载中可以知道徐福是方士,主动上书秦皇替其入海求仙药,以迎合秦始皇长生不老的心理需求,而他率领的是规模巨大的船队。结局是无法求得仙药,只好"逃不还",据说是到了日本。其实,徐福入海求仙并非一次,而是经历了几次反复。现在看来,徐福的举动是精心策划的预谋,看到秦始皇政治残暴、天下怨恨而找借口迁居海外。至于徐福求仙的经过路线,国内外学者意见不一。一种说法是路过并停留于岱山岛,而岱山古时就称"蓬莱乡",到清朝萧湘的《岱山竹枝词》还有"听说蓬莱海上山,神仙多爱绿云鬟。相逢真个销魂否? 终在虚无缥缈间"之名。或许正是因为徐福到过,岱山才以神山命名。至今还有岛民建的徐福庙,东沙角有"海天一览"亭,亭联"停桡欲访徐方士,隔海相邀梅子真"中的"徐方士"即为徐福。在这里,重要的不是历史的真实,而是被想象出来的、文学化了的真实。

历代文人咏徐福入海求仙的诗歌不在少数。唐代的白居易在《海漫漫》一诗中写道:

海漫漫,直下无底旁无边,

> 云涛烟浪最深处，人传中有三神山；
> 山上多生不死药，服之羽化为天仙。
> 秦皇汉武信此语，方士年年采药去。
> ……
> 不见蓬莱不敢归，童男卝女舟中老，
> 徐福文成多诳诞。
> ……

《海漫漫》写到了徐福等求仙的由来，特别写到了传说中神山的虚无缥缈，难以寻找，诗的主旨在于说明求仙之事的荒诞不经，但客观上却让人产生丰富的联想，为之心驰神往。

唐代陈陶到过岱山，有《蒲门戍观海作》一诗：

> 廓落溟涨晓，蒲门郁苍苍。
> 登楼礼东君，旭日生扶桑。
> 毫厘见蓬瀛，含吐金银光。
> 草木露未晞，蜃楼气若藏。
> 欲游蟠桃园，虑涉魑魅乡。
> 徐市惑秦朝，何人在岩廊。
> 惜哉千童子，葬骨于渺茫。
> 恭闻槎客言，东池接天潢。
> 即此聘牛女，日祈长寿方。
> 灵津水清浅，余亦慕修航。

诗人由眼前所见的海中"金银光"、"蜃楼气"，认定此地就是传说中的"蓬瀛"仙山，并联想到当年徐市涉海之事。尽管为童男童女葬身海底可惜，但又羡慕徐市能够驾船自由远行，企盼获得长生之方。

再举元朝诗人吴莱的《听客话熊野徐福庙》一诗：

> 大瀛海岸古纪州，山石万仞插海流。
> 徐福求仙仍得死，紫芝老尽令人愁。

"熊野"为岱山地名，建有祭祀徐福之庙。诗歌写到了古瀛洲仙山神话的年代之远，往事已逝，只有海流滔滔，山岩高矗。诗歌特别点出徐福求仙而仍然不免死亡，即使真有紫芝仙草也已老尽无由采得，传达出深沉的感叹。

有关的诗歌多嘲笑秦皇求仙的荒诞，如李白的"徐市载秦女，楼船几时回？但见三泉下，金棺葬寒灰"，唐代李商隐的"石桥东望海连天，徐福空来不得仙。直遣麻姑与搔背，可能留命待桑田"，元代吴莱的"世间本妖妄，何处有仙真？蓬莱不可到，弱水空飙轮。徐生忽以去，方士先避秦。我恐石有语，神仙多误人"，明代宋濂的"红云起处是蓬莱，十二桥台白玉京。不知秦代童男女，还有儿孙跨鹤行"，明代李东阳的"汉主有才通使节，秦皇无计觅仙方"等，附带连徐福也成了嘲笑的对象。但历代文人之所以反复咏吟此事，正说明了他们对海外仙山及羽化成仙的渴慕向往之情。其实，对求仙访道的举动并非仅仅嘲笑否定这么简单，就本质而言，恰恰表明了人类痛彻地感受到了时间无限、宇宙永存而个体生命如此短暂的困境，渴望打破时间的控制，寻找另一种理想空间，获得精神的彻底自由放任，从这个意义上说，是生命的自觉，是企图超越现实生存的巨大努力，因而也就有着正面的积极的意义。

在 21 世纪的今天，徐福东渡仍激发出不绝的回响，拓展着文学的想象空间，如许成国的《涛浪上的徐福》：

> 我从摩星山麓翻越而来，几次徜徉于鱼脊般的山道，久久地注视着你长袖飘动的衣褶与极目远眺的目光，走进你真正意

义的历史归属。当你在连云港赣榆的一间木梁房降生时，黄昏的夕阳把你家青色的瓦片涂成一片耀眼的金色；当你赤着双脚第一次看到翻卷的浪花时，你一定惊讶于它的温顺与气量，心中勾画起大海对岸那影影绰绰的景象。那个时候，你冥冥中肯定听到了一种来自天边的呼唤，你为我而生，你为我而来。

现在，在你面前，我感觉到自己来自另一个世界，在你久远的传说边缘逡巡，窥视大秦王朝兴亡的幽深记录。《史记》上说，东南沿海有三神山，曰蓬莱、方丈、瀛洲，岛上住着长生不老的仙人，岛上种着长生不老的草药。历史的本相记载的只是一种符号，内心跳动的是人类对自然和生命的思想解读。屈原面对着星空诉说，波浪上的徐福怀揣着一个王朝对于命运的祈祷。为了一个专制帝王对于个体生命的不朽欲望，你从渭水流淌的阿房宫旁来到波涛涌起的岱山海岛，对秦王说是见到了长生不老的神药，只是有大鲛鱼在海上出没，需要大弩弓除去恶神，还要良工、织女和斋戒。你带着谎言和欺诈，来到海市蜃楼生长的故乡。期间闻到的咸腥味的风和持续波澜不息的海，肯定为你的出征增添了不少瑰丽的想象。三千名穿着白衣白裤的童男童女，衣袖间洒落过几多思念和孤独，那眼泪堆叠起东海几多滔滔的浪。那些日子和黑夜，他们的泪光和激荡的涛声，比缀满星星的银河还要明亮，两千年后，我还能在想象中闻到你和孩子们岁月沧桑的味道。现在，我就站在你起锚的港口，看岛屿散落如荷，山峦青色含黛，而海波平静如绸子舞动。

你为何而来？你的目光从远处的波谷中收回，而双手挥动起航的号令。这一挥动，只是时间的瞬间，可历史却整整定格了两千年。我不知道你自己有没有在意这一动作，它重如千钧，隔着千山万水万顷碧波，穿透了历史的昨天和今朝。五千多年前，在东海群岛的马岙，先民们用夯实的土地垒起锥形的茅屋,在九十九座土墩上堆积起先民们神秘的海岛文化,原始的狩猎,捕捞,稼穑,繁衍了一代代子孙的梦。在岱山,大舜庙后墩遗址出土的石锛、石斧、柳叶形石簇、鱼鳍形鼎足及夹沙红陶,闪亮着岛屿生民的劳作。而今,你驾着一个使命来到,在"徐福亭"、"东渡纪念碑"上打捞着一个王朝破碎的苍老。尽管如此,我内心仍充满对你的敬仰和渴望。那是七尺男儿伟岸身躯征服生命的激情喷涌,从秦王到唐宗,从宋祖到努尔哈赤,一直滚雷般涌到我的脚下。我知道,你我之间的距离,岂是目光和思想可以丈量,你巍然如岸,朝岁月的两端打量,船桨与帆影,水手与将军,咸湿的空气与静谧的海潮呼吸声,伴随着一个使命一个专制帝王编织的梦想。

许多年来,你的存在一直是个被人猜想的神话,你的名字就是一段厚重的文字,一节想象的华彩乐章,连接着兵吞六国的秦朝,枭雄一代的秦王。有多少帝王湮没在秦时明月汉时关隘的滚滚红尘路上,你的名字却矗立了两千年的风雨沧桑。"徐福广场"也只留住了后人丹青的迷乱意象,思想的年龄显得格外苍老。面对大海,你昂首岱山岛上,周围萦绕着孤独的气息,你孑孓一人,孤独最能代表你的气质。两千年风雨的过滤,带给这一座海岛城市的只是一尊又硬又冷的雕像,是时间的惰性,使你成了一个无味的风景,浮动着功利的气息与商品的喧嚣。我呢,只是站在自己的感动里,享受着虚幻的幸福与真实的痛苦。好在你于任何时候,都不会放弃时间的行走,在寂寞的航行途中证明你的存在你的永恒。每一座岛屿,每一处海潮,你都播下了那一个叫梦想的歌。歌声中你我都不停的走,你在追问一个叫"蓬莱"的地方,我在找一个叫"家"的驿站,何处栖息我灵魂的小鸟。

你和海一道,触摸着时间走过来,波浪是时间长河留给你我的印痕,那印痕里留有你的回忆,值得我喝彩或痛苦,可我的记忆是那么少，仅有的别人又忘记了！有很多东西现在我已经看不见你，阿房宫前蹲踞的狮子，秦王甲兵的鲸吞酷烈，车同轨、书同文的恢宏之气……海潮在生生不息的岁月风尘里踉跄行走，只有你才感觉到生命以最快的速度向另一个尽头滑去。等到我明白过来时，你和所有的一切又都倏忽不见了，只留下满天星斗和那曾经赐予我如水心灵的骨肉，与你一样相依而眠。

作者任由想象力的驰骋，企图将历史与现实对接，让今人与古人作心灵与思想的沟通。尽管徐福最初的目的是为了完成一个专制帝王的梦想，但当他开始了真正的远航，彻底融入到苍茫的大海之中，他已经忘却或者说超越了帝王的一己私利，他是为了自己，为了展示生命征服一切艰难的巨大勇气。作者对徐福的理解和颂扬，正是企图在功利主义至上的当下，重新激沦一种浪漫的情怀，一种永不言败的进取精神。

　　而在民间故事传说中，徐福主要被视为一个伟大的航海家，一个敢于冒险犯难的传奇人物受到颂扬。如周波整理的徐福在岱山岛的故事《紫霞洞的传说》：

　　　　徐福的船队浩浩荡荡朝东海进发。时值秋冬之际，海上风大浪高，潮汐变幻无常，船队在大洋中飘了四十九天。一天风平浪静，隐隐浮现一座小山，徐福甚为兴奋，见岛屿烟霞缥缈，认定此处便是蓬莱岛。

　　　　海龙王正大办酒宴庆贺寿辰，被海面的喧闹惊动。徐福担心海龙王不许他在此地炼丹求长生药，假称是打鱼人。龙王允诺可以停留蓬莱岛。次日徐福带众人上摩星山遍寻仙草不见。海龙王命数百头海豚在长涂山与江南岛之间开出一条海底通道，因为这两座岛上有仙草。徐福率船队前去，天昏浪急，一条船触礁了，死了很多人。徐福将尸体放在沙滩上，命人到山上砍伐树枝掩盖尸体，奇迹发生了，尸体忽然苏醒过来。徐福知是神树，连忙跪下膜拜起来。

　　春去春来，徐福在江南岛一呆就是一年，一心炼丹，苦修医术。一天海龙王请他去龙宫做客，海豚带着徐福排开水面，直达龙宫。徐福将自己为躲避秦皇暴虐逃到此地和盘托出，海龙王见徐福为人正直，也不追究，问他今后如何打算，徐福说已无家可归，不如远走高飞。龙王答应，并说朝东北方向行驶可保无虞。众人忙着打造龙舟，置办物用。几个月后，徐福的船队离开蓬莱岛，隐没在万顷波涛之中。

此则传说颇有传奇性，叙说了徐福来到蓬莱岛炼丹、寻找仙药、遇见神树，特别是设置了海龙王与龙宫的情节，紧扣了海洋的风物环境，有浓郁的浪漫色彩，表现了徐福率众勇于开拓、发现"新大陆"的大无畏精神。故事中的徐福并未被夸张成神或者仙，而是具有七情六欲的普通人。

　　民事故事依照的是日常生活情形，所以传说中的"仙草"也被还原为日常的药用植物。如俞复达整理的《马齿苋与柃木》：

　　岛上果然若世外桃源，绿树葱郁，花草纷呈。但第二天下起了绵绵淫雨，不适乘船的已有好几个呕吐躺倒了。接着又有一些人腹泻，虚弱，发烧，出现脱水，生命垂危。徐福手持宝剑，上下挥舞，口中念念有词，祈求能出现一种仙草。悲剧终于发生了，几天里死去了几十个。徐福痛苦地低下头，突然看见一种草，叶子指甲般大小，玲珑剔透，淡紫色的茎细细腻腻，"这不是马齿苋么？"徐福想起书上记载的"马齿苋有清热解毒、消肿功能，主治痢疾、疮疡"。感谢神灵指点，我们有救了。徐福连忙命童男童女四处采摘。一场厄运终于过去了。但蓬莱离大陆只一水之隔，万一被朝廷发现追捕怎么办？还是趁早走吧。起航的日子是个好天气，徐福命人摘了几大筐马齿苋，船队浩浩荡荡朝东驶去……

在这里，徐福的入海并非如仙人一般自由快乐，而是遇到了重重困难，甚至死亡的威胁，而偶然发现的药物终止了一场厄运，徐福又成了一位救治疾病的医学家。民间故事传说的贴近生活，与文人对生命、时间等的玄奥探究形成了鲜明对照。

第二节　东海隐者安期生

安期生与徐福属同时代人，号蓬莱仙人。《史记》载："安期生仙者，通蓬莱中，合则见人，不合则隐"，长期在东海边行医卖药，人称"千岁翁"。相传秦始皇东巡时曾与之谈三天三夜，欲留其为自己炼长生不老药，安期生留书于始皇："后千岁求我于蓬莱下"，随后至普陀马秦山（今朱家尖）、桃花岛一带隐居修行，采药炼丹，清光绪《定海厅志》有"桃花山，相传安期生学道炼丹于此，尝以醉墨洒于石上，遂成桃花纹"的记载。

李白一生笃信道教，自然会想到安期生："我昔东海上，劳山餐紫霞。亲见安期生，食枣大如瓜。"（《寄王屋山人孟大融》）唐代李涉的《寄河阳从事杨潜》一诗也提到安期生："金乌欲上海如血，翠色一点蓬莱光。安期先生不可见，蓬莱目极沧海长。"元代盛熙明《游普陀》之二云：

> 惊起东华尘土梦，沧洲到处即为家。
> 山人自种三珠树，天使长乘八月楂。
> 梅福留丹赤如桔，安期送枣大于瓜。
> 金仙对面无言说，春满幽岩小白华。

作者颂扬安期生能够从"尘土梦"中惊醒，四处为家获得精神上的自由。

描述较详细的是清代全祖望的《桃花山》：

> 醉洒桃花满石屋，祖龙劳攘吾弗闻。
> 到头亦与朱弓赤矢同灭没，
> 何如道人墨痕长明瑟。
> 八千子弟起江东，翻然一出说重瞳。
> 匹夫之勇不足用，吾其归逐冥飞鸿。
> 黄石赤松纷诡怪，斯人殆亦留侯辈。
> 一出一处踪迹分，谁识此中耿耿同节概。
> 笑杀燕齐方士愚，如瓜之枣思津逮。

此诗嘲弄了秦始皇（祖龙）为求仙匆忙一场，终究与朱弓赤矢（指徐偃王城）一同灭没；指出安期生乃是为避秦朝暴政而隐居；说到安期生曾为项羽（重瞳）出谋献策，而项羽只是"匹夫之勇"不能采纳，于是安期生决意脱出尘世，与"飞鸿"为伍；指出安期生与黄石公、赤松子、留侯张良（功成身退）一样都是看透世事而高蹈的奇人，并认为安期生的"节概"大大高于当时徒逞口舌、企图博取功名的众多方士们。

此诗提到了安期生"醉墨泼桃花"的趣事，清朝康熙年间定海知县缪燧曾有诗专咏此事：

> 安期乘白云，往来兹山下。
> 花从洒墨成，望之如渥赭。
> 留得仙迹在，千载成乡庄。
> 扣萝洞已没，采药人变寡。

年年春风吹，不见花盈野。
彭泽记桃源，幽趣我心焉。

"乘白云"而往来，可见安期生之飘然出世之态，而洒墨成桃花，又何其神奇而酣畅淋漓。诗作感叹"年年春风吹"，而当年的仙迹已不可追寻。作者将安期生与陶渊明相提并论，对"桃源世界"充满了向往之情。

元代的吴莱在《望马秦桃花诸山问安期生隐处》中也提及这一传说：

挟山作书镇，分海为砚池。
残花锦石烂，淡墨珠岩披。

类似的还有清代朱述曾的《桃花山》一诗：

墨痕乘醉洒桃花，石上斑纹烂若霞。
浪说武陵春色好，不曾来此泛仙槎。

因此，"醉墨洒桃花"也成了民间叙说的关于安期生的最著名故事。与古代文人诗作里的语焉不详不同，民间传说《安期生泼墨成桃花》则详细生动地描述了这一典故的具体过程，以及其中的缘由，有一定的艺术创造性：

老早，桃花岛是个荒岛。
有一日，有个叫安期生的居士，乘着一只小船，来到这个岛上。跳上去一看，这个岛无人居住，四面是海，东西两头是山，两山之间是一片平地。有山有水有平地，气候暖和风景优美，他看看蛮中意，就在这个岛上住了下来，设炉炼丹，开垦种植, 空落来写写诗, 画画画, 日脚过得蛮舒意。

　　每年桃花水涌进港里来的辰光, 这里乌贼就会旺发, 潮水冲冲, 也会把乌贼冲上海滩, 勿用到海里去抲, 在滩横头撮撮, 也能撮到木佬佬。这样一来, 有勿少内地渔民, 到了这个季节, 都来抲乌贼。在岛上搭个茅篷, 临时住住, 等乌贼汛一过再回去。日脚久了, 有些渔民看看岛上土肥水清好开垦, 呇多港深好抲鱼, 索性拖儿带女全家搬来定居。侬也来, 其也来, 到岛上定居的渔民越来越多了。

　　人一多, 就嘈杂, 有辰光难免还会发生口角, 争争吵吵。安期生喜欢清静, 这样哄哄闹闹的, 他怨煞了, 便从岛的东南面海边, 搬到岛的西北角山上, 找到一个向阳的石洞住了下来。哈人晓得, 没过多少日脚, 到西北角来定居的人也多起来了。呒办法, 只好离开这个岛, 另找住所。

　　第二天, 他雇了只小船, 船靠在西山脚下的海边山嘴头——就是现在的稻篷村外山嘴。临走前, 他坐在海滩的一块岩石上, 看看山, 望望海, 唉! 在这个岛上住了几十年, 现在要离开了, 真有点舍勿得! 他触景生情, 拿出文房四宝, 磨好满满一砚浓墨, 正想提笔写诗, 小船老大在喊了:"赶快上船, 再勿开船, 潮水要错落了。"安期生呒办法, 只好勿写, 顺手拿起砚台, 用力一泼, 墨汁泼在岩石上, 好像一朵朵盛开的桃花。直到现在, 这里的山石中, 还留着桃花形的花纹。这里有句话:"安期生墨一泼, 桃花石头半山黑。"从那以后, 这个岛叫"桃花岛"了。

故事说安期生选中桃花岛是因为这里气候好, 风景优美, 尤其是四面环海, 十分清静, 适合他炼丹养性, 空下来就开垦种植, 写诗画画。但每年的桃花水带来大量乌贼, 内地打鱼人越来越多, 扰乱了清静, 安期生只好搬家。离开时又舍不得, 正要写诗, 渔老大一催促，安期生就拿起砚台将墨泼在岩石上，不料墨迹殷红而纷披，满山开出了鲜艳的桃花，从此这个地方就叫桃花岛了。故事是交代桃花岛得名的由来，但读者关心的是安期生为何选中此地，他的隐居生活，尤其是"泼墨成桃花"的内外因素，真可谓"文章本天成，妙手偶得之"了。

第三节　梅井之水清且冷

相比徐福、安期生，梅福的生平更具历史的真实性。梅福字子真，西汉九江寿春（今安徽寿县）人，少年求学于长安，曾候补南昌尉。上书弹劾王凤专权，不被采纳。王莽专权，梅福见汉室衰微，世道混乱，便弃妻别子，隐姓埋名，先隐于会稽（绍兴），佯狂于吴市（苏州）为门卒，继而隐居宁波郡东，后浮槎至普陀山结茅修道，采药炼丹。宋以前普陀山一度称"梅岑山"，乃因梅福得名。现普陀山西麓有梅湾、梅福庵、炼丹洞等遗迹。东汉史学家班固的《汉书》曾为梅福立传记事，言其"至今传以为仙"。相传炼丹成后，梅福与同道游天台山，不知所终。

据说安期生卖药东海边，曾渡海七上普陀，山上现有"仙人井"遗迹；后来晋朝的葛洪也到过普陀山，居仙人井炼丹，今普济寺内存葛洪井遗迹。但道教人物中，居普陀山时间最长、影响最大的当属梅福。相传梅福井以"井水洗眼，能令眼明"，舟山籍状元张信《梅岑》一诗中说"眷言梅子真，千古留其名"，正道出了梅福与普陀山的密切关系，其在舟山历史文化中的特殊地位。

因此，历代吟咏普陀山的诗作中，也自然会大量涉及梅福其人其事。如元代诗人吴莱的《夕泛海东寻梅岑山观音洞，遂登磐陀石望日出处》第二首就专咏梅福：

起寻千步沙，穹石塞行路。

> 怒涛所拟击，徒以顽险故。
> 卓哉梅子真，与世良不遇。
> 上书空雪衣，烧药乃烟树。
> 玄螭时侧行，缟鹤一回顾。
> 从之招羡门，沧海昼多雾。

诗作描述了梅岑山人迹罕至的地理背景，称颂梅福"与世不遇"而决然隐退、高蹈出世的生命取向，并生发出往事如烟不可寻的惆怅。

明代张可大《题补陀》诗之三云：

> 万里涛声绕翠微，松门萝幌到人稀。
> 鼋鼍隐见珠林寂，龙象经行佛日辉。
> 紫竹已同群木秀，白鸥犹带晚潮飞。
> 梅仙倘寄长生药，欲向沧浪问息机。

此诗除描述环境外，将佛教与道教相提并论，为普陀山增添了独特的文化内涵，只是梅福的事迹已无从追寻，想要请教忘却世俗而自守节操的"息机"不可得，只得面对茫茫的大海了。

明代屠隆最早以诗命名"普陀十二景"，《梅湾春晓》写的也是梅福：

> 梅尉丹炉火不温，疏枝淡月岛烟昏。
> 只愁海叟吹龙笛，颠落罗浮万树魂。

炉火渐生，疏枝淡月，龙笛横吹，万树梅花香魂飘溢，一派世外绝尘境界。

清朝卢琦的《咏普陀》之二则富有哲学的启示：

> 葛井梅岑迹较奇，吴门勾漏隐何时？
> 磐陀石上三生话，蝴蝶庄周两不知。

诗中提到梅福隐身吴门，最终到了普陀山，"三生话"即佛教中的前生、今生、往生三阶段，意指梅福已把一切都看透看淡了，最后一句引用庄生梦蝶典故，打破主体与客体的隔阂，将生命彻底融入了天地自然，这也是道家的最高境界。

清朝舟山诗人厉志也有《梅子真祠》：

> 自昔徒陈疏，飘然早弃家。
> 远来结幽隐，于此炼丹砂。
> 海鸥遥无伴，櫄梅尚有花。
> 高情越千载，遗迹问烟霞。

一些诗作极写梅福隐居处的清寂优美，凭想象画出当年梅福炼丹煮茶的真实情状，读来令人向往，如清朝吴瞻泰的《登梅岑》：

> 春云天地绿，灌水落寒峭。
> 何图入海南，子真领其要。
> ……
> 灵砂得真铅，眼底烧丹灶。
> 茶寮植铁蕉，安榴颊照耀。
> 异境除尘缨，禽鸣宛先导。
> 淙淙疏清泉，海月动微啸。

一些诗作则从遗留的仙人井中的水着眼，揭示梅福的节操与对后人的启示，如舟山诗人陈庆槐的《梅岑庵》：

> 海外仙岑旧姓梅，山腰曲处井垣开。
> 缁尘碍眼应须洗，乞放源泉万斛来。

又如清代朱谨的《梅岑庵怀古》：

> 入吴为健卒，泛海作仙人。
> 抱节游于世，随方寄此身。
> 大丹烹日月，小隐答君亲。
> 留得崖前水，涓涓蓄万春。

"源泉万斛来"也好，"涓涓蓄万春"也好，都意在说明梅福井水的清亮可以洗人眼、淡人心，让人忘却功名利禄，保持自我精神的自由。

　　有趣的是，隐居于富春江的严子陵恰好是梅福的女婿，所以一些诗常把两人连在一起称颂，如朱谨的《梅岑庵怀古》之三：

> 越邦多义迹，汉室养奇材。
> 两地成千古，梅岑及钓台。

清代许琰的《梅岑庵》也是：

> 青林长秀蔚，苍岭故纡回。
> 井地犹存汉，山岑尚姓梅。
> 抱忠徒海窟，避世且云隈。
> 千载真冰玉，桐江亦钓台。

翁婿两人都是著名的隐士，怀有高洁的志向，真可谓"一片冰心在玉壶"，互相辉映，千载而不朽。

清代孙渭的《瀚洲感兴》则将梅福等几位道教代表人物放在一块歌咏：

> 葛洪留此山，烧鼎白云间。
> 虎踞波中石，蛟吟岭外关。
> 安期何日去？梅福几时还？
> 空望蓬莱岛，徒令想玉颜。

往事越千年，真迹不可寻，因此，"徒令想玉颜"的遗憾更为深长：

> 潮声响彻青天下，宝塔光摇日月中。
> 灵洞玉书丹灶在，苍茫何处问仙翁？
>
> ——（清）释观参《登普陀》

> 暮色起北山，青霭含万树。
> 三峰接霄汉，苍茫坠烟雾。
> 绕绕涧壑云，悠然自来去。
> 危石松顶悬，彷徨屡惊顾。
> 何年梅子真，采药于此住？
>
> ——（清）孙渭《法雨寺晚眺》

"想玉颜"即思慕梅福的精神与风采的，还有当代的诗人们：

> 万树梅花如仙子吟颂雪中古典
> 圣器聚响，梅峰之上的圣殿
> 荡漾在梅香里的仙境福地

　　　　当钟声飘过一层层谷地

　　　　大地高洁的精魂绽开多少纯真

　　　　世界温馨，乐园人间

　　　　钟声不息，如经卷展开

　　　　如遭遇临界间神灵阴阳的手指

　　　　如春色吉祥，彩蝶环红华顶、宝塔

　　　　日月轮回，祭坛更替

　　　　钟声覆盖现代子民的伤口

　　　　静坐、内视、入定，

　　　　沐浴那一炉炭火

　　　　　　　　　　　　　　——孙海义《钟声》

诗作从佛国的钟声中追思梅福的高洁与纯真，如仙子、如万树梅花的香气，以独守营建了雪中古典，一个如春色吉祥的仙境福地，表达了作者对自由和平的向往。

　　民间关于梅福的传说不多，代表作是《梅福炼丹洞》:

　　　　普陀山梅福庵里有个炼丹洞，洞里的观音佛像旁边，有尊道士的塑像。为啥道士会到佛庵里来?

　　　　西汉末年，梅福是九江的县尉。他见当朝皇帝软弱无能，明令不行，民不聊生，心里交关着急，几次上疏皇帝，要他铲除乱臣贼子，重用忠良贤臣，中兴汉室。可是，次次上疏，都是有去无回，吭没用场!

　　　　有一天，梅福出城散步，看见几个小孩在树林里争抢一只小鸟，这鸟羽毛五色斑斓，好看足了。梅福欢喜，便向小孩买了下来，把它托在手心上。小鸟"吱吱"叫了两声，翘翘尾巴，抖抖羽毛，翅膀一张，飞上天空去了。

梅福高高兴兴回到屋里，刚想坐落歇歇，忽然闯进两个衙役，不由分说，把梅福押走了。原来，王莽篡位当了皇帝，凡是反对过他的人都要斩尽杀绝，梅福也是一个。

梅福成了钦犯，押解进京。一天中午，他们正在路上走着，那只五色斑斓的小鸟，突然飞到梅福的肩上，"吱吱"叫了两声，又飞上天空，扑扑翅膀，长鸣一声。霎时，乌云翻滚，狂风大作，刮得梅福东跌西撞。勿晓得过了多少辰光，狂风息了，乌云散了，他身上的枷锁也没了，两个公差也勿晓得到啥地方去了，眼前却是一片白茫茫的大海。他感到全身呒力，双脚发软，一屁股坐在海滩上，这辰光，有条小船飘到他的跟前，他勿管三七二十一，爬上小船。一阵风，把小船送到普陀山。他爬上山顶一看，这个岛的四周，是一片大海，山上树木葱翠。他想，这地方蛮好，正好在这里避一避。于是，他寻到一个石洞，设炉炼丹，隐居了下来——所以，普陀山也叫梅岑。

一天，他正坐在洞口凝视静养，忽然，那只五色小鸟又飞来了，它在梅福头顶兜了一圈，掉下两根长长的羽毛。羽毛"唰"的变成两条小龙，飞上腾落，在空中打了几个转，又"呼"一声，钻进炼丹洞的后山。小龙不见了，从后山的石缝里却渗出一股清泉，积成一个井潭——这便是"梅福井"。井里的水，据说是龙涎仙水，梅福就是喝了井里的水才得道成仙的。

过了几百年，观音菩萨到普陀山建立道场。一天，她来到盘陀石，看见一位白发老人，静坐鼎旁，闭目养神，便上前合掌施礼说："仙翁何故在此？"

梅福睁开眼睛一看，原来是观音菩萨，赶紧还礼："贫道是梅福，隐居这里避乱世。"

　　观音见他鹤发童颜，已经得道，便说："你在这里隐居百年，只晓得避世，那么靠啥人来济世？"

　　梅福忖忖，勿会错，过去在九江做官，总以为能替老百姓做点好事，勿料，昏君无道，王莽篡位，心有余而力不足。如今修炼成仙，咋好只顾隐居避世？他觉得观音讲得在理，便在一个明月当空的夜里，走出炼丹洞，来到观音跳。这时，潮水正好涨平，他便在海边洗了洗脚，然后就离开普陀山，云游各地，施药济世云了。——至今，在梅福洗过脚的海滩上，还能找到一种有梅花纹的石块，人称"梅石"。人们为了纪念梅福，在炼丹洞旁，造起一座梅福庵。

　　这则故事内容充实，曲折生动，颇有艺术性，先写梅福见世道混乱，上书招来横祸入狱；因为救过一只神鸟，神鸟报恩帮助梅福脱出灾难，送他到普陀山，神鸟又变成龙，凿出清泉，梅福因长年喝井里的泉水而成仙。故事后来又出现转折：观世音菩萨劝说梅福不要为个人而避世，应当救济天下百姓，梅福便离开普陀山云游四方，施药济世去了。在老百姓眼里，梅福终究不是一个只管自己炼丹成仙的方外人，而是一个关心民生疾苦、极富正义感的侠士了。

第四节　"八仙"与东海

　　徐福、安期生、梅福主要是隐者，至多是半人半仙，而道家的最高境界是羽化登仙，因此，古代文化与文学中出现了大量仙人的形象，并有《列仙传》这样的专著。单就诗歌看，就有大量的"游仙诗"，较早如东晋郭璞的《游仙诗》：

　　　　吞舟涌海底，高浪驾蓬莱。
　　　　视仙排云出，但见金银台。

……

升降随长烟，飘飘戏九垓。

奇龄迈五龙，千岁方婴孩。

再譬如唐代韦应物的《王母歌》：

众仙翼神母，羽盖随云起。

上游玄极杳冥中，下看东海一杯水。

海畔种桃经几时，千年开花千年子。

玉颜眇眇何几寻，世上茫茫人自死。

不过，仙人形象在民间最有影响的是"八仙"，原来都是尘世中人，因为各种机缘而得道升天。传说《题长安酒肆绝壁》就是得道后的钟离权所作：

得道真仙不易逢，几时归去愿相从？

自言住处连沧海，别是蓬莱第一峰。

在舟山民间，流传着不少关于"八仙"的故事，最有名的是《八仙闹东海》与《塌东京》。《八仙闹东海》一事在明代吴元泰的《东游记》中就有描述，并以诗概括：

八仙踪迹居岛蓬，会罢蟠桃过海东。

大士不为扶山海，龙王安得就深宫？

舟山民间"八仙闹东海"的故事大致如下：

捕鱼人有个忌讳："驶船出海，船上勿坐七男一女。"为啥会有这个忌讳？据老辈人讲，同八仙过海有关。

有一天，上八洞神仙吕纯阳，约了张果老、蓝采和、韩湘子和独脚大仙铁拐李等八个人，到东海蓬莱去了。

本来，八位大仙，腾云驾雾，一霎时间就可到达蓬莱。可是，吕纯阳欢喜抬城隍，提出要乘船过去。张果老和铁拐李也给吕纯阳凑热闹，汉钟离只好答应。

铁拐李的拐杖化为一只龙船，八仙先后登船，顺风顺水朝大海驶去。都说海上的景色好看足了！咯辰光，吕纯阳又出新花头了，伊晓得八仙都欢喜音乐，吹吹打打都有一手，提议大家来一曲。大家都说好咯。

韩湘子吹箫，曹国舅打板，张果老敲动了凤阳鼓，蓝采和跳起了花篮扣，吕纯阳舞剑，何仙姑唱曲，汉钟离、铁拐李在旁边看热闹。介么一来，东海里闹猛啦！勿晓得会引出一场麻烦来。

原来，龙宫里有条花鳞恶龙，是东海龙王第七个儿子，称为"花龙太子"。这一日，闲着没事，在海里游荡，忽听海上传来仙乐声，看见海上有条雕花龙船，坐着奇形怪状的八位大仙。其中有个女神仙，脸孔红艳艳，像桃花，手臂白嫩嫩，拿着荷花，唱的曲子好像凤凰叫。花龙太子从来呒没见过介漂亮咯女人，看得入迷啦。

八仙在海上玩耍，防勿到花龙太子拦路抢亲。突然间，一个大浪头，海里像开了一个大缺口，雕花龙船同八位大仙一齐落到了海里。

这回事体闹大了。蓝采和的鲜花倒在海里头，张果老赶快爬上毛驴背，曹国舅脚踏巧板浪里漂，韩湘子拿着仙笛当坐骑，汉钟离铺开蒲扇垫脚底，铁拐李抱着一个宝葫芦。只有吕纯阳，泡得像只落汤鸡。

这时候，汉钟离点人数，点来点去，独缺一个何仙姑。

这何仙姑到啥地方去了呢？汉钟离掐指一算，原来是被花龙太子抢到龙宫里去了。八仙火了。吕纯阳拔出宝剑，蓝采和手托花篮，张果老倒骑毛驴，七位大仙，各显神通，杀气腾腾，奔向龙宫。

花龙太子晓得七位大仙勿肯罢休，早在半路里等着。伊见大仙来势凶狠，立即挥动珍珠鳌鱼旗，催动虾兵蟹将，兴起漫天大潮，向七仙淹来。汉钟离叫吕纯阳让过一旁，自己挺着个大肚皮，降落潮头，挥动蒲扇，只听，"呜——嗡——"一阵狂风，把万丈高的浪头和虾兵蟹将，冲到了九霄云外。花龙太子见自己的法术被汉钟离破了，心头一惊，当即把脸一抹，喝声"变"，海里窜出一条巨鲸，张开大口，来吞汉钟离。

汉钟离仍旧扇动蒲扇，不防巨鲸一点勿怕，嘴巴越开越大。汉钟离慌了，要紧关头，蓝采和从半空中落下一只大花篮，把巨鲸的头套住了。

原来，这巨鲸也是花龙太子变的。伊的头被花篮罩牢，化作一条海蛇，向东逃去。张果老一看勿对，拍拍叫驴追上去。花龙太子眼看逃勿脱了，只好现出本相，向汉钟离反扑过来。

这辰光，七位大仙纷纷赶来，一齐围攻花龙太子。花龙当然斗勿过七位大仙，只得逃向龙宫，向龙王求救。龙王把花龙太子骂得狗血喷头，赶快送出何仙姑。好话讲了一白篮五斗，最后请来南极仙翁讲和套，八仙才饶了龙王父子。花龙太子吃了亏，一直怀恨在心，一有机会，还想报复。见到七男一女同船出海，便要寻事生非。为此，在舟山渔民中就传下来这么个忌讳——七男一女不同船。

故事的主角是海龙王的第七子"花龙太子"，看上了八仙中的何仙姑，要来个拦路抢亲，但批判的矛头直指海龙王。俗话说"子之过父不教"，龙子品行不端，当然要归结到父亲海龙王平时的教育不严，或者说海龙王本身就是一个坏父亲的榜样。儿子把何仙姑抢到了龙宫，海龙王并不指责，只在儿子逃回龙宫求救时才无奈交出了何仙姑。如果不是八仙，而是普通百姓，结局又会如何呢？

"八仙"中的吕洞宾似乎最有人间烟火味，因此故事也最多。先来看《吕洞宾得道》：

　　吕洞宾是个落第秀才。十年寒窗，从后生时进考场，考到胡须一大把，连个秀才也呒考中，他做人勿笨，实在是乖的出格了。从这以后，他游手好闲，每日背把宝剑，到处充阔佬，勿到三年，爹娘死了，家产败光，只好到外地教书，混口饭吃。

　　有一日，吕洞宾歇夏回屋里，刚走到半路，落起大雨。这深山冷岙，前呒店，后呒村，到啥地方去躲雨！突然，看见山岙里有份人家，他便过去躲雨。走近一看，原来是份大人家，红漆墙门，走马楼，他心忖忖蛮稀奇，在这深山冷岙里，从未见过有介好人家。他正看得发呆，从屋里走出一个丫头，请他进屋避雨。勿料，雨越落越大，吕洞宾只好留落过夜。

　　吃过夜饭，喝过香茶，丫头来陪他去困觉。一进房门，吕洞宾看得混沌沌，眼睛花缤缤，咋也想勿到，房里有十多个丫头，陪着一个大小姐，相貌比仙女还好看。吕洞宾交关活络，一看就晓得是个千金小姐，连忙上前施礼道谢。小姐请他坐落，问长问短，心意托终身。吕洞宾像老鼠跌进白米缸，求也求勿到，当夜，两人就成了夫妻。

　　一眨眼，过去好几个月，吕洞宾越忖越奇怪，觉得自己老婆，勿是仙人便是妖精。他"骨碌"忖出一个主意，每夜里，他自己看书到三更，要等老婆困熟了，才肯上床。老婆要他每夜读书，交关用心，慢慢也习惯了。

　　有一夜，时过三更，吕洞宾正想上床困觉，忽见老婆嘴里含着一颗铮亮的红珠，吸进吐出。他明白了，自己老婆定有千年道性，这颗宝珠是精华，人吃落去，也好得道成仙。人心勿足蛇吞象，吕洞宾起了歪心，便轻手轻脚走近眠床，对准小姐嘴巴，一口吸，吞落宝珠。还装作亲热相，抱牢小姐亲口。小姐有苦讲勿出，流着眼泪对吕洞宾说："事到如今，我也只好从实讲了，我修炼千年，道性全在这颗宝珠上，现在我失去宝珠，等太阳一出，就要死了。侬要看在夫妻情分，做口棺材，把我安葬，等过了七七四十九天，侬再来看我。"讲好断气，原来是只狐狸。

吕洞宾做了一具草夹坟，把狐狸葬好，他回转屋里。每日扳手指头，心想：叫我等过七七四十九日再去看她，这里头一定有名堂，我趁早去看看，省得后悔。到了四十八天，他就到老地方，用宝剑撬开草夹坟。一看，里头有条大蛇，头像斗桶，翘起三尺高，就差眼睛还眯着。吕洞宾鼻孔冲天，哼哼两声："侬这只狐狸精，还勿死心，想变大蛇吃我。"他把宝剑一挥，斩落蛇头。

吕洞宾呒化费力气，得了千年道性，可惜还未成仙。有一天，他听到一个老和尚讲："得道容易成仙难。要想升天，还要圣口封过，像侬这种人，恐怕呒介缘分！"他咕咕忖忖，想个啥办法才能见到皇帝，让他开金口，封我仙人。第二日，他叫读书团到大财主屋里去偷桃子，说是出了事有老师担当。

学生子偷桃，罪在先生，告到县里，县太爷派公差来抲。吕洞宾到村口等着，一看见公差就请他们到酒楼喝酒。两个公差来到酒楼坐落，吕洞宾拿来一只空酒坛，一只脚伸进酒坛里，对公差讲："侬两个饭桶，吕洞宾站在眼前，侬也抲勿牢。"说着，轱辘辘，整个人钻进空酒坛里。一个公差拿起老酒坛想甩碎，老酒坛讲话了："莫甩，我是吕洞宾！"两个公差魂灵吓出，只好拿着老酒坛回去见县官。

　　县太爷审酒坛,审来审去审勿清,只好把它报到府里,府里又报到省里,省里把它当宝贝,献到京里,惊动了皇帝。皇帝想看看吕洞兵究竟是咋貌人,就叫了一声吕洞宾,酒坛答应一声,叫一声,答应一声。看看吭没人,叫叫有人应,皇帝一开心,讲了:"吕洞宾,吕洞宾,侬真是个仙人!"话声刚落,吕洞宾当即跳出酒坛,跪倒在地上讲:"谢万岁开金口!"

　　吕洞宾得道成仙,勿是靠修炼,全靠手段子。他成仙以后,旧性勿改,还经常寻别人开心,欢喜捉弄人!

《塌东京》的故事则直接与舟山的地理形成有关:

　　古人讲:"一娘生九子,连娘十条心。"盘古开天辟地,造出万物,捏出的人本来都是一家,没有你偷我盗,多占多吃。勿晓得大家日子一宽裕,人心反而变歪了。玉皇大帝晓得以后,交关生气,就派吕洞宾到凡间来试人心。

　　这辰光,浪岗、东福、中街山原来连在一起,是一座皇城,叫"东京"。双面街道,交关热闹。吕洞宾就在最热闹的街口,开了一爿店,柴米油盐,百货杂货样样有。到这爿店里买东西,自己秤,自己拿,随便自己付多少算多少,侬存心要赖账,一分钱勿付,也吭没人问侬讨。这桩事情一传开,好多人都到这爿大店里来,吃的吃,拿的拿,心凶的还用水桶、夹箩挑。

　　东京城里有个孝子叫杏仁,年纪十六七岁,靠上山斫柴养活阿娘。有一日,杏仁从城里卖柴籴米回来,把这爿大店里的事告诉阿娘,心想屋里粮食接勿上,也像别人一样,多拿一点。勿晓得阿娘一听就生气,只许杏仁挑柴到老板店里去卖,有多少铜钿籴多少米,勿许吃别人一个铜钿白食。杏仁是个孝子,阿娘的话咋敢勿听。

天时勿由人，这一年七八月里雨水特别多，接连好几日勿见放晴。杏仁真急煞，心想山上斫倒的柴晒勿燥，屋里的米快吃完了，自己饿肚皮还且可，只怕饿煞阿娘要犯天打。杏仁娘看见儿子急成这副样子，忖忖也心痛，就对杏仁讲："天上雨勿断，地下的水总吃勿完，阿拉过去只晓得煨饭吃，今朝阿拉在饭罐里多倒几碗水，少放三合米，煮粥吃，照样吃得饱。"杏仁听了，心也放宽勿少。

雨落了半月有余，老天总算放晴了。等柴晒燥，杏仁便挑了一担柴到城里去卖。那个老板店里的伙计一见杏仁走进店堂，当即问他，为舍介长日子勿来籴米。杏仁说："天落雨，柴勿燥，呒没铜钿籴米。"伙计说："侬屋里没米咋过日子，为啥勿到店里来拿。"杏仁是个老实人，便把自己咋想的，阿娘咋讲的，统统讲给伙计听。伙计听了点点头，叫杏仁到账房里厢坐落，笑眯眯地讲："杏仁兄弟，我看侬是个忠厚人，我告诉侬一样整体，侬千万勿可对别人讲。等到东京某财主坟头一对石狮子眼睛出血，东京就要塌掉了，到这辰光，侬同阿娘快点逃。"

杏仁心里有点勿相信，又担心东京真的塌了，救勿出阿娘咋结煞。从这天开始，杏仁总要到坟头去看看石狮子。

有一日，杏仁在坟头用手捋捋石狮子的头，自说自话："石狮子，侬千万莫哭，侬一哭，东京就要塌掉，勿晓得要死多少人！"事也凑巧，让过路的杀猪屠看见了，他问杏仁："小囝，侬同石狮子介亲热做啥？"杏仁一听有人问他，便把石狮子眼睛出血东京要塌的事讲给他听。杀猪屠听了，不觉哈哈大笑，心忖：这个呆大儿子，让我同他寻寻开心。

第二日乌早天亮，杀猪屠杀猪回来经过坟头，顺手拿出猪血抹在石狮子的眼睛里。过歇工夫，杏仁又来了，他一看石狮子眼睛果真出血了，拔脚奔到屋里，背起阿娘就逃。

　　杏仁背着阿娘前脚走，后头就"轰隆"一声塌到海里。他前脚走一步，后面塌一步，他背着阿娘在啥地方歇口气停一停，啥地方就留下一个山头——所以舟山留下介多山头小岛。杏仁背着阿娘逃了三日三夜，真背煞了，阿娘心疼儿子，一定要儿子停落来歇歇。这样兀日兀夜的逃，兀日兀夜的塌，横竖逃勿出去，勿用再逃了！杏仁也真的背勿动了，就听阿娘的话，在这块地方定下来了。这就是定海。

《塌东京》的故事动因是因为玉皇大帝见人心日益败坏，派吕洞宾下凡来试测人心。故事极有人间生活气息，人物、场面描写也非常生动，而"石狮子眼睛出血"是一大转折，看似荒诞，实则含有深意。结果，东京果然塌了，而心地善良不贪的娘儿俩得以生存下来。故事体现出民间对舟山（定海）地理沿革充满想象力的探究，而其对人性欲望的揭示比一般的民间故事更见思想深度。

　　总体上看，除开羽化成仙带有明显的荒诞不实之外，道家信仰的真正意义在于：首先，它体现了对生命有限、时间无限的困境的焦虑感，是生命意识觉醒后的一种超越性追求；其次，体现了对不合理现实秩序的一种反抗与批判，尽管这种反抗与批判常常是无力的，个体性的；再者，这种追求从根本上说是一种人生态度，一种人生哲学观，具有强烈的理想主义色彩。道教信仰与观音文化信仰、海龙王信仰等彼此的依存融汇，大大丰富了舟山海洋文化的历史底蕴，使地域的历史和文化充满了神奇的色彩。不过，客观地看，比起观音信仰、海龙王信仰，道教信仰对舟山民众的影响力日益式微，因为它毕竟不具有现实的功利作用，民间更看重的是某种信仰对自身的生活、生产、心理所具有的切实的帮助与安慰，不可能如知识者那样去关注生命、自由、时间、超越等形而上的问题。成仙升天过于虚无缥缈，仅仅是一种美丽而遥远的传说罢了。

第 六 章

妈祖信仰:海神崇拜的高级形态

　　妈祖信仰起始于北宋的福建莆田,至今已有一千多年历史。从一个小小的湄洲屿开始,逐渐扩展到中国的东南沿海,尤其是福建、台湾、浙江、广东、山东及香港、澳门地区,单台湾一地的妈祖庙就多达八百余座;之后,随着中国与世界各国文化、商贸交流的日益发达,妈祖信仰又走出国门,远达日本、新加坡、印尼、马来西亚、越南、菲律宾、泰国、缅甸、澳大利亚、美国等三十余个国家和地区,全球的妈祖信众近两亿,足见妈祖信仰非凡的衍生力与巨大的辐射力。毫不夸张地说,妈祖信仰已成为维系中华民族以及海外华人血脉亲情的强大精神纽带,成为世界理解中华文化的重要窗口。

　　追根溯源,妈祖信仰的原初点是在海洋,海洋是孕育妈祖信仰的母体;妈祖信仰的本质是一种海神崇拜,这种崇拜在沿海居民中有着悠久的历史与深厚的心理沉淀,只不过经过不断的提炼、归纳,妈祖信仰已脱开或者说超越了海神崇拜的原始简陋的外壳,上升为一种具有独特精神内涵的文化现象。因此,妈祖信仰无疑是中国海洋文化不可或缺的部分,为海洋文化注入了生生不息的动力源。

第一节　从民间到庙堂

考察各种宗教信仰的形成与发展历史,不难发现,其起始点都建立于社会各阶层民众的心理与精神需求,这种需求的广泛性与普遍性必然体现于日常生活的各个层面,如生产、婚姻、礼仪、节庆等,并进而影响到一个社会的思想、文化和艺术形态。民间宗教信仰的巨大号召力,自然会引起统治者的注意,既然不能禁止,就不妨利用,将其转化为有利于巩固王权、稳定社会的正面资源,于是采取宽容默许策略,甚至有意大力推崇褒奖,力图将其纳入官方意识形态体系中,并作出新的解说;统治者的推波助澜,又进一步扩大了宗教信仰在民众中的影响力。于是官方与民间达成了某种程度的共谋关系,各取所需,各行其是。

妈祖信仰也经历了从民间到庙堂的变迁过程。

妈祖是真实存在于人间的女子,姓林名默,祖籍福建莆田湄洲屿,生于宋太祖建隆元年(960),卒于宋太宗雍熙四年(987),年仅二十八岁,为县都巡检林愿的幼女。因其出生时不哭不笑,故取名默。民间传说林默母亲因梦见南海观音菩萨,赐以优钵花吞服而怀孕,十四月后分娩,诞生之日天有祥光,地变紫色,异香经旬不散。这当然是后人的附丽加工,不过暗示妈祖与观世音的内在关系则大有深意。至于说林默周岁见诸神像,便知道礼拜,五岁能颂《观音经》,十一岁能按节舞蹈娱神,及稍长钻研医术,乡民凡有病痛,都来找其治疗等,则大致可信,可见其自幼聪慧,与神有缘,又宅心仁厚,乐于助人。

林默最主要的功德在于海上救难。她有一身好水性,又识得天象气候。当地居民多以捕鱼为生,驾着小木船涉险营生;莆田一带又是各地商人贸易的海上通道,常有商船经过。每当渔民或商船遇险的消息传来,林默总是奋不顾身,全力救助,因此在当地渐渐有了名气。为此林默甚至舍弃人世的幸福，发誓终身不嫁。最终在一个狂风暴雨的夜晚，林默为救船民而被大海吞没。民间传说此时忽然云天清和，空中仙乐隐起，祥光氤氲中，见林默乘白云上升，衣袂飘飞，羽化而去。

林默死后，频频显现灵迹，时常驾舟飞巡于波涛间，有难必至，有求必应。民间遭遇水涝旱灾，百姓只要祈求，便会普降甘霖。甚至当海盗猖獗，扰乱乡民，林默也会大发神威，将海盗船一扫而空。于是，民间感念林默的功德与灵异，尊称其为娘娘（当地人也称妈祖），在当地造庙塑像，随时祭拜，香火渐旺，特别是农历三月二十三林默的生日，更是扶老携幼，朝拜者络绎不绝，连带地方戏演出，热闹非常。之后，这种民间祭拜之风便逐渐超出湄洲屿，超出福建，扩展到广东、台湾、江浙、山东一带，成为沿海居民重要的精神信仰。

很显然，这种信仰的快速广泛蔓延的能量来自林默是实有其人，而非凭空想象出来、缺乏人间情怀的神灵，林默在世时的所作所为，所体现的爱心与人格为妈祖信仰的广泛传播奠定了基础。而沿海居民的生产条件与生活处境也与林默故乡的人民相类似，具有同样的物质与精神需求，因此妈祖信仰也就十分容易被认同与接受。

自然，此时的林默已从人间凡人变成了海洋保护神，并且升天仙化，这是民间的善良愿望，也是任何一种宗教必须完成的由低级向高级形态转换的步骤，也即不断神化的过程。不过，在民间的理解和想象中，妈祖并未忘记他们，那个时常衣袂飘飘，驾舟涉险救难的神灵，毕竟还留有民间女子林默当初的音容笑貌，只不过倏忽而来，又神秘离去。

妈祖的被彻底神化、圣化来自统治者的刻意为之。在统治者看来，妈祖信仰所体现的爱乡爱民、拯救苦难的精神自然有利于社会安定，又可以将这种精神升格为忠孝节义，维护君君臣臣的等级秩序，强化忠于皇帝、忠于朝廷的观念。中间的契机是林默死后近一百五十年发生的一件事：

宋徽宗宣和五年（1123），给事中路允迪奉旨出使高丽，船只航行于渤海之上，突然遇到大风，刮翻七只大船，路允迪惊恐万分，危急之中闭目祝祷："神女下凡，保我平安！"几遍念过，顿觉船体平稳，睁眼看见一红衣神女站在船樯之上，神态庄重肃穆。从此一路顺风到达高丽。

不去管这则故事是否属实，反正当路允迪回国之后，详细叙说了经过，他当然听说过妈祖的行迹，就把红衣女子认作了妈祖。宋徽宗便亲手写下"顺济"匾额赐与莆田白湖的妈祖庙。

从此以后，自宋至清，妈祖不断受到历代帝王褒奖，册封达四十余次，封号也愈来愈长，竟达五六十字。试举例为证：

宋代：绍兴二十六年（1156）封"灵惠夫人"；

　　　乾道三年（1167）封"灵惠昭应崇福夫人"；

　　　绍熙三年（1192）封"灵惠妃"；

　　　嘉定十年（1217）封"灵惠助顺显卫英烈妃"；

　　　景定三年（1262）封"灵惠显济嘉应善庆妃"。

元代：至元十八年（1281）封"护国明著天妃"；

　　　大德三年（1299）封"护国庇民明著天妃"；

　　　延祐三年（1316）封"护国庇民广济明著天妃"；

　　　至正十四年（1354）封"护国庇民广济福惠明著天妃"。

明代：洪武五年（1372）封"昭应德正孚济感应圣妃"；

　　　永乐七年（1409）封"护国庇民妙灵昭应弘仁普济天妃"。

清代褒奖最多：

康熙二十三年（1684）封"护国庇民妙灵昭应弘仁普济天后"；

乾隆二年（1737）封"护国庇民妙灵昭应弘仁普济福祐群生

天后";

乾隆五十三年（1788）加封"显神赞顺"；

嘉庆五年（1800）加封"垂慈笃祐"；

道光六年（1826）加封"安澜利运"；

道光十九年（1839）加封"泽潭海宇"；

咸丰二年（1852）加封"导流衍庆"；

咸丰七年（1857）加封"振武绥疆"；

同治十一年（1871）加封"嘉佑"。

在如此频繁的加封中，妈祖的身份从"夫人"到"妃"再到"天妃"、"圣妃"，最后到达"天后"，一级比一级尊贵荣耀，直至无法再加的地步。

而历代帝王也摇动御笔，大赐匾额：

明朝：

成祖朱棣　弘慈普济

清朝：

雍正　神昭海表

乾隆　珠宫涌现　佑济昭灵

嘉庆　海国安澜

道光　安澜利运　泽潭海宇

咸丰　恬波利运

光绪　与天同功　慈云洒润　波靖南溟

有意思的，有些帝王不但加封赐匾，还亲自作诗颂扬，如南京天妃宫御制宫碑上刻有明成祖朱棣的诗：

> 湄洲神人濯厥灵，朝游应圃暮蓬瀛。
>
> 扶危济弱俾屯亨，呼之即应祷即聆。
>
> 上帝有命司沧溟，驱役百怪降魔精。
>
> 囊括风雨电雷霆，时其发泄报其衡。

> 洪涛巨浪帖不惊，凌空若履平地行。
> 雕题卉服皆天氓，梯航万国悉来庭。
> 神庇佑之功溥弘，阴翼默卫何昭明。
> 寝宫奕奕高以闳，报祀蠲洁腾苾馨。
> 神之来兮珮珑玲，驾飙飙兮旖电旌。
> 云为霓兮雾为屏，灵缤纷兮倏而升。
> 视下上兮福苍生，民安乐兮神攸宁。
> 海波不兴天下平，于千万世扬休声。

朱棣一生东征西伐，最后也是死于征战途中，可谓典型的"马上天子"，而其诗才则不敢恭维。总观此诗，气势是有，也有一些想象，但结构散乱，节奏不畅，议论过多而浅白。不过大致点到了林默生前的主要功德，而对身后升天的描述则是典型的神化和圣化。

顺理成章地，祭奉妈祖被列入国家级祀典，朝廷也时常派大臣在春秋两季到各地主持祭祀活动。

当然，考察妈祖信仰从民间到庙堂的轨迹，并不是说官方的意识形态控制了一切，民间自有自己的理解与需求，其固有的风俗和传统仍旧起着主导性的作用。

第二节　妈祖信仰在舟山概论

舟山民间最重要的宗教信仰是观音信仰，其次是海龙王崇拜。海龙王信仰是地道的本土信仰，观音信仰是外来的，但历经一千多年，早已深入人心，并渗入了许多海洋文化的因子。妈祖信仰也是外部传入的，不过与观音信仰相比，在舟山落脚的历史则要晚得多，其间又兴衰交替，起落不定，影响也就相对弱小。

妈祖信仰的传入舟山，主要在清朝。其途径大致有以下几种：一是通过南方尤其是福建一带渔民到舟山渔场作业带入。舟山渔场是东海渔业生产的中心地，尤其是岱衢洋的黄鱼汛最为著名。每年3月到6月黄鱼旺发，各地渔民纷集于此，其中有大量来自福建泉州、惠安、崇武等地的渔民。这些渔民带来了本地的生产方式（如大捕船）、生活习俗，自然便带入了十分崇尚的妈祖信仰。另一处是嵊山渔场，最多时作业的渔民达十万之众，同样带入了各地的风俗信仰。不少福建渔民甚至携家带口在舟山落脚，因为要随时祭拜，便在岛上建造妈祖庙宇，称颂妈祖功德，并逐渐带动当地居民一起参加祭祀活动。

二是商业贸易的推动作用。由于海上通航方便，又节省成本，而舟山又是抵达苏沪等地的水路要冲，不少福建商人便要在舟山停泊，作为中转站，往各处销售甘蔗、桂圆、红糖、柚橙、木材等物产，再将舟山的鱼货带回福建、广东等地。妈祖既然是海上保护神，商人为求平安，往往在开航前祭祀妈祖，还在船上设立妈祖神位，以获得精神安慰，增加搏风斗浪的自信力。由于海上航运往来频繁，停留时间也长，福建商人便在舟山设立办事机构，如康熙年间设于定海城关的"八闽会馆"。会馆是同乡会的别称，主要用途是为福建同乡提供帮助，协助解决诸如医疗、海事、食宿、诉讼等事宜。而在会馆边上也往往会修建天后宫，定海的"八闽会馆"附近就有天后宫。一些商人也会出资在港口、岛屿上建造妈祖庙。

三是福建籍官员的提倡。身为政府官员，任所时常变动，长期远离本土，福建籍官员不免勾起思乡情，各种节日又要祭祀祖宗；而亲朋好友、仕途同乡也时常来往，风俗相同，宗教信仰一致，也就热心于妈祖崇拜的提倡。如清光绪年间修订的《定海厅志·祀典》记载："天后宫，在南门外东山之麓。康熙间总兵蓝理创建（旁为八闽会馆）。同治间商民又别建福兴街（即保定会馆）……"康熙时任定海镇的王廷凤也是福建人，"每当巡哨倭寇，泊舟石浦，捍卫地方。又捐俸重建天后宫。民感其德，置像于天后宫后殿，祀之"（民国《象山县志》）。蓝理是定海总兵，妈祖庙自然要修在舟山，王廷凤也在定海为官，但仅仅因为巡哨倭寇停舟于石浦，也要在象山重建天后宫，可见其对妈祖的崇信。自然，他们的初衷只是因为怀乡之思，更进一步说是一种文化寻根的举动，但因为他们身份特殊，有号召力，民间也就会将他们的举动看作是一种官方行为，这对舟山民间的妈祖崇拜无疑会产生重大影响。

由于以上三方面的因素，再加上朝廷对妈祖的不断"诏封"、"诏奉祀"，舟山的妈祖信仰也就变得十分普遍。舟山的重要港口和海岛，如岱山、衢山、嵊山、沈家门、青浜、庙子湖、虾峙等地都建有妈祖庙（或称"天后宫"、"娘娘庙"）。以岱山为例，光绪《定海厅志》载岱山长涂岛有天后宫五处，"本山建庙凡五……一在倭潭，系闽人建造"。《岱山镇志·志山》记载20世纪20年代，岱山本岛有天后宫十一处："由鳌蓬山而东历燕窝山，山麓有居民数十户，又有天后宫；过拷门，有天后宫一所……南峰山，有天后宫二，一在港北，一在港南，居民约二百余户……由老鹰山偏西历山前，有天后宫一，俗名新宫，又有崇圣宫、守清庵，居民百余户……至司基，有东岳宫、运司庙、天后宫、地藏殿、龙王宫，又有岑港司旧署，居民三百余户……冷岙，有天后宫一所……至大高亭，有陈君庙、高显庙、庆余庵、义火祠、天后宫，居民约一千余户，又有市镇……新道头，有天后宫、土地宫各一，居民七八十户。"

作为观音道场的普陀山也建有妈祖庙。据《普陀洛迦新志·营建》载："天妃宫，在司基湾西，僧大慧建，今改福泉庵。天后阁，在法雨寺前，清雍正九年，住持法泽建，宣统二年，开然重修……法泽以山在海泽，礼香者皆由舟楫，而寺中从未奉有天后香火，甚为缺典，乃建阁三间以祀。"由僧人修妈祖庙，可见观音与妈祖的内在关系。接下去描述妈祖显灵之异象："及阁成日黄昏后，忽见彩船一只，仪从旌旗，缤纷整肃。左右羽扇交蔽，前掌大灯两筤，照耀光明，从东洋海上而来，直至千步沙。监督诸员及僧众工役，知为神灵出现，无不惊异。"

从民国《定海县志》得知，当时舟山共有天后宫三十八处，尤其以大黄鱼捕捞中心的岱衢洋周边岛屿上的妈祖信仰最为兴旺。

与佛寺相比，舟山的妈祖庙一般规格不大，设置简朴，但也有规模宏大者，结构为穿斗式与抬梁式相结合，有门楼多间，前设台阶，廊柱环抱，雕有凤凰、牡丹、狮子等及人物故事绘画，屋顶是金色琉璃瓦，屋角配以龙、凤或鱼等以示尊贵和吉祥。中堂塑妈祖坐像，头戴凤冠，着金黄色绣花彩袄，神态端庄肃穆。大殿两侧站立千里眼、顺风耳，以及顶风、平浪诸神像。有些庙里站立的是土地神、财神菩萨等，按乡民所需而定。

农历三月二十三是妈祖诞辰，也是民间祭祀妈祖最隆重的节日。庆典的重头戏往往与渔业生产相关。典型的如大黄鱼汛到来时，选择涨潮时分，渔民抬着八仙桌到庙里，供上猪、羊各一，陈列鸡、鱼、肉、蛋、豆腐、面等于大盘中，加上点心、水果。吉时一到，红烛高烧，船主上香跪拜，接着是伙计跪拜祝祷。祀毕，请神像上船，引路灯笼挂于船头。然后是演地方戏，五天、十天不等，称"出洋戏"，戏目有《宝莲灯》、《孟丽君》、《五女拜寿》、《桃园三结义》、《八仙过海》、《魁星点状元》等。有些地方的节目还有龙灯、马灯、鱼灯、舞蹈等，神人共乐，一派热闹。尔后渔民顺风顺水，浩浩荡荡北上岱衢洋。农历六月二十黄鱼汛结束，船队回来，又要在天后宫隆重举行谢洋祭妈祖活动，演戏庆丰收，称"谢洋戏"或"还愿戏"，一般由高产船出钱。九月初九是妈祖升天日，也要举行多种活动。

一些地方在建造新船及下水过程中，也要敬拜妈祖，且仪式繁复，光是安装船眼睛就得按金、木、水、火、土五行顺序，因为渔船眼睛黑白含有阴阳协调之意，并分出定彩、封眼、启眼三道程序。启眼后择吉日，候准潮时，在海边沙场敬天地，祭妈祖，再到天后宫献礼、点烛烧香，叩拜祈祷。之后新船下水，披红挂彩，桅顶挂大红长幅，上书"天上圣母"，于鞭炮齐鸣中扬帆出航。

作为外来输入的宗教信仰，妈祖信仰之所以能在舟山传播，并在一定时期内十分兴盛，主要在于其内部隐含着符合本土信仰的因素。舟山自古以来就有大量海神海妖的传说，妈祖是海上保护神，也就天然具有了亲和力；沿海居民主要以捕鱼为生，海路艰险，凭人力无法抵御风暴灾难，只得将生命寄托于神灵的保护，所以舟山与福建虽路途遥远，居民的心理需求则是高度一致的；再者，妈祖的主要功德是救助海上危难，且为此而终身不嫁，这与观音的大慈大悲、救苦救难如出一辙，民间又说妈祖是观音托梦于其母所生，又常受观音点化，本来就有渊源关系，既然舟山民众如此崇拜观世音，对妈祖信仰的认同与接受也就毫不奇怪了。

至 20 世纪 40 年代，舟山妈祖庙的兴造达到高峰。但之后便渐趋衰落，究其原因，一是 50 年代始，妈祖信仰开始被当作封建迷信而受到一定压制，"文革"期间，不少妈祖庙则被拆毁，或者挪作他用；二是 20 世纪 80 年代后，随着海洋资源萎缩，渔业生产不振，很少有福建一带渔民来舟山作业，同时远洋渔业兴起，钢质渔轮和大型机动船替代木质小帆船，航行便利，人们更多往普陀山朝拜观音菩萨；三是近年来实行的"大岛建，小岛迁"政策，使许多岛屿人口锐减，迁往大岛，迁往城市，新的生活与观念必然冲淡甚至改变人们对妈祖的信仰。

目前舟山的妈祖信众主要是中老年人，以妇女为多，而在年轻一代中则几无影响。

第三节 诗文对联举要

与歌咏观音道场作品的蔚为大观相比，涉及妈祖的诗文则较为稀少，各地妈祖庙中题写的楹联则相对丰富。本节所举的歌咏妈祖

的诗文并不直接涉及舟山，甚至也不直接与海洋有关，因为大前提
在于妈祖是海洋保护神，妈祖信仰的源头本来就在海洋。

先来看两篇文章，一是南宋绍兴二十九年丞相陈俊卿之子陈宓
所写，题为《白湖顺济庙重建寝殿上梁文》：

> 昔称湘水神灵，独擅南方，今仰白湖香火，几半天下。祠
> 宇殆周于甲子，规摹增焕于此时。妃正直聪明，福同于天道，
> 周匝宏博，利泽罩于海隅。人人尽得祈求，户户愿殚其力，不
> 日遂成于邃宅，凌霄有类于仙居。用赫厥灵，以报有德。神岂
> 厌旧，众惟图新。修梁既举于佳辰，善颂宣腾于众口。

凡修房子，上梁为最重要工序。此文以此为契机，颂扬妈祖之功
德。先以传说中的湘妃神与妈祖并提，突出妈祖影响更盛；次赞妈
祖品德"正直聪明"，爱心宏博，施福于民，"福同于天道"，再写
为报恩德，万民愿殚其力，兴造庙宇，以备后世子孙不时瞻仰缅
怀。文章以记叙为主，层次分明，语言也朴实易懂，但以文学要
求，则缺想象与意境。

二是元天历二年御祭莆田白湖庙文：

> 天开皇元，以海为漕，降神于莆，实司运道。显相王家，
> 弘济兆民，盛烈麻光，终古不减。特遣臣虔修祀事，承兹徽
> 命，永锡佳祉千万，斯年百禄是宜。

自北宋起历代帝王不断加封妈祖，并列入国家祀典，春秋祭祀。此
文正是朝廷委派大臣到妈祖故乡莆田主持典礼时的祭文，由大臣亲
自宣读。此文仍然是称颂妈祖因"弘济兆民"而名声远播，"终古
不减"。但有两点不同，一是开篇说"天开皇元，以海为漕"，等
于是说妈祖的头等功业是保卫海疆，以利遭运和贸易，可见海路交

通对国家的极端重要性;二是说妈祖"显相王家",既可解释为是对妈祖出生之家地位的提升,又可解释为妈祖受到朝廷之推崇,不管哪种解释,都是表示褒奖之意。因为是代表朝廷的,此文语言精练,篇幅短小,而口气庄重,属于典型的"官样文章"。

在诗歌方面,首先是南宋状元黄公度题顺济庙诗:

> 枯木肇灵沧海东,参差宫殿耸晴空。
> 平生不厌混巫媪,已死犹能效国功。
> 万户牲醪无水旱,四时歌舞走儿童。
> 传闻利泽至今在,千里桅樯一信风。

"肇灵沧海东"点明妈祖信仰与海的关系,以下涉及妈祖的主要功业,一是"不厌混巫媪",是指妈祖生时以医术救治病人,二是庇护家乡免去"水旱"之灾,三是"利泽"即保护海运,使"千里桅樯"通行无阻,而"万户""歌舞"则写出了民众对妈祖的普遍崇信。此诗结体明显缺乏精心构思,有些散乱,全篇只有"四时歌舞走儿童"一句活泼有生气。

篇幅比较长的是南宋著名诗人刘克庄的题白湖庙诗:

> 灵妃一女子,瓣香起湄洲。
> 巨浸虽稽天,旗盖伊中流。
> 驾风樯浪舶,翻筋斗魬秋。
> 既而大神通,血食羊万头。
> 封爵遂荐贵,青圭蔽朱旒。
> 轮奂拟宫省,盥荐皆公侯。
> 始盛自全闽,俄遍于齐州。
> 静如海不波,幽与神为谋。
> 菅卒尝密祷,山椒立献囚。

岂必如麻姑，撒米游人间。

亦窃笑阿环，种桃儿童偷。

独于民锡福，能使岁有秋。

每至收割时，稚耄争劝酬。

坎坎击社鼓，呜呜歌蛮讴。

……

刘克庄的诗类似古风体裁，缓缓而道，古朴实在。前八句点明妈祖信仰起白湄洲，并以"巨浸"、"中流"、"驾风"、"筋斗"等描述妈祖于海上救难的情状，颇为传神；接下去描写妈祖被神化后的祭祀之盛，"血食羊万头"、"盥荐皆公侯"，朱旒飘扬，民间与官方争相朝拜，可见影响之大。后面并未展开，而是转入另一情境：儿童偷桃、"稚耄争劝"、"击社鼓"、"歌蛮讴"，一派纯朴、和谐的气氛，很有生活气息。作者是借此表达对古朴自然、无争无斗的桃源式生活的向往。当然，这样一种欢乐和谐的民间生活，自然与妈祖弘博爱心的影响密切相关。

　　明代戏剧家汤显祖在南京时也写过长诗《天妃宫玉皇阁夕眺》，因为是"夕眺"，所以重在写景色与环境，涉及妈祖的很少，摘录几句，不作分析：

宝盖珠幢青佩裙，拂云来谒斗中君。

绣岭平分草树前，清淮半出人家后。

表里都城如玉砌，高低道院似云屯。

回飙拂袖倚西棍，树影朝音入暮听。

清代的只找到一首，是进士钱俊元的五言绝句：

> 宋代坤灵播，湄洲圣迹彰。
> 至今沧海上，无处不馨香。

语言通顺，意思明白，不用多费口舌。

文人吟咏妈祖的诗作既少又艺术性不高，似乎与妈祖信仰较少进入知识阶层的观察视野并内化为精神资源有关，同时也证明妈祖信仰最深厚的基础在普通民众，或者说妈祖信仰本质上是一种草根文化。

妈祖庙数量众多，有庙即有楹联，搜集比较容易。不过，从大陆沿海各省到台、港、澳，妈祖庙楹联的内容基本类似，所以除历史名人所撰外，不再点明出处。

总体上看，楹联风格大致可分两大类，一类是直陈其事，议论发意：

> 生于庶民益于贫民恩披黎民，出于湄洲功亏九州惠播神州。

> 保境安民万众齐称颂，积功聚德千载共赞誉。

> 海不扬波稳渡显拯遐迩，民皆乐业遍歌母德开源。

> 后德神功，颂遍天涯，一航普济；
> 地灵人灵，歌传水湄，八音克谐。

> 海上扶危救难，应群情而作圣；
> 世间演戏酬神，遂众愿以娱人。

风调雨顺，四海龙王朝圣母；
国泰民安，五洲赤子拜阿婆。

自神禹后一人，盛德在水；
由大宋来千古，崇祀配天。

厚德仰坤元，化被寰中光日月；
资生统泰运，威如海外息风波。

以上这些楹联大都从民间立场出发，涉及妈祖的功业品德，表达感激爱戴之情，但多概念化，直白显露，意蕴不足。

另一类则情景相生，表意婉转，也举出若干：

岛以妈祖秀一港澄明映日月，人因天妃福万民款洽辉春秋。

地控制瓯吴，看大江东去滔滔，与诸君涤滤洗心，有如此水；

神起家孝女，贯万古元精耿耿，望后世立身行事，无愧斯人！

　　　　　　　　　　　　　　——沈葆桢题福州马尾天后宫

东莞辞沙，粤庙古昭顺济庙；
南山驻跸，赤湾潮接湄洲湾。

八百里寰海昭灵，溯湄屿飞升，九牧宗风荣庙祀；
四万顷具区分派，喜娄江新浚，三吴水利沐神庥。

　　　　　　　　　　　　　　——林则徐题江苏太仓天后宫

大海茫茫，无岸无边，观苍天，天高在上；
飓风发发，莫忧莫惧，徯我后，后来其苏。

地近蓬莱，海市仙山瀛客话；
神来湄渚，绿榕丹荔故乡心。

佑一方潮平岸阔，护环海风正帆悬。

海上息鲸波，从此风调雨顺；
山中开贝阙，应知物阜民康。

此类楹联多用形象、暗示等文学手法，将人文与地理有机结合起来，特别是沈葆桢与林则徐的楹联，境界开阔，气韵贯注，且含意丰富，达到了较高的艺术水准。

华夏之外的地区，尤其是华人聚居的东南亚一带，崇信妈祖之风十分兴旺，自然有大量的妈祖庙楹联，这里不再例举。

第四节　民间想象与成圣之路

在中国东南沿海一带，流传着众多关于妈祖的传说。这些传说情节颇多差异，互为补充，口耳相传，是典型的民间集体创作。大凡世间的各种信仰，必得借助于民间叙事，才能广泛传播，深入人心。而活泼泼的想象力的放纵，又最终导致民间叙事脱离开原初的生活真实，将传主一步步推向神化与圣化。妈祖的传说也不脱这样的路径。

真实是传说衍生的基点。佛祖释迦牟尼厌倦宫廷生活出走，在菩提树下苦思冥想而顿悟得道，从此一心弘扬佛法，除去悟道过程带有传奇性，其他则是真实的。妈祖也是，其世间生活中的所作所为，大致也真实可信，这是妈祖信仰为民间所接纳的最基本因素，也成了妈祖传说的起始点。

妈祖的主要功业是海上救难。一类是救助渔民：

> 林默长到十六岁，出落得端庄贤淑，聪慧过人。她心地善良，喜欢帮人做事，很小就与父兄一起出海。稍大后在家编织渔网，料理女红。但一有空就往返于靠岸的渔船间，送水抬鱼，帮渔民干活。
>
> 一天，几艘渔船出海不久，天上风云突变，巨浪滔滔。林默和许多渔妇站在海边，惨痛地看着渔船在巨浪中挣扎，慢慢被打成碎片，数十条活蹦乱跳的生命，就在大海的暴虐中变成海底冤魂。岸上的渔妇顿时号啕大哭。
>
> 林默没有哭，她沉默着。这次出海没有她的父兄，但下一次海浪也会吞没他们，把她和母亲变成孤儿和寡妇。一连数月，林默站在海边，观察天象，测试风向。她要以微薄的力量拯救无辜渔民的生命。
>
> 半年后，林默精读了无字天书，已知天上风云变幻，能预测海中气候变化，每逢风暴将临，她便预先来到海边，告诉渔民不要出海，避免了许多海难。

除去"无字天书"，其他的一切都符合日常生活。林默从小与父兄一起出海打鱼，对渔民的艰辛有切实了解。她目睹了众多生命的消失，便决意掌握天象海况，拯救无辜的生活，这正是林默一生行事的强大内驱力。

另一类是护卫商船：

> 北宋年间，湄洲岛隔海的泉州府已是著名商港，非常繁华。二十七岁那年，林默向父亲提出要到泉州看看。到了泉

州，林默经常去码头看风向天色，遇到气候有异，总会劝阻商人出海。

有个北方商人叫三宝，多次来泉州做生意，为人豪爽，乐善好施，但脾气急躁。一次他满载一船土特产准备运往海外。那日正是个好天气，海上风平浪静。正要开船，岸上传来一阵呼唤："等一等……不要起锚！"只见一个红衣女子急匆匆跑来，说："师傅，今晚有大风浪，出海危险哪！"三宝哈哈大笑："小姑娘，这么好的太阳，怎么会有大风浪？"林默心头一急，额上沁出细汗。任凭林默如何劝说，三宝执意要开船。林默大喝一声："停！"说也奇怪，刚刚拉上来的船锚又忽地沉下去了。三宝十分恼怒，正要发作，只见林默轻盈一跳，走上船舱，笑道："师傅们不信，我也没办法，就借船上的酒，敬大家一杯。"众人拿出几坛酒倒入碗中，咕噜咕噜喝下去。几碗落肚，不知不觉就睡着了。林默走下商船，施法留住了商船。

夜半，三宝和船工被大风惊醒，掀开舱一看，已是波涛涌天，雨大风猛，才知是那红衣女子救了自己。

次年秋天，三宝从异域返航，船过湄洲岛，带着厚礼去拜谢林默，却遍寻不着，原来林默已于九月九日"羽化升天"了。三宝感念林默大恩，出资为林默修建庙宇，塑造神姑圣像，于是有了第一座供奉妈祖的庙宇——湄洲神女庙。

除去"施法停船"外，情节都是世俗性的，并无特别之处。这些都是林默的具体事功，但民间的感激与崇敬，还在于林默的行为中所体现的品格，也即"德行"：

林默睡到半夜，忽然海面雷声大作，风声呼呼，涛声隆隆，走出家门一看，只见黑沉沉的海面上，有几个生命垂危的人在呼唤。林默急中生智，大声呼叫"阿爸、阿妈、阿兄，你们快起来！"只见林默手一挥，把屋里的油灯摔向自家的茅棚，顿时烈焰升腾，映照夜空。

原来，在恶浪中挣扎的是一支罗马的船队，他们在黑夜中遇上风浪，心慌意乱，正不知所措。忽见空中升起一片火光，知道那里就是靠岸的地方，于是辨清了湄洲岛方向，组织海员齐心协力，拼尽力气把船队开进港湾，终于化险为夷。

天亮后，罗马商人上岸来，看到林默家的残墙断壁，才知道是林默焚屋为他们引航，个个感动不已，要出钱为林家重修房屋。但林默不收，比画着手势说："你们到大宋做生意，大宋子民就应当保护。房屋我们自己会修的，请放心去做你们的生意吧！"

焚屋指航，又不收钱，舍己为人的举动正体现了林默博大的爱心，高洁的操守。

再譬如以下的故事：

林默长到十八岁，出落得落落大方，模样俊俏，随着名声远扬，上门做媒求亲的人络绎不绝。父母几次问她是否相中了意中人。林默脸红不答，问得实在急了，就低头说："爹，娘，你们不要逼我，让我想想再说。"

有一次，泉州府尹托媒婆求亲，小伙子一表人才，素有才名，又到过几个国家，见多识广，几次托人带礼品肖像来，非林默不娶。母亲对林默说："女儿呀，你年纪也不小了，不要挑来挑去挑花了眼，你就答应吧！"林默哭着说："娘，我实话告诉你吧！我自小至今压根儿就没有准备出嫁，我已把身心许给了大海。"

从此林默再也不理媒人提亲的事了。父母很伤心，但知道女儿的性情固执，也就一次次回绝了媒人。

为践行自己的愿望,"把身心许给大海",誓言不嫁,决定舍弃人世的幸福,这是常人难以做到的。从根本上说,"德行"比"事功"对民间具有更大更长久的感召力。不过,此时的林默仍然是人间的女子。

是林默升华为神灵的必备条件。如果林默始终是人间的女子,后面的一切就无从谈起。必须在人间故事中注入神秘的因子,才能从世俗中超脱出来,成为凡人膜拜的神灵。所以,即使是在叙述林默的凡世行状时,这种神化已经开始。先来看林默的出生:

> 传说林默出世颇有来头。那天观世音带着龙女和善财童子,参加王母娘娘的蟠桃会后返还普陀山,经莆田海域上空时,看见海妖作怪,掀翻许多渔船,一股黑气直冲天庭,心中不忍。回到普陀洞府后,思量如何有个海神制伏海妖,为渔民造福。恰巧此时林愿偕夫人来烧香求女。观世音灵机一动,对身边的龙女说:"你到他家投胎,一则了结缘分,二则可帮百姓除灭妖魔。"
>
> 龙女领命而去。十月胎成,林愿夫人果然生下一女。因龙女初来人世,不免惊惑,睁着骨碌碌的眼睛,好奇地打量着,不啼不哭整整一个月。父亲叹气道:"这女儿不会啼哭,就叫她林默吧!"

林默的身份确实不凡,是观音身边的龙女投胎而生,而且事先受了观音菩萨除妖伏魔的使命,而此后林默(包括成为妈祖后)的一切行为都是围绕这一使命展开。佛教讲因缘,这就是林默前世今生的轮回。

而林默的海上救难也被附加上了灵异色彩:

却说林愿父子三人在海上挣扎，一个巨浪扑来，船立即被打翻了。万分危急之时，只见飘来一个小木排，林默站在上面，顶风向落水的渔民驶来……

与此同时，母亲在家见林默坐在织布机前，眼睛闭合，神色紧张，汗流满脸，好像在做噩梦，就轻轻拍了她一下："阿囡，夜深了，睡吧。""哎呀！"林默惊叫一声，醒来，说："我把阿爹、二哥救上来了，被你一拍，大哥就无法救了"，就伏在机上哭了起来。母亲似信非信地骂道："你这丫头，尽说些不吉利的话。"

过了不久，阿爹和二哥回来了，两人边走边哭，回家说起海上遇救一事，竟与林默所言分毫不差。

竟然可以灵魂出窍，去救落水的父兄，民间的想象有时的确大胆得出奇。

类似的灵异不在少数，譬如岛上有一匹铁马，浑身锈迹斑驳，被林默一摸便长嘶一声，获得了生命，从此林默就骑着铁马在风浪中驰奔，四处救难，每救必成；譬如岛上出了一对妖怪，劫人财，吸人血，林默便施法术，几经曲折降服了兄弟俩，唤作"千里眼"和"顺风耳"，跟着林默救难降妖，造福百姓，等等。灵异超常，不同凡俗，正是林默成为海神乃至妈祖的特殊禀赋与天然阶梯。

与观音的特殊渊源。在民间传说中，妈祖与观音菩萨的关系至为紧密，除前面提及的妈祖的出生，还有不少。这里再举两例：

林默目睹了海难，一连数月站在海边，观察天色，测度风向。林默的行为惊动了派遣她下凡的观音菩萨，遂派善财童子作化一白发道长下凡密授玄机，试探其恒心。道长说："好个菩萨心肠，你年纪轻轻，倒有如此决心。你可在观音阁那口井前每日默诵《观音经》，四十九天后必有所赐……"

　　林默不管刮风下雨,还是烈日当空,每日专心诵经。善财为考验林默耐心,有时化作一英俊少年,有时又变成毒蛇猛兽,干扰林默意志。林默不为所动。四十九天后,井中一声巨响,冲出一股青烟,浮起一只乌龟,背负一部无字天书……

海上救险,不但要有好水性,更要懂得天象海况,正是观音菩萨的指点,让林默掌握了过硬本领,成就了一番功业。

妈祖留在人间的年限与羽化升天,也与观世音有关:

　　妈祖是观世音菩萨的门徒,她随观音云游东海,见湄洲岛居民屡遭海怪残害,便请求下凡降伏海怪,功成后再回西天修炼。观音临别吩咐:"二八为期。"

　　龙女转世凡间,投胎于湄洲岛林家。长到十六岁那年,林默梦中听到观音菩萨对她说:"你下凡期限已到,速回普陀山。"林默想自己刚读懂无字天书,没为百姓做过什么,如何舍得!天亮后,林默来到海滩乞求观音宽限日期。一老道走至身边:"神姑心迹,菩萨已知。二八为期,可作两解,既是十六年,又是二十八年。你可再留十二年,既不违师命,又不绝人情!"于是,林默又在人间留了十二年,终于完成了自己的心愿。

　　果然,在二十八岁那年的重阳节,林默升天而去,回到了观音菩萨身边。

民间传说之所以反复将妈祖与观音联系在一起,与以下几种因素有关:一是性别。观世音在印度是男子身,中国人作了本土化改变,更喜欢女儿身的观音。妈祖也是女儿身,而且是中国女儿。女性身上又集中了善良、宽厚、仁慈、同情、爱心等几乎所有的人类美德。二是活动的区域。观音普度众生,云游四方,但其道场在大海中的普陀山。妈祖从小出海打鱼，冒险救难、保护渔商也在海上，地域的同构性自然会发生亲和力。最重要的是精神的内在一致性。观音信仰在东南沿海有巨大的影响力，观音是大慈大悲的最高化身，妈祖救苦扶危，也是悲愿深切，所以让妈祖认观音为师，既合乎情理，又提升了妈祖的地位，可以说妈祖是观音的又一化身，普度众生大悲愿的具体践行者。

海岛女儿林默就这样从尘世间一步步超越，最终进入到超凡入圣的神祇境界，而这也正是宗教信仰类民间故事传说的基本模式和最终的精神指向。

第七章

民间宗教信仰故事叙事模式探析

民间故事传说涉及的内容十分丰富，凡地域风情、历史传说、日常行事、生产方式及礼仪习俗等都成为故事演绎的有效资源，而关于民间信仰的故事传说是其中很重要的部分。这些故事传说主要涉及佛教、道教和海龙王三种信仰，因此，这些信仰也自然成为故事传说的内在精神动力。民间信仰的故事传说在长期的流传中形成了自己的叙事传统，在叙事立场、视角、情节展开与结局等方面具有许多共通性的特征。本节通过考察舟山民间信仰的故事传说，特别是观音故事传说的叙事模式，进而探寻叙事背后潜隐的精神结构，揭示民间的价值取向与复杂的文化积淀。

第一节 佛魔斗法的二元结构

神魔斗法的故事至少从六朝的志怪小说中已初露端倪，后来的诸如《封神演义》、《西游记》等长篇小说则蔚为大观，具有鲜明的浪漫主义特征。民间观音故事同样引入了这种二元对立模式。不同的是，神是上天的玉皇大帝所差遣，观音是佛，是西天极乐世界传播福音的使者；神与魔的斗法往往掺杂着复杂的动机，而佛与魔斗法的动机则要单纯得多，即始终围绕着善恶、正邪展开，昭示佛法（善、正）的广大无边。

先来看《观音兴山迁红蛇》的故事：

> 数千年前，普陀山还是座无名、无人的荒岛。这天，观世音菩萨奉西天佛祖之命，前来开辟道场。
>
> 她驾祥云刚刚在现今的"观音跳"景点落脚，一个眼若铜铃的红脸汉子就从潮音洞那边飞奔过来，此时，他眼中的观音是位僧人，就大声吼道：
>
> "你来做啥？"
>
> "我来开佛教道场。"
>
> "这里是蛇岛，我是蛇岛之王，要开道场请你另选山头。"
>
> "这哪是什么蛇岛？这是普陀洛迦山，是千千万万劫前，佛祖经书上就写明的呀！"
>
> 蛇王说："这东海大洋上无数座山，谁能证明佛经写的就是这座山？"

故事讲的是普陀山成为观音道场的由来。此时的普陀山荒无人烟，是化外之地。故事一开场，就将佛与魔置于尖锐对立的境地，一个要开辟道场，一个早已占山为王，坚决不肯退让，由此斗法开始。蛇王自夸的本领是能用身体绕岛三周，一点不长一点不短，以此证明做岛主是天经地义的。但蛇王的本领在观世音眼中不值一提，当蛇身快要绕完第三周，观音略施佛法，蛇身怎么也连不起来。蛇王要观音显本领，观音轻易让顽石生出了一片紫竹林。蛇王才心服。但观音并未赶尽杀绝，而是让蛇王到东福山安身，并变法移了一朵祥云在山顶，让蛇王住得舒服。所谓魔高一尺，道高一丈，比法之前，其结果早就定了。

海龙王信仰也是东海区域人民的重要信仰。但民间对海龙王怀有复杂的情感：一方面，鱼族是海龙王的子民，渔业的歉收都要靠龙王的恩赐，所以渔民不得不竭力讨好龙王，如船桅上悬挂龙王旗，冬至日用猪头等供品祭龙王；另一方面，海龙王又喜怒无常，兴风作浪，时常制造海难和死亡，所以渔民又对海龙王深怀恐惧。因此，借助观音的佛法对海龙王实施惩罚，自然成为渔民排泄内心不满的有效途径。不过，民间故事中观音与龙王的斗法并非正面冲突，而是巧妙地通过中间环节实现。"二龟听法"是普陀山的一个著名景点，民间故事《二龟听法石》在追寻景点来源时恰好展示了观音与海龙王的斗法：

　　西天磐陀石附近的山坡上，有两块状似海龟的石头，人称二龟听法石。有人为这两只石龟写过一首诗：

　　听说磐陀着地灵，普门曾此坐谈经。
　　二龟何事翻成石，想是当年不解听。

　　很早很早的时候，普陀山上还没有僧众寺院，观音独自修道，每天夜里端坐在磐陀石上念经。在星光灿烂之夜，月色朦胧之时，她的声音更加优美动听，吸引了山上的飞禽走兽，海里的鱼鳖虾蟹。每当观音念经，它们便纷纷来到磐陀石周围，观音不走，它们不散。

　　这个消息传到东海龙宫里，海龙王好生惊奇。一天夜里，他悄悄来到莲花洋，果然发现许许多多水族，如痴似醉地抬着头，在听观音念经。海龙王想：这观音念的是什么经呀？竟能打动水族的心！若能把它弄到手，坐在水晶宫里念念，那些水族不就会更听我的话了吗？海龙王越想越美，乐滋滋回到水晶宫，当即召见龟丞相，要他设法将观音念的那部经偷回来。

　　龟丞相伸伸脖子，拍着胸脯对海龙王说："这好办！九九八十一天以后，我一定把那部经偷来献给您！"龟丞相手下有两只海龟，记忆力极强，龟丞相叫他们每天晚上去偷听观音念经，天亮前回龙宫复命。

两只海龟奉命偷经。起初，他们只在莲花洋里，夹杂在鱼虾中间，探头探脑地默默记诵，后越听越有味道，便渐渐靠近观音洞。到第八十一夜，他们竟偷偷地爬到磐陀石附近的山坡上，吓得飞禽走兽飞的飞，走的走，引起一阵骚动。这时，坐在磐陀石上的观音一眼看见了这两只海龟，知道是海龙王派来偷经的，不觉微微一笑，经念得更加悦耳动听了。两只海龟听得入了迷，敲四更没听到，敲五更还不动身，直到东方透红，观音离开了磐陀石，他们还在那里一动不动。这是怎么一回事？原来观音一向主张"众生平等"，如今海龙王要海龟前来偷经，是为了变个办法制服水族，这与佛家的宗旨是相悖逆的，观音当然不能让他这么做。于是念经之时，略施小术，悄悄地将海龟点住了。从此，这两只海龟，一只伸着脖子，一只抬着头，一直保持着这个模样，再也不能动弹了。

海龙王和龟丞相满怀喜悦地在水晶宫坐等，可是等呀，等呀，始终不见海龟回去，他们哪里知道，二龟早已僵化成石头了！

在这里，海龙王自私、好嫉妒，又有极强的统治欲，与观音的大度慈悲形成鲜明的反衬。

类似的还有用佛法镇住作恶小龙的《太子塔》：

很早以前，普济寺与梵山之间，是一条很长的沙滩，口子外面，就是现在的百步沙。潮水一涨，海浪会涌到普济寺的山门跟前。到了八月大潮汛，潮水涨得就更高了。

有一年，元朝的一个皇太子到普陀山来烧香拜观音。那天，正是八月中秋节，皇太子坐在大圆通殿门前，听潮赏月。突然，一阵狂风把他吹倒了，太子帽也被狂风刮到海里去了。

太子吓了一跳，忙问住持和尚："这风咋会介猛，是啥东西作怪？"

住持和尚告诉太子：山门前的沙滩下面蛰伏着一条小龙，这小龙原住在海里，它老是腾上翻落，兴风作浪，让护法神打了一鞭，背脊骨打断了，才到沙滩下面来养伤。有时候，它会喘口气，打个滚，舒展一下龙身。它一动，山上会刮风，海上会掀浪，真作孽！

皇太子问："小龙作孽，有啥法子能把它镇住？"

住持和尚说："要镇住孽龙勿难，只要造宝塔就好了！"

皇太子听了，高兴地说："那好，我愿奏明父皇，传旨造塔，镇住孽龙！"

住持和尚连忙合掌施礼："太子愿意造塔，真是菩萨保佑！"

第二天，住持和尚带着几个泥工石匠，来到沙滩上，抓把沙泥，放在鼻下闻一闻，蹲下身子把耳朵贴在沙滩上听一听，从东到西，从西到东，来回走着。最后，他来到离百步沙勿远的梵山口，用禅杖在地上画了个圈圈，说："就在这里造塔！"

皇太子勿晓得这是啥意思，住持和尚告诉他：要造塔镇龙，这塔就要造在孽龙的咽喉七寸处！皇太子听他讲得有理，便派一名黄衣官监，留在普陀山监造宝塔，自己回京去了。

整整花了一年，一座四角玲珑的塔造起来了，这就是现在的多宝塔。因为这座塔是元朝皇太子造的，所以又叫"太子塔"。

塔造好的那天，正好又逢中秋节，小龙又苏醒过来了，它想伸伸腿，舒展一下龙身，可是它感到浑身勿自在，睁开龙眼一看，四根又粗又长的石柱，紧紧卡牢喉咙头，无法动弹。这下急煞了，想用龙角把石柱碰断。可是，上面有《法华经》镇住，随它咋碰撞，无法挣脱。它一时性起，猛抬头，重重地打了个喷嚏，一阵狂风，把塔顶卷到海里去了。眼看塔身就要倒塌，黄衣官监急煞了，赶紧去找住持和尚。正在这辰光，忽然，"忽啦啦"一声，禅寺后院金光闪闪，有一间一直锁着不用的破矮屋，竟会锁落门开。大家进屋一看，里面供着一张佛桌，桌上放着莲花宝台，宝台上有只金光闪亮的琉璃佛钵，佛钵上有一张用黄绢写成的字条："多宝塔镇孽龙，琉璃钵平妖风。"

住持和尚一看，赶紧捧起琉璃佛钵，行三步一拜大礼，爬上多宝塔，把琉璃钵放在塔顶上。说来奇怪，立时三刻，风浪镇住了，多宝塔也勿再摇晃了。

从此，潮水只涨到百步沙为止，多宝塔也稳稳当当的兀立在普陀山！

有意思的是，观音与龙王的斗法，又扯进了道家中人。《八仙请观音》中说八仙去游普陀山，各显神通，飞越茫茫大洋。突然，一座小山似的青灰色海礁挡住去路。八仙往哪面走，礁石就移到哪面。吕洞宾用剑去砍，礁石又变成海绵一般，毫发无伤。只听哗啦啦一声巨响，恶浪飞卷，礁石变成了一条大妖鱼。妖鱼自然是海龙王的部属，专门来寻八仙茬的。吕洞宾再举宝剑猛砍，妖鱼后尾一扫就将宝剑扫落水中。又背脊一拱，将铁拐李、曹国舅的拐杖和云板弹到半空，喷出水柱，将张果老、韩湘子的葫芦和仙笛冲到九霄。就是汉钟离扇起半海浪涛，也只能让妖鱼在波涛间自由穿梭，快活无比。无奈之下，八仙只好去潮音洞请观音帮忙。"观音叫善财童子到紫竹林采来一条细长的竹枝，随八仙前去除妖。吕洞宾暗暗冷笑：'一条竹枝算得什么宝贝？我倒要看看她怎样除法！'"观音收起莲台，一脚踏上鱼背，鳌鱼猛觉有万钧之力，狂跳起来，撞得海上波涛连天。观音扯住鱼鳍，用竹枝拴了鱼鳃，一声高喝："孽障！快还了宝器！"妖鱼动弹不得，只好交出宝器驮着观音出游四海去了。八仙见观音不费力收服了鳌鱼，钦佩不已，同时扫了游玩兴致，怏怏而回。自然，由此也种下了海龙王对八仙的仇恨，这便是舟山民间的一大忌讳"七男一女不同船"的由来。

斗法的对象除海龙王，还有天神。《观音收金刚》中的四大金刚是守卫神界南天门的大将，威名远扬，听说普陀山建起了观音院，香火兴旺，决意亲眼看一看：

四大金刚从天上来到人间，游山逛水，这时候人也乏了，肚子也饿了，一个个抱怨起观音来！"这位大士也太不讲情面啦，俺四大金刚驾到，她竟连面也不露一露！"

"嘿，什么海天佛国，连个布施斋饭的地方也没有！"

"什么大士小士，让俺碰到了，非给她点厉害瞧瞧不可！"

正说着，忽见前面紫竹林里飘出一股炊烟。四大金刚连忙甩开大步赶了过去，找到了那间冒着炊烟的小屋，从窗口往里一看，只见一位白衣素服的青年女子正坐在灶前烧火，一阵阵饭香飘出窗外。四大金刚更觉饥肠辘辘，垂涎三尺，便打雷似地叫喊起来：

"吠，小娘子，这锅饭给俺们吃吧！"

说也奇怪，任凭他凶神恶煞般大喊大叫，那女子镇定自若，不慌不忙，只顾自己干活。四大金刚见来硬的不行，只得换副面孔，好声好气地求她布施一顿饭。那女子这才转过脸来，淡淡一笑说："进来吧，屋里坐。"

四大金刚听得一声"屋里坐"，当即想道：屋子这么小，俺们的个头这么大，怎得进得去？但为了吃饭，他们仍一个个低头弯腰地往屋里挤。嘿，真怪！那屋子好像变大了。四个人一边一个坐在饭桌周围，还感到挺宽敞的。

其中一个红脸金刚开口说："小娘子，俺弟兄都是大肚皮，饭还得请你多烧几锅！"

"四位将军只管放心，我做的饭保管你们吃饱就是。"那女子提起竹篮，有礼貌地说："我洗衣服去了，你们自己盛饭吧！"

四大金刚见小娘子走出门去，便争着去盛饭。红脸金刚抢在前面，一手端碗，一手去揭锅盖。怪了！那锅盖像粘在灶上似的，怎么提也提不起。红脸金刚恼火了，放下碗，腾出两只手来，握住锅盖柄使劲往上提，还是提不起。他喘了口气，张开双臂抱住锅盖拼命地摇，那锅盖依然纹丝不动。黑脸金刚看了哈哈大笑："真是饭桶，连只杉木锅盖也拿不动。闪开，瞧你大哥的！"说着，伸出蒲扇般的大手，抓住锅盖，猛地往上一提。这下好，锅盖没揭起，他自己倒因为用力太猛，手打滑脱，跌了个四脚朝天。白脸金刚想了个主意，叫大家排成一行，打头的抓锅盖，后面的依次抱住前一个人的腰，大家打着号子，一齐使劲往后拉。"哎哟！嗨作！哎哟！嗨作！"四大金刚拉了又拉，那锅盖却像长了根似的毫无动静。

"吱呀"一声，门开了。那女子洗好衣服，站在门口往里瞧，只见四大金刚躺在地上，一个个气喘吁吁，咧着嘴，斜着眼，哭不像哭，笑不像笑，"风调雨顺"四件兵器也跟烧火棍一起丢在灶脚边，刚才那副威风凛凛的架势，不知跑到哪里去了。那女子冷冷一笑说："四位将军想是吃饱了饭没事做，躺下歇息了？"

红脸金刚一听急了，忙辩解说："不不！小娘子，那锅盖……俺们……揭不开……"

那女子听了轻蔑地一笑："四位将军不是要拿点厉害出来让人瞧瞧吗，怎么连小小的锅盖也提不动呢？"说着，伸出两个手指，轻轻一提，就将锅盖高高揭起："喏，请盛饭吧！"

四大金刚面面相觑，不知如何是好。还是白脸金刚机灵，跳起来大声说道："弟兄们，没错，她就是观音大士，观音大士就是她!"

　　经他这么一提醒,其余三个金刚也一骨碌爬起来,向观音齐声谢罪:"还望大士开恩,恕俺兄弟冲撞您菩萨了!"

　　观音毫不介意地微微一笑,转身晾衣裳去了。四大金刚自感法行浅薄,羞愧难当,一时连饥饿也忘记了。那红脸金刚最要面子,他对三位兄弟说:"今日俺们连只锅盖都揭不开,回去岂非要被天兵天将取笑?依我看来,还不如留在普陀,归附大士为好。"另外三位金刚一听,也正合心意,便一起恳求观音给点活儿干干。观音收留了四大金刚,叫他们看管普陀山各大寺院的山门。从此以后,普陀山寺院的山门内,都筑起了天王殿,供奉这天上来的四大金刚。

　　佛魔(或佛神)斗法,其故事的张力就来自两种相反相争力量之间的较量,讲述者采用的都是全知全能的上帝视角,操纵着整个故事的走向,也就是说,故事的结局早已被决定好了的。这也是传统小说的故事模式,世界(或事物)是完整清楚的,完全可以被人掌握,而时间则是常规有序地展开的。当然,斗法的双方有时是势不两立,绝难妥协的,有时又无伤大雅,渗染了民间喜剧性的因素,具有消遣和娱乐的功能。而佛魔(或佛神)斗法的实质是人按自己的需要赋予了观音无比的法力德行,成为人类力量与愿望的最高体现者。

第二节　点化与普度:叙事的内动力

　　在民间传说中,观音常常充当着精神导师的角色,点化众生,拔除雾障,让生命消除了世俗的邪念与罪孽,并超越个体而走向博爱宽容。而被点化与普度的对象各不相同。

　　第一类对象是佛界人士。《观音与善财童子》中说善财童子从小看破红尘，发誓要修行成佛，接连参拜了文殊菩萨、善住和尚、弥迦长者等五十三名大师，听说南海有观音，便来到海边：

他兴冲冲地找船渡海，好巧，他看到岸边正停着一条船，船上有一位头发花白的老艄公。善财过去对老艄公说："老伯伯，我想到对面普陀山去，烦老伯渡我。"

老艄公望望天，说："你要渡海到普陀山，我这小船倒也可以渡你，只是这大海，我这小船怕经不住风波，容易出危险，再则，我刚才观望天象，今日会有大风，坐我这小船就更危险了。我看你要是怕危险，就等天气好坐一条大船，稳稳当当渡过去。你要不怕危险，着急要走，我老汉也可渡你。"

善财说："老人家，我是要去朝拜观音菩萨的，我早已想见菩萨，这里又只有老伯这条船，我不愿再等，我不怕危险，就烦老伯渡我。"

老艄公说："既然如此着急，我老汉也就答应你，渡你过去。"说着，让善财上船。老艄公就摇桨开船，向普陀山驶去。

刚走，天气晴朗，风平浪静。但是，船一进到大海面，天气骤变，海上忽然狂风大作，而且，天昏地黑。狂风掀得巨浪冲天，波涛汹涌翻滚，小船在大风浪中像是一片树叶，被刮得东倒西歪，团团转。一会儿，巨雷轰响，闪电划破海空，刹那间，大雨倾盆而下，把老艄公和善财浇得像落汤鸡一般。老艄公对善财说："风太大，危险，怎么办？不如返回去如何？"善财说："老伯，不回去，我不怕危险，只要老伯你敢开，就往前开吧！"老艄公说："这风雨要是不停，越往前开越危险，你小小年纪，难道不怕死？我老汉倒不在乎，可以奉陪你，你可要拿好主意，要是怕危险，就往回返，就会安全得多。"善财说："老伯伯，我不怕，我今日非要过去不可。我诚心来到这里，要拜见观音菩萨，万死不辞。"老艄公说："那好吧，难得你有这样死都不怕的诚心，老汉就奉陪你到底。"老艄公看善财真是意志坚定，心中甚是高兴。原来这老艄公就是观音菩萨的化身，她知道善财今日要来朝见，为了看看善财的诚心，就化作老艄公，又使神通生起风暴，现在看到善财确是一片至诚，甚感欣慰，便十分喜欢这善财，于是和善财一起顶着风暴继续往前划。说来也怪，这风暴来得急，去得也快。当善财让老艄公坚决顶风前进，这突然兴起的特大风暴霎时就停了下来。海空又一碧万顷，阳光灿烂，风平浪定。暴雨过后，南天还升起一弯彩虹，彩霞喷薄，分外绚丽，像是在欢迎善财来普陀山。善财童子就这样成了观音的护卫，观音的左胁侍。

关于观音收善财，民间又有另一种版本，在《心字石》中，善财童子"从小没爹没娘，是个苦孩子，靠卖水为生"。一次，他听到水井里喊救，捞上一只瓶，打开瓶盖，冒出一团黑云，变成青面獠牙的大汉。原来是被关了五百年的黑蛇精。黑蛇精恩将仇报，要吃善财，善财与他评理，正危急时，来了一个小姑娘，正是观音化身，拿出净瓶收了蛇精，并批评善财"虽心地善良，可是善恶不分"，带善财童子到普陀山继续修炼。至今蛇精还被压在西天门山石下，上面刻了大大的"心"字，意思是"佛心、蛇心，善恶分明！"后一个故事很像阿拉伯民间传说《渔夫的故事》。两个故事一是崇尚诚心与坚韧，一是告诫要有善恶原则，不可因一味善良而失了辨别的理性。

类似的还有《观音度弥勒》：

弥勒成佛之前，是大财主家的少爷。从小长得白白胖胖的，整天笑哈哈，心肠又特别好，总是把家里的财物施舍给穷人。到后生时，万贯家财被送得精光，最后连身上的衣裳也施舍掉了，只穿着一条裤子。可是他一勿悔二勿愁，整天赤着膊，乐哈哈地腆着肚子。

　　观音大士得知此事后，心里很赞赏弥勒的为人。但耳听是虚，眼见为实，她要亲自去试一试这位后生，倘若传说无讹，便引度他到普陀山成佛。一天，观音扮成一个穷姑娘，找到了弥勒，求他施舍。弥勒实在为难了，身上只穿着一条裤子，除此之外别无它物，总不能当着姑娘的面，脱下裤子施舍给她吧。他摸着肚子憨笑着说："大姐稍待，我到殷实人家去讨点东西来给你。"说罢转身就要走。观音微微一笑，叫住了弥勒："慢！我这里有两盆花草，你我各占一盆。要是你的那盆花卉先开，我就不要你的施舍；要是我这一盆先开花，你就得将自己的财物施舍给我，只是不要讨来的东西。"弥勒一听，乐得直笑，连声说"好"，其实心里没有一点底。

　　观音和弥勒各自面前放一盆花，闭目静坐。一个时辰后，观音微微张眼，见弥勒那盆已开花。就悄悄地调换了花盆。然后故作惊喜地叫了起来："我这盆已经开花啦！"弥勒虽然老老实实地闭着眼睛，但观音暗换花盆之事也略有察觉，心想："人家是大姑娘，我理该让着点，何必与她计较呢！"便睁开眼睛，憨笑着说："我输了，我输了！"观音见他这个模样，也笑了，说："你输了，就该施舍一点东西给我！"弥勒搔搔后脑勺，摸摸胖肚子，笑嘻嘻地说："这位大姐，你也看得出，我实在没有东西可给你了。要么，我还有这根裤带！"说罢，解下裤带给了观音，自己双手提着裤子，乐得哈哈直笑。

　　观音很感动，便将自己的真相和来意告诉了弥勒。弥勒一口答应，跟着观音大士来到了普陀山。观音院护法神韦驮，见观音菩萨身后跟着一个赤膊后生，双手提着裤子，乐哈哈地憨笑着，不觉眉头一皱，眼珠一弹，降魔杵一举，雄赳赳气昂昂地往大殿门口一站，对弥勒喝道："站住！"观音见弥勒被挡在大殿外，急忙向韦驮解释，韦驮这才呆愣地放弥勒进去。观音看看弥勒，看看韦驮，开口说道："弥勒笑口常开，可迎四方香客；韦驮威武长在，宜守佛殿护法。"

从此以后，弥勒、韦驮与四大金刚一起，守护在天王殿里。弥勒佛面朝大门坐着，始终是那副乐哈哈的样子。

故事轻松风趣，充满喜剧色彩，这也是民间传说的一大特征：不森严不沉重，也不抽象说理，别有一番情趣。

第二类是小民百姓，其行事往往因为欲望太盛而受到惩罚。《飞沙吞》中的穷汉得财三十岁还是光棍一条，便去普陀山求观音保佑早日发财：

得财到了那里，看着这片海涂，忽然心生一计，暗暗盘算起来：我要是能弄到一只舢板，就可以在这里摇船摆渡，一来行善积德，二来自己下半辈子也算有了着落。他越想越觉得这个主意不错，离开梵音洞之后，便在海边搭了一座茅草棚，求香客们捐献买船钱。香客们觉得这是件好事，便纷纷解囊相助。

几个月过去了，得财算了算香客们捐献的铜钿碎银，买只舢板绰绰有余。可他看着这些白花花的碎银，叮当响的铜钱，却改变了主意："嘿嘿，这条财路千万断不得，我还没有住上瓦房呢！"

到了第三年，得财用香客们捐献的买船钱造起了三间瓦房，添置了家具，还娶上了老婆。得财看看自己想要的基本上都有了，这才叫人打造了一只舢板，在青垒头和普陀山之间摆渡。可是摇了几天渡船，觉得这个营生又苦又累，进账不多，于是他脑子一转，又想出了一个赚钱的名堂。他买来一尊观音小佛像，供在船头上，又将一只咸菜甏放在佛像前，甏上贴张红纸条，上写"慈航普渡，随缘乐助"八个字。每天，他都可以从鬓里掏出许多钱来。要是香客们往鬓里丢的钱少了，他就故意把舢板摇得东荡西晃，吓得善男信女们惊惶失色，不得不跪在佛像前祷告，并将更多的铜钿碎银丢进鬓里。香客们心里恨他，但又不敢得罪他。他们得靠这个艄公来回摆渡呀！

有一天，得财见无人来摆渡，便把舢板泊在岸边，拿出一壶老酒和几截鳗鲞，坐在后艄悠闲自得地吃喝起来。

"艄公，摆渡喽！"突然，岸上传来脆滴滴的唤声。得财扭头一看，嗳唷，是个十分标致的大姑娘！只见她手挽一只小竹篮，半篮黄沙金灿灿，素色衣服一身新，好似仙女下了凡。得财心里痒痒的，连忙放下酒杯，伸手去扶姑娘上船。那姑娘也不理睬他，轻轻一跳，便上了船。得财尴尬地把橹一扳，舢板离岸。他见两岸无人，就慢吞吞地摇着橹，两只眼睛紧盯在姑娘身上："女香客，你是来求福还是求子呀？"那姑娘正襟危坐，微微冷笑："我求善！"

"啥，求船？"得财轻浮地笑着说，"龙船也是船，舢板也是船，姑娘来求船，在下便是船！"说罢，右脚把船舷猛地一蹬，右手把大橹狠命一推，小舢板剧烈地摇晃起来。可是，姑娘毫不惊慌，微笑着，稳稳地坐在那里，好像舢板越晃她越惬意。等到得财摇得精疲力竭，船在后艄装死的时候，那姑娘竟走了过去，操起大橹就"吱呀"、"吱呀"摇了起来，摇得既快又稳当。

"嘿，女香客，摇船真有功夫！"得财趁机边说边去捏她的胳膊，谁知竟捏在硬梆梆的橹柄上！他再寻那姑娘，哪里还有影踪？连那只小竹篮也不见了！得财不由大吃一惊。正在他惊慌不安时，突然狂风骤起，巨浪接天，那舢板被风浪掀起，"嘣"的一下，撞在岩石上砸得粉碎。得财好不容易爬到岸上，赶紧向自己家里跑去。到山脚下一看，那三间瓦房已被狂风刮得无影无踪，老婆也不知去向，得财又穷得和三年前一模一样了。

原来，那位摆渡的姑娘正是观音大士的化身。

相反，凡是行善乐助者则会得到回报。《赤脚观音》中的瑞珠被强盗抢去做压寨夫人，路上被关在客栈里，不断哭泣。

来了一个拄拐杖的白发老婆婆，求瑞珠施舍："姑娘，行行好吧！我是个无依无靠的孤老太婆，你能帮帮我吗？"瑞珠看着这个孤苦伶仃的老婆婆，心里非常同情，想不到世上还有跟自己一样命苦的人。她连忙拿起强盗给她送来的一点干粮，说："老婆婆，我也是个落难之人，就这点干粮，你吃了填填饥吧。"老婆婆接过干粮，也不道谢，慢慢吃了起来。吃完了，又叹口气说："唉，今夜还不知道在哪里过夜呢。"瑞珠说："老婆婆，今夜就睡在这里吧。"说着就将她扶到床前。老婆婆也不客气，放下拐杖，脱了鞋子，倒头便睡，一会儿功夫便呼呼睡去。房里只有一张床，让老婆婆睡了，瑞珠只好坐在屋角为自己的遭遇伤心落泪。这样熬到半夜，实在累了，不知不觉睡去。等到瑞珠醒来，天色已亮，抬眼一看，床上的老婆婆不见了，脱在床前的一双鞋还留在那里。瑞珠想："这老婆婆也真糊涂，怎么会忘记穿鞋呢。这么大年纪，不穿鞋怎么走路？"想到这里，就把老婆婆的鞋子收起来藏在身边，心想遇到老人就还给她。

不一会，强盗带上瑞珠乘船出发。船刚驶离六横，好端端的海上突然起了大风。大浪夹头夹脑打来，一会儿工夫，船就翻了个底朝天。当瑞珠掉进海里的时候，那双鞋也掉了出来，立即化作两片荷叶，将瑞珠托出水面。强盗们都淹死喂了鱼鳖，而瑞珠却稳稳当当地踏着荷叶，乘风破浪一直漂回六横岛。瑞珠一上岸，那两片荷叶立即化作一股轻烟，随风飘往普陀山方向去了。

　　瑞珠与双亲团圆了。乡亲们都来庆贺。瑞珠把脱险经过说了一遍，说到那老婆婆赤脚走了的时候，大家齐声说：那老婆婆一定是观音的化身。就这样，赤脚观音的故事传开了。

　　第三类是恶人受点化而行善，最典型的是《十八响马成罗汉》。故事开篇先埋下伏笔：

　　　普陀山小和尚外出化缘，师父要他化三千九百六十五粒白米，每户只准化一粒。期限已到还少十粒，便在田里偷了十粒。师父大怒，罚他去稻田主人家做十年苦工。小和尚找到观音，观音让他先去做牛。十年后主人家的女儿已经长大。

　　　这年六月十八日，姑娘正在山坡上牧牛割草，有个老婆婆悄然而至，对她说道："姑娘，今天夜里，有十八个响马来你家门口比武，取胜者要娶你去做压寨夫人！"姑娘一听，眼泪扑簌簌流下来。老婆婆劝道："莫哭！莫哭！我告诉你一个办法。"就对着姑娘耳语一番，然后在牛背上轻轻拍了三下，又悄然离去。

　　　当天夜里，果然来了十八个响马，在姑娘家门口比起武来。正打得不可开交的时候，突然有人叫道："姑娘骑牛跑啦！姑娘骑牛跑啦！"众响马一看，举刀直追，足足追了十八里。眼看姑娘就要被捉住了，那个老婆婆突然闪身而出，拦住十八个响马，问道："你们知道这头牛的来历吗？"十八个响马个个莫名其妙，卜楞卜楞眨着三十六只眼睛。老婆婆便将小和尚偷摘十粒稻谷，变牛十年赎罪之事说了一遍，说得十八颗心七上八下地翻腾。他们想："小和尚只偷摘十粒稻谷，就要罚做十年牛，我们这些人的罪孽就更重了，不知要落到何种地步！"十八个响马越想越不敢想，一个个丢掉手中快刀，挨个儿跪在老婆婆面前，异口同声地求她指条出路。老婆婆笑了，合十道："阿弥陀佛！放下屠刀，立地成佛。尔等既有改恶从善的决心，就跟这头牛到普陀山去吧！"说着，在牛背上拍了三下，头也不回地顾自走了。

此时他们才明白，老婆婆就是观音菩萨。从此，他们就在紫竹林住了下来，白天在紫竹林劳作，晚上到观音院念经，后来都修成正果，被观音菩萨收为十八罗汉。

响马的改恶从善似乎太容易了些，却证明了人们对人性救赎仍抱有足够的信心。

不管是佛界人士的修炼成果，普通百姓的觉醒或受罚，还是作恶者的幡然悔悟，只要观音一出现，事情立刻就出现了重大转机，显示了佛法直抵人心的强大力量。无论故事情节如何千变万化，推进发展的内驱力始终是佛法的点化与普度。一切都是明确的，意旨导向的最终结局不存在任何悬念，由此也造成了这类故事形式上的大同小异，并带有明显的"主题先行"的印记。

第三节　俗世关怀：故事衍生的基点

佛教对宇宙人生有一套独特深刻的理论体系，提倡众生平等、弃恶扬善、因果报应等自然体现着普度世俗的人间情怀。但佛教的这种关怀更多侧重于要人们看破红尘、放弃执念、追求来世超升的极乐世界，而在民间故事中，佛教的这种超越因素被大大稀释了，也即是说，不是要求人们弃绝世俗生活，而是利用佛法为世俗人生服务，信仰上的功利性和实用主义，使佛教在民间更具有凡俗的气息，因而也更具有亲和力。这正是民间信仰的显著特征。而观音是大慈大悲的化身，典型地体现了佛教救赎人间苦难的情怀。因此，俗世关怀也便构成了民间观音故事的牢固基点。具体表现在以下几个方面：

一是对修道者人生目标的修正启示。《梅福庵和炼丹洞》中的梅福刚正不阿，几次上书王莽铲除乱臣贼子，改革弊政。王莽篡汉，要除掉反对他的人，于是梅福成了钦犯，押解途中，一只他救过的小鸟（神鸟）作法，砸碎刑枷，一阵狂风把他吹到了海中的普陀山，便在一个石洞里隐居下来，静坐炼丹，再也不管人世间的烂事了。按正常的逻辑，梅福自然会变成一个修道的高士，清静无为，长命百岁。但观音的介入改变了一切。几百年后，观音在普陀山建立道场，某一天见到梅福鹤发童颜，骨骼不凡，便故意问他："佛门念经讲法，是为超度众生，你设鼎修道，却是为何？"梅福无言以对。观音又说："你只想躲避乱世，以保自身，可知凡间众生受苦？何不为民除妖？"梅福愈想愈觉得观音说得有理，于是走出炼丹洞，离开普陀山，云游各地施药济世去了。

很显然，观音对梅福的清静无为、独善其身并不赞赏，因为其行为与佛法的悲悯情怀相去甚远。其中当然也渗透了民间的价值取向，即面对乱世，智识者不应忘情于世俗人生，自命清高，而应积极入世。在这里，佛与儒是一致的，与道教则有明显的区别。

二是对普通民众的济难救困。《送子观音》里的道士炼了不死丹，缺小儿心做药引，便从方圆百里的村庄盗了一百个小孩，准备剖腹取心：

　　这天夜里，刚在泉州造好洛阳桥的观音菩萨回普陀山，路过那座道观，忽然听见众多小儿的哭喊声，不觉心头一沉，急忙按下莲花云，舒展慧眼一看，不好！道观里烛光惨淡，破桌上放着一粒丹丸，一个道士正磨刀霍霍，百来个小儿哭成一团。观音心里明白了，悄悄伸出手一弹，将不死丹弹到地上，骨碌碌从道士面前滚了过去。道士一愣，慌忙爬到地上去捡。不料，不死丹一触即滚，弄得他手忙脚乱。这样滚滚爬爬，爬爬滚滚，一直滚爬到室外，眼看就要到手，突然一阵清风，将不死丹吹得无影无踪。道士悔悔恼恼，回到暗室一看，一百个小孩也不见了。

原来，观音将道士引出暗室后，趁机救走了小孩。她想，丢失儿子的父母一定十分焦急，得赶紧把孩子给他们送去。可是，小儿不知道家住哪里，说不清父母是谁，这可怎么办呢？观音想呀，想呀，突然眼睛一亮，有了！她听说这里州官年过四十，膝下尚无子女，老百姓背地里骂他"贪赃枉法，断子绝孙"，无疑是个贪官。观音正想治治他，便悄悄地将一百个小儿安放在州府衙门。

此时，州官夫妇正为没有儿子而斗嘴，忽见衙役匆匆来报，说衙门口有一百个小儿，不知从何而来。夫妻俩一惊，急急忙忙赶到大堂一看，果然有一百个小儿挨个儿恬然小睡，个头齐刷刷，面孔红彤彤，煞是讨人欢喜。州官捋着山羊胡子笑了，说："养起来，统统养起来！周文王有一百个儿子，我也养他一百个！"官太太嘴一撇，说："你养得起呀？我看还是贴出布告，叫百姓们前来认领，每个小儿交十两雪花银！"州官一听急了，吼道："那也得留下二三个！"衙役马上迎合道："老爷夫人，有了儿子，又有银子，真是双喜临门！"夫妻俩听了，这才开心起来。于是州官连夜写布告，叫衙役到四城门张贴。

第二天清晨，衙役又匆匆来报："老爷，不好了，布告给人改了！"州官一骨碌从被窝里坐起，愣着眼睛问道："谁改的？怎么改的？"衙役回答说："改成这么四句：'求来百个小儿，养在州府衙门。传言失儿父母，赶快前去认领。'却不知是谁改的。"州官发火了："蠢货，你不会将布告揭回来呀！"衙役嗫嚅道："揭了，就是揭不下来！"这时，又有一个衙役来报："老爷不好了，有个青年女子，领着许多男女，将一百个小儿全都认领走了！"州官猛地跳下床来，跺脚喝道："快将她抓起来！"衙役哭丧着脸说："那女子说了，老爷若要抓她，可上南海普陀！"州官夫妇一听，大吃一惊，心里想道：这个青年女子，莫非是观音菩萨！夫妻俩越想越怕，忙跪在地上叩头谢罪。

观音送子的消息很快在民间传开了。有人还塑了送子观音的佛像。没有儿子的夫妇便双双去"求子"，求送子观音给他们送个白白胖胖的儿子来。

民间故事中的观音很有人间气息，并不高蹈凌虚，其行事总是与普通人的日常生活相关。譬如《短姑道头的故事》中，姑嫂两人省吃俭用，用十年时间积下路费到普陀山烧香拜观音。小姑刚好来了月经，身子不干净，无法进佛门圣地，只好独自呆在船上，被潮水包围，又饥又渴，越想越伤心。于是，"从紫竹林那边走来了一个老婆婆，一手提着竹篮，一步一颤地来到航船停泊的地方"。老婆婆从竹篮里捧出香喷喷的饭菜给小姑吃，而她一路走来抛下的小石子化成一块块礁石，变成了一个码头。船老大回来说这准是观音菩萨，嫂嫂不信，跑到大雄宝殿，见观音的衣裙还留着海水打湿的痕迹呢。从此进山拜佛的信众愈发旺盛。在这里，既宣扬了诚心必有回报的因果观念，又在佛法的弘扬与信仰者的心灵需求之间搭起了一座沟通的桥梁。

三是对当权者为政不仁的惩戒。"蓬莱岛"自秦汉以来一直被视为神仙居住的极乐世界的象征，但在《观音泼水淹蓬莱》中则被还原成苦难现实的写照：岛上来了一个贪婪凶残的国王，大造王宫，奴役百姓，滥用刑罚，强抢民间美女。国王派出抢美女的大将军正好遇到化身美貌女尼的观音：

在紫竹林尽头，有个女尼正在洗衣裳。她听到砍竹声，站起身来问道："是谁在乱砍神竹？"

大将军循声望去，见那女尼十分标致，便一摇一摆地走过去，张大喉咙喊道："我是国王派来的大将军，至此寻找异花奇草，百鸟凤凰的！"

女尼劝道："此山是佛门圣地，一草一木都是甘露滋润，劝你不要冒犯佛规！"

大将军听了冷笑道："什么佛规！国王早有圣谕，早艳的鲜花，最美的姑娘，都要献进王宫。像你这样的女人，我们国王最欢喜！"

这女尼原是观音菩萨的化身，见他如此无理，心里着实气恼，便从头上拔下一根乌黑的头发，往一块石板上一放，说："这根头发，你若能拾得起来，林中的百鸟随你选，山上的鲜花随你采。"

大将军一听，捧腹大笑："我有千斤之力，一根小小头发都拾不起来，还算什么大将军？"他二话不说，伸手去拾。可是，这家伙的手指粗得像根镬铲柄，拾来拾去拾不起来，急得他热汗直流。观音冷眼旁观，此时轻轻地吹了一口气，那根头发便在大将军的面前飞旋起来，飞呀飞呀，一直飞到观音的头上去了。

大将军的眼睛睁得像酒盏那么大，慌忙说："不算，不算，我手指粗，头发细，拾不起来！"

女尼鄙夷地一笑，指指地上的金漆盆说："这盆水，你若能端得起来，林中的百鸟随你选，山上的鲜花随你采！"

这个呆大将军斜眼一瞧，又高兴起来了，心里想，这么小小一脚盆水，我不用吹灰之力就能把它端起来。他二话不说，伸手去端。可是，这金漆脚盆又光又滑，他右手用力，水往左边倾，他左手用力，水往右边斜，端来端去端不平稳。端得他脸红脖子粗，眼乌珠都弹出来了，却只端到脚背那么高，再也端不上来了。

观音菩萨见他这副丑态，不觉"扑哧"笑出声来。呆大将军听到笑声，抬头一看，原来的女尼不见了，站在眼前的竟是璎珞披体、祥光耀眼的观音菩萨。他惊呆了，双手打战，脚梗发软，"砰"一声，一头栽倒脚盆里去了。可笑这个呆大将军吓得没命地扑腾起来，连连喝了几大口冷水。观音伸脚一勾，"哗！"把大将军连同一脚盆水倒了出去。真怪！脚盆里的水不断往外流，越流越猛，像万丈瀑布向东海里倾泻。霎时，潮涌水涨，风狂浪高，"哗——轰"，直向蓬莱岛王宫涌去。

这时，国王正在王宫里大摆酒宴，寻欢作乐！突然，狂风呼呼，海潮哗哗，一个个巨浪冲坍了王宫的围墙。国王吓得目瞪口呆，大臣吓得抱头鼠窜，王宫里乱作一团，潮水越涨越高，只听得"哗啦啦"一声巨响，整个王宫淹没在汪洋大海之中了。

狂涛淹死了作恶多端的国王。那只金漆脚盆变成了一条大帆船，把蓬莱岛上受苦受难的百姓救了出来，乘风破浪驶到普陀山附近停了下来，变成一个海岛。人们就在岛上重建家园，休养生息。因为它是船变成的，所以人们都把这个海岛叫做"舟山"。

故事衍生出丰富的意义指向：颠覆"蓬莱仙岛"的传统图景，揭露为政不仁者的乱世现实，展示观音济世救难的本色，同时又解释了"舟山"地名的由来。

面对乱世景象，底层民众自然是"沉默的大多数"，他们当然清楚自己的痛苦来自于国家权力意志的压迫，又无力与之正面碰撞，只好通过调侃、戏谑、反讽等民间惯用的手法来消解权力意志的神圣与不可侵犯，并借此发泄心中的不满，而极致则是对最高权力象征的"皇权"的蔑视嘲笑。典型的如《观音献蛤戏文宗》：唐朝文宗皇帝喜欢吃海生的蛤蜊，于是官府天天催逼渔家百姓，缴少缴迟则罚加钱粮，甚至充军服苦役。百姓只得寒冬酷暑到风下雨里去海涂上捡蛤蜊。蛤蜊越少，催逼越紧，百姓怨声载道，难以度日。皇帝的某种嗜好，造成百姓的莫大痛苦，故事极似蒲松龄的《促织》。消息传到普陀山紫竹林，观音决心治一治皇帝。于是观音化身少女献给官府一只五彩斑斓的大沙蛤。皇帝十分喜欢，当作珍玩收藏，但忍不住香气引诱，一连喝了几大碗鲜美的蛤蜊汤，到半夜大泻不止，三天后仍躺在床上哼哼。第四天，观音化身宫女来献祖传秘方，上写"嗜蛤劳民，永戒即止"，皇帝大怒，下旨捉拿，观音早已踏莲花而去。护国法师听了前因后果，说此乃"启陛下信心，以节用爱人耳！"文宗才不得已下旨："朕永戒食蛤，免贡。"民间就这样借观音无所不在的法力戏弄了帝王，达成了为民请命的使命。这也类似于俄国理论家巴赫金所说的"狂欢化"效应，带有广场上群体娱乐宣泄的特征。当然，这仅仅是幻想中的胜利，是精神的一种自我治疗方法。

无论是修正、救困，还是惩戒，都体现了观音在中国民众心目中的"爱神"形象。因此，民间观音故事的基点也就自然落实在世俗人生的关怀与改造上，而不追求形而上的精神超越，不企求遥不可及的天国境界，是一种典型的功利主义，具有实践效用的处世价值观。这也是底层民众崇信佛法的深层动因，正因为这世上还有苦难，还有不公，才造成了精神信仰坚固而深厚的土壤。

本章通过文本细读，从叙事模式、叙事动力以及叙事基点三方面对民间故事传说作了"叙事学"层面上的探析，从中可以发现丰富的社会学、宗教学、心理学、民俗学等诸多重要信息，并揭示出民间视角下自成体系的一套人生行为准则。这种行为准则又显现为一种混合交叉的形态，既有佛、道、儒三教的合流，又有利用佛力的实践性功利主义特征，既有因果报应、劝世警世的轮回观念与道德说教，又有戏谑、消解权力意志的内在冲动。因此，舟山民间故事和传说为深入探析千百年来形成的民间"大传统"的内在机制，揭示丰富复杂的民间精神世界提供了鲜活的范本。这正是它的意义所在。同时，舟山民间的故事传说又具有鲜明的本土特征。这些故事传说展开的空间被放置于岛屿和海洋上，其所展示的情节与形象塑造也就必然渗透了海洋居民的生活习俗、愿望动机与价值准则，成为海洋文化不可分割的重要组成部分。但必须指出，民间的故事与传说大都存在表现形式上的雷同性：开头大多设置一个二元对立的框架，中间则布下若干悬念，转折点自然借助于广大无比的神力，譬如在许多故事传说中，只要观音一出现，一切的悬念就迎刃而解。这样一来，也就大大减弱了叙事的曲折变化，消解了故事意义的混沌性与多解性，时常沦为单一的观念图解与说教。而千篇一律的大团圆结局，既是民间美好理想的显现，又带有鲜明的虚幻性与自欺性特征，将复杂的问题作简约化处理，导致故事的内涵始终停留于较为浅显的层面，无法产生出悲剧式结局所具有的震撼人心的力量。而这正是大多数民间故事传说无法上升为具有高度艺术性与深刻思想性的艺术作品的根本原因。

第 八 章

舟山当代文学中的宗教因子

"多少诗中老名士，因君不敢小舟山"，清朝舟山诗人刘运坊评价陈庆槐的诗句也正适合于舟山的当代文学。自 20 世纪 70 年代末开始，舟山的当代文学经历了复苏、探索、繁荣的螺旋式发展阶段，最鲜明的表征是人才辈出，从事文学创作者数以百计，在物欲高涨的时代，坚守自我的精神高地，发表、出版了大量作品，在省内外赢得了一定的声誉。值得指出的是，舟山的当代文学虽经受着欧风美雨的吹打，但其根子仍深植于独特的地域文化土壤中，展示出浓郁鲜明的海洋特色。也即是说，特定区域的历史文化传统，包括生活方式、价值观念、精神信仰、思维特质，已积淀为当代作家最原始深厚的心理基因，并在作品中自觉地表达出来。而从宗教信仰的角度出发，考察舟山当代文学的精神特征与艺术追求，自然成为不可或缺的一环。

第一节　祖先崇拜与神灵之思

过去、现在与未来，是时间的三个向度。但中国人的时间观念有别于西方人的线性时间观，是一种圆形时间观，三者之间并非先后有别、截然分离，而是互相包含流转、循环往复以至无穷。这种时间观导致人们对祖先的复杂态度：既崇敬于祖先的道德功业，追怀自励，又保留了祖先在现实生活的位置，他只是暂时离去，灵魂却始终注视着后世子孙，因而又怀着某种恐惧，产生魔咒般的约束力，祈求祖先英灵庇护，家业兴旺。

祖先崇拜的深层动因乃是对家族生命之源的回溯。这种回溯也频频出现于当代舟山诗人的作品中。先来看厉敏的《父亲赶着泥土行走》：

> 父亲赶着泥土行走
> 在旷野里看不清时间的方位
> 他依照太阳的高度
> 从泥土地挤奶
> 土地在季节和父亲的手上流动
> 父亲用骨头作梁
> 用生命作舟
> 拼命摇向岁月的对岸
> 而他自己却忘了上船
> ……
> 父亲的手无法摆脱泥土的暗示
> 祖先坐在原始的石头上融化积雪

诗中的父亲自然是已逝多年的祖先。作者在冥想中复活了父亲的形象：围绕泥土忠诚于土地，一刻不停地劳作，战乱不断，灾难不息，但父亲永远坚定而忍耐。这样的人生态度对后世无疑是一种精神召唤。结尾说"祖先坐在原始的石头上"，将祖先从动态化为静止，凝固为原始的石头，供后人瞻仰，而"融化积雪"意味着时间的过于悠久。

再譬如李越的《天狼星座》：

现在我来到这里，来到祖先神秘的村落

明月升起，我叩打所有的石人石马

没有回音，只有风

这些产生过火的眼睛早已暗去

那么，把手伸进泥土，摸这些大腿

这些辛苦创造的手

如一片森林呼啸不已

我分明闻到浓烈的鱼香，看见

渔家女俯身灶火的弧形臀部

作者来到一个荒废的村落，并非是作地理学意义上的考证，而是追寻祖先的生活经历，企图复活一个曾经繁荣、充满生气的古老渔村，眼睛、泥土、大腿、手都是生命的见证，甚至可以闻到浓烈的鱼香，看见"渔家女俯身灶火的弧形臀部"，而夜晚与明月更增添了神秘古怪的氛围。

祖先的面容当然只存在于想象中，而祖先的灵魂是永存的，它便转化为可视的形象：

雨夜，一只鸟低沉地掠过暗淡的灯光

像先人不愿逝去的灵魂

轻轻撞击湿漉漉的浓雾

雾中的花朵早已凋零，只有熟视无睹的野草

密密地生长在岩石缝间

穿透巨石的内脏

而一只鸟依然低沉地盘旋在

灯光暗淡的面庞上

像一个已懂事的孩子

久久不愿离开早已死去的母亲

……
　其实，鸟的孤独就是夜的孤独

——徐嘉和《一只不愿归宿的鸟》

一只鸟不停地飞掠、盘旋于浓雾、暗淡的灯光中，寻找着早已死去的母亲，"母亲"就是家，就是血脉，可见这是一只流浪无归的祖先灵魂之鸟，而野草疯长、花朵凋零，昔日的一切早已不再，因此，祖先的灵魂浸透了夜的孤独，诗作对此满怀着怜悯与召唤。

灵魂不灭，逝者有知，招魂便成为民间悠久而隆重的仪式：

　　没有月亮没有星星
　　那一夜母亲一直在折纸船
　　……
　　天亮的时候
　　我跟着母亲
　　把一大堆纸船漂到海上
　　然后学着母亲
　　把虔诚的双掌合起来
　　这时候我感到一种
　　从未有过的怀念
　　像波涛一样起伏并且升腾

——陈桂珍《魂兮归来》

诗作以童年的视角，写出母亲对死于海难水手的灵魂的召唤，并最终懂得了这仪式中包含的丰富意味。其实这正是一个人成长的标志。

招魂仪式有时是以群体狂欢的形式出现：

　　破裂的小船

　　优美地漂过来

　　轻松地荡过去

　　男人的头颅

　　垒成岛屿，撞碎女人

　　久已期待的呼唤

　　……

　　渐渐地远处有渔火闪烁

　　有渔火闪烁……

　　鬼火久久鬼火久久鬼火久久

　　鬼　　　　　　　　　　鬼

　　火　　　　　　　　　　火

　　久　　　　　　　　　　久

　　久　　　　　　　　　　久

　　鬼火久久鬼火久久鬼火久久

　　小船破碎而摇荡，女人们的呼唤此起彼伏，男人们则嘶声歌唱舞蹈，夜辽阔动荡，四周是莫测的大海，只有远处不断闪烁的渔火；而最奇特的是作者将"鬼火久久"排列成网的形状，在不停地旋转，将海天与人密密笼罩，营造出神圣而恐怖的奇异境界。

　　将招魂仪式表现得惊心动魄的是厉敏的《招魂》：

　　风景之翅垂下吼声如片片树叶沉入海底

　　动荡之海被浇铸如砺磨出天空之青光

　　一摊鲜血从海之尽头渐渐扩展如不绝之号子

　　苦难被揭开传说模糊一片海水依旧清清

　　……

诗歌采用赋的铺排形式，舒缓而沉重，恰好表达了内心的痛苦与不尽追思；诗歌大量罗列特有的意象：古庙、钟声、香烛、墓碑、废墟、月光、鱼群、螺号、鹫鹰、闪电、乌云……将情绪一波波推向高潮；在反复的"魂兮归来胡不归"的呼告中，死者的灵魂终于复活，找到"圣水"，纯洁如初生之婴，最终"让所有的道路燃为灰烬让自己欢乐地燃为灰烬！"

　　祖先崇拜的核心是灵魂不死的观念，这也是东方万物有灵论的体现。推而广之，除了人类，一切生命皆有不灭之魂，或者说，万物皆可作为人类神灵化的对象。舟山诗人生存于海域，其神灵化的对象莫过于大海中的鱼类：

　　　　巨大的怪影突然出现。小渔村睁开

　　　　老瞎的石眼。风中的月亮又黄又瘦

　　　　只有孩子还睡得很沉很沉，梦中低低地呼唤

　　　　"神鲨！神鲨！"

　　　　……

　　　　听不见孩子呼唤，那头巨鲸美丽、冰冷

　　　　最后看一眼渔村的灯光，滩头上轰响的鳞带

　　　　然后在黑暗里雄壮地搅动了大水

　　　　……

　　　　那头巨鲸带着伤痛，急匆匆潜入大海

　　　　它的吼声被风塞住，像婴儿的啼哭

　　　　半醒的梦中孩子们还在急促地呼唤"神鲨！神鲨！"

　　　　　　　　　　　　　　　　　　——李越《大鲸鲨》

古老的渔村，月亮，夜风，一头巨鲸突然出现，怪异而恐惧。而孩子在梦中不断呼唤着"神鲨"，可见关于巨鲸的传说早已进入人们的潜意识中。在孩子的心目中，那头巨鲸正是神灵的化身，美丽、神秘，充满巨大的威力："你亲吻灵魂，灵魂便纷纷凋谢，你亲吻岛屿，岛屿便留下密密的伤痕"；巨鲸又是孤独的，独自来往于大海深处，但它自由自在，永远不会老去，犹如生生不息的大海。诗作当然也表现了人类渴望与自然界神灵交流沟通的愿望。

这种神灵化的结果，使鱼具有了自己的思想与意志：

> 黑暗里，松开一层层绑带
> 寻找唯一的妻
> 它不看我一眼
> 月光倾翻小船
> 划出道道伤口
> 然后喝自己的血
> 它不看我一眼
> 游戏于残酷的幻觉
> 在死亡光圈里
> 播种孩子
> 它不看我一眼
> 骨头一节节脱散
> 又一节节收拢
> 焚烧以自己的火焰
> 使深渊开满花朵
> 它不看我一眼
>
> 它不看我一眼
> 不能言语的美不看我一眼
>
> ——李越《夜鱼》

诗作以人性的眼光打量一条在月光下的波浪里自由游戏的鱼，它遍身伤口，喝自己的血，它寻找着妻子，在死亡的光圈里播种孩子，在孤独中以生命之火自焚，让海洋开满花朵。这首诗很容易让人想到奥地利大诗人里尔克的名作《豹》。诗里的鱼已不是一条普通的鱼，而是拥有自我思想与意志、充满灵性的神鱼，它受着一个意念的强有力牵引，专心致志地做自己喜欢的事，因而拥有了完全自足的世界。而人类对此的最适当态度是保持欣赏和敬畏。

　　一些诗作尽管剔除了神秘怪异的色彩，同样也赋予鱼类以神性的品格，如姚碧波的《梦想的爱情》：

　　　　谁出没在我的梦境，反复
　　　　比美更美，比亲更亲的爱情啊
　　　　在汪洋的腹地，在苍茫之间
　　　　是爱情的神秘，打破恬静
　　　　这蓝色的精灵，在水垛中缓缓升起
　　　　并诱惑深深，令处子星迅速坠落
　　　　……
　　　　但在十二片的风景里，在水晶的晶莹里
　　　　我的等待是苦涩的无花果
　　　　是海市蜃楼，是埋藏在水底下的陶罐

诗中的鱼在汪洋大海中追寻着爱情，这爱情如处子星座纯洁，如水晶般透明，绝无一点世俗的灰尘，即便追寻不着，仍然不改初衷，其忍耐与坚定足见其品格的高洁，令人怦然心动。

　　即便离开了海洋，鱼的灵魂仍旧活着：

　　　　鱼的姿态已为盐所覆盖
　　　　盐深入鱼的骨髓
　　　　深入灵魂

第一次鱼的肉体与水分离

盐填补了鱼与海的空间

填补了鱼忧患的思想水域

……

在盐桶，人类建造的不朽坟墓

鱼安静地供人瞻仰

——厉敏《盐桶之鱼》

鱼与水分离，被洁白的盐所覆盖，鱼曾生活于"忧患的思想水域"，现在则彻底宁静了。但鱼的灵魂不死，这灵魂经过盐的淬炼将变得更为纯粹和高贵，让人类像崇拜神灵一样永久地瞻仰。

最后值得一提的是，祖先崇拜与神灵之思，都跟生命的繁衍流转密切相关，因此自然又带出了生殖崇拜：

当渔网的镰刀收割的时候

当风暴和海盗像可怖的夜空

向你逼近

它们却依然破土而出

随风摇曳

……

开花季节，感情像花瓣

融进水里

海水围绕着它们旋转

一万次的诱惑之后

一万个生命在子宫滚动

而等待焰火在夜空喷射

只需要一次深呼吸

——厉敏《繁衍之情》

在渔网、风暴与海盗的逼近中，鱼族依旧按生命的规律忙碌着，"一万次的诱惑"状写鱼族爱情的频繁，这爱情使"一万个生命在子宫滚动"，诗作将生命之精的喷射诗化为夜空灿烂的焰火爆发，这是对生命最高的礼赞！诗作写的是鱼类的繁衍，也何曾不是人类生命诞生的见证？正是这滔滔不绝的生命之流，贯通了时间的血脉链条，将宇宙万物融成一个有机的整体。

第二节　超然旷达的精神追求

本书第五章论述了本土宗教信仰道教的影响以及在文学中的具体表现。道教信仰在民间并不占主要地位，舟山民间对安期生、徐福、梅福的故事大多不甚了解，"八仙过海"、"塌东京"的传说也只是作为闲聊的资料。道教的信奉者主要是知识分子和文人。随着时代变迁，知识者和文人自然不再相信炼丹辟谷或者羽化成仙，也不会去结庐隐居终老林泉。"达则兼济天下，穷则独善其身"历来是中国知识分子安身立命的准则，不过，当代知识者的精神追求大多不关涉天下兴亡，道教的影响更多是一种个人的思想修为，用来调节个人与群体、内心与外物的关系，以求得精神的和谐与平衡。

舟山当代文学中也或隐或显地体现出道家文化的影响，而其艺术结体则是多种多样的。

首先是一种内省和感悟。来看郑剑锋的《水声来自午夜内部》：

　　那么多动人的声音来自夜
　　水是午夜内部的一种符号
　　穿越午夜的窗口靠近我
　　在灯下才耐心坐成一支烟
　　十指迷离。我凝视黑夜围住的时间

　　水声就发自灯下蚯蚓般的文字

　　这些思想通过某种媒质或方式

　　一如步入居室，在我脑际翩跃

　　这些音符它来自黑夜来自遥远的地方

　　它发自水发自不见形的黑夜

　　诗作描述的是深夜独坐冥想的情景。"在灯下才耐心坐成一支烟"暗示白天喧嚣中的烦忧奔忙，只有夜里才能面对自己的内心，烟雾如迷离的十指袅袅散去，思绪也活跃飞翔。诗中的"水"是纯净透明的象征，作者谛听着水声，它来自远方，来自黑夜的内部，其实是来自自己的心。在谛听中，身外的世界也就不存在了。

　　姚碧波的《面壁而坐》同样沉溺于内心的幻觉：

　　我面壁而坐的时候

　　墙壁雪白雪白的

　　可以碰断目光

　　我只能静心闭目

　　打坐修禅

　　……

　　闭着眼，我看见

　　蓝绿色的火焰自壁上蔓延

　　殷红色的鲜血自壁上渗透

　　所以我害怕得只有睁开眼

　　睁开眼的时候

　　什么也没有

　　只有雪白雪白的墙

　　……

　　当我站起来转过身去时

我听见背后
墙壁倒塌的声音
那是若干年前的事

作者坐在雪白的墙壁间闭目修禅，寻求内心的宁静，但记忆中恐惧的场景（绿色火焰、殷红鲜血）总是在脑海中浮现，扰乱心境；睁开眼，又"什么也没有，只有雪白雪白的墙"；当作者离去，背后的墙轰然倒塌，暗示阻碍心灵走向宁静的正是意识中有形无形的"墙"，心中无滞，才能明达。而"那是若干年前的事"又将读者带入恍惚的幻觉中。亦道亦佛，道释本来就是相通的。

许多诗作则是通过具体意境的营造来传达超然的精神追求的，这种意境又多与水（海）、鱼、船等物象相关，如李越的《水偈子》：

鱼飞出水面
它渴望在天空飞翔
水纹必然裂工
要制住它哭泣，不可能
……
要形容水，不可能
因为语言并不纯洁
鱼比每个词都要美丽、干净
在天空飞翔，鱼忘掉自己
而我们重重跌入水心

如果有一个季节我曾衰老
那是我背弃了鱼之水，月之水

诗中的鱼鲜活闪亮，忘掉自己，在天空飞翔，它象征着生命最原初的形象，所以不会衰老；诗作以鱼作比，指出人类语言因为种种意识的遮蔽而失去活力，而人类之所以活得不自由，乃是"背弃了鱼之水，月之水"。

李国平的《夜泊水村》的意境则幽静如水墨画：

> 那一叶扁舟滑过春江的水湄
> 泊向我浅浅的案头
> ……
> 黑夜被桨声翻开的诗笺
> 在墙上漾起一地碎银的微光
> 连同归林的北雁
> 已不知如何在落叶中躲藏
> 独立船头的你抬起
> 湿漉漉的脸庞
> 以水为芦羽，以寒露作爱抚
> 散披的长髯在空白的轴上
> 遗留的暗香变得更加隐秘

春江、扁舟、星光、桨声、月光、落叶、归雁，夜泊的心境如此宁静淡泊，独立于船头，因为久久凝望，因为寒露，脸庞湿漉而清凉，而"散披的长髯"活画出一个超然静观的长者形象。

值得注意的是出现于作品中的两类形象。这些形象当然是作者内心的外射对象，在他们身上寄托着旷达出世的理想追求。

一类是垂钓者形象：

> 远离尘嚣
> 择一方净土枯坐如石

抛长长的线于湖中
于心中
垂钓自己
……
心静如湖
心神沿钓钩直下
止于水中
融于水中
万物皆离我而去
……
心凉如水
心清如水
悬无形的钓钩于时间之外
于空间之外
垂钓自己

——厉敏《垂钓》

"远离尘嚣"点明垂钓者的动机是寻求与逃避。他不是为了口福之享，而是"垂钓自己"，即让意念集中于某一点上，俗念皆空，清澈如水，忘了时间与空间，直达"枯坐如石"的境界。

这类钓者的形象大多被设置于人迹罕至、荒凉清寂的自然环境中：

九月有如幻觉
水静静穿透岩石
兽蹄踏一地霜花

你无船可渡

对岸有一片松林

设想当海入杯
水忘却悲伤
鱼便安眠于体内
……
从此便坐定如鹰
如黑色之岩
看云看树
挥一袖的苍茫凉意

对岸有一片圣境
一群孤独的野鸽落向沙汀

——李越《独钓》

水穿岩石、兽蹄踏霜，可见环境的幽僻荒寒。诗作将钓者置于"无船可渡"的海中，或者说是钓者自己的刻意选择；鱼忘却悲伤，安眠于体内，也是在说钓者忘却世事纷争；坐定如鹰，如黑色之岩，需要何等耐心定力；而看云看树，挥一袖苍茫，又何其磊落！结尾以一群孤独的鸽子将诗境拓展得更为辽远。

二是渔父形象。这一形象曾反复出现于庄子、屈原等人的笔下，是被圣洁化后载荷着特定文化的符号：

出则为水
入则为源
披蓑衣的渔父
悠悠

将心轻漂在阔大的天地间

让雨燕

孩子一样嬉戏

忘记鱼是鱼

红螺不是自己

忘记炊烟、葫芦

遍地肉胎的生命

自会有恬淡

风行而起

载舟覆舟

三十万朵莲花

时隐时现

桨与手

宁静达成默契

心一碧如洗

——朱涛《水王》

诗中的渔父无疑是一个高蹈出世的隐者，这里没有任何关于社会生活的信息，有的只是阔大的天地，只有水、鱼、雨、红螺等，但他把一切全忘记了，或者说他自己就是自然的孩子；诗中"莲花"的意象尤其显眼，莲花象征着高洁，一尘不染，同时又与佛理禅机密切相关，因此"莲花"沟通了道与佛的内在融合。"出则为水，入则为源"，出世的隐者就在这内省静观中了悟了宇宙生命的真谛。

再譬如李国平的《静船》：

把十万根缆绳抛进脑海

你也成为不了一条鱼

　　逆着时间之流

　　潮汐变幻着美丽而紧张的手势

　　平静或喧嚣

　　你尽管可以拿去

　　相信突兀的礁岩就是鱼的旗帜

　　海水的忧伤一年一度栖息

　　……

　　谁在下落的夕阳里看见过天堂

　　岛之外一个渔父酣然而睡

　　所有的帆影和时光慢慢淹没

　　我原始的鱼骨

　　幸福就在夜色中悄然降临

　　诗作追踪着一条船所历经的苦难，忧伤和险恶，充满紧张与不安，但后面突然出现了一个渔父形象，他当然也与船一起历经磨难，但现在却在夕阳下"酣然而睡"，忘却了曾经的一切，拥有了夜色中悄然降临的幸福。可见危险与灾难都是为了给后面的转折作铺垫。其实，题目"静船"也正透露了这样的心路历程。

　　远离尘嚣，亲近自然，才能超然无滞，拥有旷达的心态，而最终到达的是主客消泯、物我一体的和谐境界：

　　一切都在融合之中：

　　海和岸

　　鱼和空气

　　以及水和音乐

　　在目光之外

　　在梦与梦之间

　　有一种鱼在那里永久地盘旋

当噪音沉淀之后
阳光更加纯净
漫不经心的鱼
用原始的语言交谈
慢慢地在水里
语言融化为无色

——厉敏《神游》

在诗歌描述的境界里，海与岸、鱼和空气、水和音乐毫无阻隔，全都自由地融合为一体；而鱼游动于超现实的梦里，更为自由。诗中的鱼"漫不经心"，毫无功利之念，交谈的语言也是原始的，而最终连语言也溶解而为无色透明之水，获得了真正的自由。鱼如此，人又何尝不是。

这种境界的获得，最重要的是返回内心，在静观中体悟宇宙人生：

这些鲜亮的流水
是一种境界
当船夫独卧于舱面
谛听时光的呓语
他忘掉自己
成为境界中的一点布景

我为那些渔夫骄傲
想见水与人类的恩怨
刀子轻轻折断
最残忍的情感也会温柔

当水抚触人生的每一处伤口

就谈谈这些流水
只要愿意，水便宁静地环绕我们
洗净舌头下的污泥。

——李越《境界》

诗中的船夫浑然忘机，一派天真，乃是体悟到自己的渺小，只是自然天地中的"一点布景"；他最亲近的是水，水温柔地抚触了"人生的每一处伤口"，所以他与水（海）的恩怨也就彻底消去，折断了复仇的刀子；也正是鲜亮的流水不断洗净人类语言的污染，获得灵魂的纯净与自由。

超然与旷达的精神追求，是老庄哲学在当代的遥远的回响，证明着传统文化生生不息的生命力。自然，人们可以批评这种人生取向的避世、无为与消极。但在一个欲望泛滥的消费主义时代，在工具理性日益强大地主宰人们心灵的时代，亲近自然、体味本性、保持一颗鲜亮清新的心灵，并以审美的眼光看待一切，又未尝不是一条获得精神解放的自由之路。

第三节　佛学思想的体认与感悟

舟山民众崇信佛教的历史由来已久，并广泛渗透于民间的各种礼仪节庆中，耳濡目染，观世音所体现的佛学精神早已内化为舟山作家精神的有机部分，在舟山人心目中，观世音的老家就在普陀边上的洛迦山，因缘所系，生发出对观音强大的情感亲和力。而状写普陀山的诗文集中体现了对佛学的体认感悟。每每登临佛国，体察真切，各有所得，也就必然形诸于文字。如果仔细搜集，舟山作家有关普陀山的文学作品当以千计。

诗歌形式精短，以灵动见长，恰好与佛理的心证体悟相通。先看白华的《太虚若兰》：

> 问世尊
> 茅蓬可也是破败的皮囊
> 任秋风穿过
> 涅槃成神圣的菩提
>
> 结跏趺坐
> 从漏光的屋宇
> 看流星缤纷如雨
> 划亮禅机闪烁的弧线
>
> 夜深时分
> 月明如水
> 有慈悲桃李三二棵
> 伴大师百年面壁参悟
> ……
> 晚风中倦鸟归林
> 月色澄澈依旧
> 刹那间，顿悟
> 一切无我

诗作描绘出一个圣洁无尘的世界：明月如水，秋风习习，星辰高悬，倦鸟归林……而高僧独坐于茅蓬中面壁参禅，心融万物又澄澈空明，连桃李也满含着慈悲之心，而禅机闪烁如缤纷星雨，如电如火，顿悟"一切无我"，"涅槃成神圣的菩提"。这一切需要多么持久的忍与道行！

佛教为观照宇宙与人生打开新的视野，其核心便是破除了"此在"的执念：

> 大地上匆匆行走的人们
> 春天的孩子，船的孩子
> 叙说风暴的故事
> 黑夜的记忆
> 此刻请用心倾听
> 和四山的灯火一起缄默
>
> 落花无言坠下
> 执一卷般若
> 寒潭边仍在徘徊的
> 是王维和李太白吗
> 月光里惊醒，历史已细细
> 散了一地
>
> 檀香从意念中升起
> 捧一壶茶
> 看屋宇上的晴雪
> 听鸟翼细微的颤音
> 恍然知道一切已了无印迹
> 繁华消尽
> 只剩下一枝瘦瘦的梅花
>
> ——李越《刹那·永恒》

尘世中的人们永远为风暴与黑夜所困，匆匆走完艰难的一生；如果换成佛的眼光审视，生命的过程实在短暂，历史也只是月光下散落的碎片，一切的繁华也终要消尽，只有永恒的轮回，了悟了这一点，便可以获得心胸的开阔平和，如那枝"瘦瘦的梅花"，在孤芳空寂中守住自己的本性。

在一些诗中，对佛学的体悟又与红尘中的自我相联系，因而真切而不空泛：

> 香火被渐次打开
> 若清风徐来吹开莲花瓣的人生
> 千姿百态的都是佛吗
>
> 观音端坐在硕大的莲花上
> 静美依然，一座座庙宇
> 被何人注射了神韵
> 晨钟暮鼓，香烟缭绕
> 舍弃红尘的人，可以瞥见多少幸福
> 内心的不仁什么时候能够清除
> 打开的心进入热血轮回
> 我能聆听到些什么
>
> 岁月如烟，最初和最后之间的
> 洗濯，如风吹生命的青波
> 亮闪闪盛开
>
> ——孙海义《佛顶山》

端坐于莲花上的观音静美依然，为度众生苦难，幻化为三十三种身姿，其广大的慈悲有非同寻常的感召力，诗人禁不住问自己"我能聆听到些什么"，打开自己的内心，让圣洁的泉水洗濯不仁，让人生"如风吹生命的青波，亮闪闪盛开"，获得真正的幸福。

李国平的《听潮石》也是：

> 告诉我，是谁内心的涌动
> 最终让岩石的激情迹近于沸腾
> 鱼的目光借助禅意
> 在青苔之间隐伏，而幻觉中的
> 万朵莲花花瓣缤纷，飘落红尘
> ……
> 当所有落满时光之尘的道路关闭
> 内心的门便会自动敞开
> ……
> 而一块沉重的欲望
> 因潮音的起伏而变得更加平静

诗歌开头说"告诉我，是谁内心的涌动"，其实指的正是自己的内心；听潮石亿万年于海边聆听潮音天风，散发的浪花如绝尘的莲花，因而石头有了灵性，获得佛法的启示；作者说石头的欲望"因潮音的起伏而变得更加平静"，也正是以石证心，关闭红尘的道路，心才会变得坦荡自由。

佛法无比，贵在心悟。一些诗歌用微观的视角取一景一物，挖掘其中的哲理：

> 佛法无边呵
> 这山顶上的石头
> 上下之间似连非连
> 似接非接
> 让人担惊
> 突然会掉下来

但石头依然在石头上
稳稳地坐了千年

人呵，有时也像这石头
在正邪善恶之间
在摇摇欲坠时
靠什么才能稳住内心

——白马《磐陀石》

磐陀石为佛国奇景，巨石安卧，与基石中间只隔一条缝，中可以线通之，山风浩荡，令人担心其轰然滚落，但它却纹丝不动。作者从自然现象中悟出与人生相关的哲理，也即佛理：正与邪、善与恶往往只在一念之间，如何取舍，关键在于把握自己的内心，要么坠入地狱，要么升向天堂。

颜平的《心字石》也是：

一颗红心镌刻在山石上
一凿一锤遒劲有力
用心刻心，用心造心
心心相印
……

石有心，山有心，海有心
天地有心
……

我不禁扑上心字石
人贴石，心贴心
而我这颗小小的心
能否嵌入它宏大的“心”

一起在海天间飞翔

"心字石"也是佛国一处景观,以红漆涂染,甚为醒目。作者理解凿石者是"用心刻心、用心造心",以此推之,体悟到"石有心,山有心,海有心,天地有心",因为有了心,也就使万物有了生命和灵性;这颗"心"又是观世音智慧与慈悲之心,启示着世间的生命以心相映,保持澄明之本性,而一旦将自我融入更广大的"有情",心灵也就变得博大丰富了。

涉及观音道场的散文数量也相当可观,譬如赵利平的《千年普陀山》、许成国的《普陀情愫》、於国安的《那一次去参拜》、智行的《云散佛顶月》、李越的《高出尘世的花朵》等都值得一读。限于篇幅,只举三例。先来看倪浓水的《开一扇门,望见观音》:

杨枝庵开有一扇后门。一条小路通向一泓清泉,泉水之清冽甘甜,无与伦比。我从来没有喝过如此清冽的水,我无法解释,或许它源自观音手中的净瓶?

观音有三十三化身,一般观音形象手中的持有物都是莲花。在佛教中,莲花是众生本有的清净菩提心的象征,是内心佛缘的物化。含苞的莲花喻示众生未显露的佛性;半开的莲花比喻众生菩提心的萌动;盛开的莲花比喻众生菩提心显现,已经证悟了佛果。因此观音的世界处处莲花。普陀山的每一块石板上都刻满了莲花。

但是普陀山的观音除了莲花外,还有两样特殊的持物:杨枝、净瓶。

净瓶里装的是净水,观音用杨枝沾着净水洒向大众,为最劳苦的人们消灾解厄。

意味深长的是,普陀山还有两样特殊的植物:水仙花和瑞香花。

梵音从古樟的叶梢和砖墙的青苔中飘逸出来。清香和浓香则溢于荆棘和幽谷——水仙和瑞香生长在人迹罕至的地方。

十几年前深秋的一天，我和一个同事扛着锄头，沿着清泉旁边的蜿蜒小路，一直走进山阴的深处。普陀山的西北麓，由于海风的关系，所有的植被都朝着一个方向，不论是树，荆棘，还是草丛，都给人像胡须一样柔顺的感觉。水仙和瑞香就长在一丛丛的柔顺里。顺着清香，我们用手轻轻拨开草丛，阳光顿时洒了进来，水仙和瑞香端坐在阳光里，我突然觉得，它们的身边乃是佛光普照。

文章涉及的是普陀山的清泉、水仙、瑞香、满山的树和草，而对莲花的观察尤其细致：含苞的莲花喻示未显露的佛性，半开的莲花是菩提心的萌动，盛开的是菩提心的显现。作者并不正面阐述佛理，而是将一切融入洁净而又生机勃勃的自然天地中。因此，观音与圣洁的自然"一样的遗世，一样的独立。一样的飘逸和拒绝，一样的慰藉和包容"。

作者坦承"我生活在城市的红尘里，每天体会着七情六欲，为油米酱盐日夜奔波"，"我"是一个世俗中人，"可我觉得自己的心始终与观音离得很近，始终认为自己仍然生活在杨枝庵里。由于工作上的原因，也由于心灵的需要，我经常地上普陀山走走。杨枝庵是我必到的地方。我站在院子里，石板缝里的杂草和青苔没有排除我，照壁上的阳光在透彻的空气里腾起袅袅氤氲，一如佛光，一如佛影，虽然无形，却又无处不是其形"。

作者对观音的慈悲精神有自己的理解：

我向往有这样一块净土和圣地，但我又隐隐觉得，这样的"圣"和"净"，未必符合观音的心愿。

普陀山的观音不是高居殿堂，不是远离俗世红尘，她在我们中间。

　　普陀山是净土，可它同时也是凡人生活的地方。观音接受人们的敬仰和膜拜，可她并不排斥现实的繁华。观音喜欢大海，她的胸怀像大海一样博大，她不会为了自己的道场而将尘世的繁华扼杀。

是的，慈悲和宽大，才是观音的真身。她容纳一切，体谅一切，洞察一切，关心一切，指引一切，开悟一切。

　　观音并不高蹈出世，她的"有情"就在于对世俗人生的体察与关怀，这正是观音精神扎根于人间的最根本的原因。

　　因此观音

　　　　遥远而又亲近，崇高而又平易……她会在最庄严的地方出现，也会在赌场、妓院这样的地方出现，更经常地会在某人的家里某人的床边出现，甚至还会出现在屋檐下晒太阳的老人们的身边。任何人如果需要她，只要连说三声：
　　　　"呵，我的天，我的天，我的天。"
　　　　过了不久，你的眼睛就会出现那双春风一样的手。
　　　　"拉住我的手，"手的主人会这样对你说。

"拉住我的手"，这既是命令，也是请求，既是现实世界的诉求，也为生命设置了一个超验的彼岸世界。

　　从日常生活中体察物性人情，因为细致真切，所体现的慈悲与爱心也就格外动人，普陀山智宗法师的《猫情猫事》可作代表。文章先说"我其实是很怕养小动物的"，因为"八九岁的时候，家里人抱来一只胖乎乎的还在吃奶的小狗，我真是爱死了，有空就捧着，抱着，毫不犹豫地用少得可怜的那点儿零花钱给它买自己都舍不得吃的奶糖，晚上睡觉也不肯放手……可有一天放学回家，小狗却不见了。家人说是吃了药老鼠的饵，死掉了，埋在堂屋前的梨树下。我不相信，疯了似地跪在树下，用双手去挖……"然后交代再次收养小动物的缘由：

> 但大黄和小花被抱来的时候，我还是立刻答应收留了它们，实在是不忍心拒绝，也无法拒绝。大黄那时还没有一个成年人的手掌大，浑身上下，除了一双偶尔转动的圆眼睛外，脖子以下，似乎就紧连着那条瘦骨伶仃的细尾巴了——它是被寺院里的一个小师父从路边捡来的，当时差不多已是奄奄一息。小花更惨，被扫地的老赵师傅救回来的时候，背上不知让哪个坏蛋给弄了好长的一道人字伤口，皮肉外卷，血糊淋淋的，看样子，九条命怕也是只剩半条了。

因为"不忍"便无法拒绝，"不忍"正是佛家爱护众生的原动力。

作者以寺庙里的老赵师傅为例，叙述如何从睡、吃、穿等方面细心地照料着大黄和小花，并活灵活现地状写它们各自的优点、缺点和特点。如果文章到此结束，就没有任何新鲜感。妙在两只猫恋爱与生子的风波上：

> 大黄和小花的婚恋也不是收获的全是赞美，也有非议，而且阻力就来自传统的宗教势力——寺庙里的师父们。非议有二：一、大黄是无知少年，小花是多情熟猫，年龄上要差一辈呢，它俩结合会不会不妥？二、寺庙是清净之地，这俩家伙公然郎情妾意，蜜爱轻怜，搂搂抱抱地，太不像话，有一次甚至被发现在寺庙大门口，光天化日之下就行敦伦之事，孰让人目瞪口呆，面红耳赤。这，是否有挑战清规戒律之嫌？小和尚们在非正式场合，很严肃地议论，让我听到了，我就说：一、身高不是差距，年龄不是问题，社会上82岁还能娶28岁呢，大

黄和小花就差一代，难道就接受不了？二、清规戒律是我们出家人履行了程序，自愿受持的，没人逼你，而大黄和小花则根本无自愿之说，人家只不过是住在寺庙里，哪能借此就逼迫着它们守戒律？我们要眼中有情，心中无色！

做到了"眼中有情，心中无色"，于是风波消歇，生命的盛宴一派欢乐：

> 有一天进寺庙门，老赵师傅很开心地对我说："生了，生了，一下子生了四只小猫。"真的？在哪里？我也很欣喜。老赵师傅一指右手的墙角，说："就在那个角上，两只黄的，两只花的。"我很想去看看，但一注意到那片草丛上已经花落草折地走出一条歪歪的小路来——这帮家伙们，全庙里肯定就剩我一个没去看过了，路都踩出来了。我当下就止住脚步，立马想到，好像小猫是不让人看的，否则，看了，就会搬家。但我毕竟还是做不到完全洒脱，有闲暇的时候，也依然会走到草丛前，翘首以待，希望小猫快快长大，我甚至已经可以想到，四只可爱的小精灵，在草丛中灵巧地穿梭，在花枝上自在地摇荡，在树干上如意地攀爬……
>
> 我都有些埋怨南泉祖师了，好好的，为何偏偏逮住了猫儿说法？道得即救，道不得即杀，这愚徒的道得道不得与猫儿何干？却白白地叫可爱而无辜的猫儿送了命！

作者是以人性的眼光看待一切生命，虽然是一件极平凡的小事，却产生了动人的力量。作为佛门中人，作者并不直接阐述佛理禅机，而是深得文学审美之奥妙，将体悟有机渗透于细微的观察与生动的描述中，"生命"与"爱"则是故事展开的两个中心源。文章结尾也十分精警：

生命需要欣赏，并不需要道具。

"道具"即外加的种种枷锁，只要用欣赏的眼光和心境对待一切生命，无论什么样的枷锁都是可以拆除的。

普陀山高僧的行状与品德也是今人追慕吟咏的好题材，如张坚的《易律为禅的真歇大师》。文章先简单介绍真歇大师的早年行迹：

真歇，名清了。俗姓雍，四川成都安昌人。他出生于宋元祐六年（1091）。

真歇"生有慧根，眉目疏秀，神宁静深，见佛则欣恋不舍"。十一岁，就在四川圣果寺依清俊出家。十八岁试《法华经》得度。旋往成都大慈寺习经论，受戒听法。但他"以为言说终非究竟"，就出三峡，抵沔汉，拜丹霞子淳为师。

真歇所拜之师，确是名师，是曹洞宗的嫡传，而真歇自己，也因是丹霞子淳之徒，就成了曹洞宗十世法裔。

然后追寻自晚唐五代起，南宗禅如何形成五个宗派的历史。文章饶有趣味地叙述了真歇与丹霞子淳的对话过程：

丹霞子淳问真歇：

如何是空劫时自己？

真歇难以对答。隔数日，他登钵盂峰，豁然契悟。第二天，丹霞子淳上堂曰：

日照孤峰翠，月临溪水寒。
祖师玄妙诀，莫向寸心安。

真歇趋进曰：

今日升座更瞒我不得也。

丹霞子淳曰：

试举看。

真歇良久没说话。
丹霞子淳曰：

将为你寻找福地。

这些对话便是佛偈子，玄机深藏，意蕴难解，证明着真歇体味佛理禅机的用心之勤。而真歇的主要事业在普陀山：

真歇便出，即北游五台山、汴京，南抵仪征长芦山，谒祖照道和禅师，一语契，命为侍者。北宋宣和五年，继承祖照法席，四方从学者千八百人。绍兴元年（1123），自长芦南游，经明州，浮海至普陀山，筑庵于宝陀观音寺后山，匾曰"海岸孤寂处"。"禅林英秀多依之。"嗣任宝陀观音寺住持。

当时普陀山的佛教，兼容律宗和禅宗。

真歇要在普陀山发展禅宗，他就奏请朝廷，在普陀山只弘扬禅宗，而不再存在律宗。朝廷准了真歇的奏请。这就是一直流传下来的真歇"易律为禅"，而把真歇作为普陀山禅宗的开山始祖。

接着，真歇又把普陀山上七百余家渔民动员出山。使山上只有寺庙，没有民居；只有僧人，没有百姓。

万历朝进士徐如翰在《雨中寻普陀山诸胜》诗中的"山当曲处皆藏寺，路欲穷时又遇僧"的名句，正好印证了真歇的所作所为。

真歇大师在普陀山，确是运用了大手笔，在"易律为禅"及七百余家渔民离岛这两件事来看，颇有点儿僧家的铁腕人物味道。真歇的作为，很为宋高宗所赏识。

他相继住持台州天封寺、福州雪峰寺，绍兴六年奉敕住持明州育王寺，八年住持温州龙翔寺，十五年住持杭州径山寺。座坛说法，得度弟子四百余人，继承衣钵者三十余人。

他奉慈宁皇太后之命创建皋宁崇光寺，五承紫泥之诏。

他尝赋《赞船子和尚拨棹歌》：

离钩三寸如何道，拟足义还同眼里沙。
篷底月明载归去，劫前风韵落谁家。

南宋绍兴二十二年（1152），在圆寂前，真歇说偈云：

归根风随叶，照尽月潭空。

塔于崇光寺西华桐屿，谥号"悟空禅师"。

真歇著有《华严无尽灯记》，融华严宗思想入禅宗。另有《净土集》，提倡"功高易进，念佛为先"，"净土一法，直接上上根器"，"乃佛乃祖，在教在禅，皆修净土，同归一源"。有融会禅、净、教各派思想的倾向。其弟子辑有《真歇清了禅师语录》二卷行世。

在普陀山无畏石巅，建有真歇的衣钵塔。

文章以真歇大师的平生行状为线索，描述了一代高僧为弘扬佛法所付出的艰辛努力、贡献及对佛门后学的影响。此文与一般散文区别在于客观，冷静，很少表现主观情感，重在考证与史料的搜寻，讲究事实与来历，是典型的学者风格。

与普陀山相关的小说不多。正面表现佛教题材的是任一舟的《还俗》：

> 月亮很好。慧觉和尚在殿前的空地上停住了脚步。
>
> 往日里烛火通明、青烟缭绕的圆通宝殿，沉陷在一片寂静之中。高耸的屋脊在黑蓝色的夜空中映出清晰的轮廓。月亮圆而大，在深邃的夜色里凝然不动。月光从光滑密实的琉璃瓦上流泻下来，照着青白色的石板空地，镀金的琉璃瓦淹没在幽幽的冷光里。大殿门扇脱落，看上去黑洞洞的、阴森森的。初秋的海风从寺外的沙滩上吹来，掠过寺院，樟树叶的沙沙声在他背后响个不息……
>
> 慧觉和尚脚下忽然踢到了什么东西。他一低头，依稀辨出这是瓣脚趾，不晓得是从哪尊菩萨脚上断下来的。

小说开篇便渲染出月夜寺庙的寂静、凄凉和破落，而菩萨的脚趾则暗示出曾发生不寻常的事情。

原来，"十天前，一伙神情严肃的少年男女涌上普陀山。他们先砸小菩萨，后砸大菩萨，把个千百年清静香火去处捣得灰飞尘扬。最大的佛身不怕砸，便有几个胆大的少年站出来，手脚麻利地爬到佛祖脑壳上，用手腕粗的船缆绞住佛祖的头颈，然后将缆绳引到殿外的空地上。五六十个少年男女神色兴奋地拽住缆绳，发一声喊，便将莲台上的佛身拖歪了。佛祖竟不动声色，腰身笔直地只顾一味朝前跌下来。轰隆一下，佛祖额头撞地时的声响好吓人啊！震得他脑袋嗡嗡发胀，粗大的梁柱也嘎吱作响……这期间，寺院附近的曾吆喝了一拨子人来护寺，舞着钉耙铁锄和扁担，差点儿跟红卫兵们干架闹出人命来"。

"文革"的浩劫也殃及了观音道场，"前几天本寺当家和尚宣布，大家从此不用做和尚，统统回家自己谋食去"。于是寺庙里只剩下十九岁的慧觉和尚，陪着的只有卖菜给寺里的信众土根。

接下来的情节忽然有了出人意料的转折：

慧觉和尚在月亮下发了一阵呆，正要转回寝房里去，忽然听到黑幽幽的大殿里传出一声响动。

他微微一怔。深更半夜的，什么东西在作怪？

他蹑手蹑脚踅到门柱边，贴着歪斜的门扇，从一条裂缝里瞄进去。殿里漆黑一片。他倚着破门扇静静地立着。

"嗤……"

殿里有微弱的声响。慧觉再次透过裂缝朝里看去，不觉吃了一惊……

男人在大殿正中的莲台边蹲下身子，将蜡烛在地上竖稳了，就从腰里摸出一件家伙，喀嚓喀嚓开始撬挖。

慧觉和尚看得头皮发紫，浑身的汗毛炸立起来——

这男人要将菩萨开膛剖肚！

这人莫不是疯子？

那人正将一只手探进菩萨胸口里使劲儿掏摸着……

慧觉随手从地上抄起一条木棍，一步跨进后门朝那男人扑去。

一阵乱响之后，那男人脚上绊到东西，身子摔跌在门槛外面了……

东西到底被他夺了过来。

他起身摊开手掌，就着水样的月光仔细一看，是一片心形的金属，月亮底下吃不准颜色，拿在手里却沉甸甸的很有些分量。他恍惚忆起早先师兄们私底下扯的那些闲话，心里忽然明白：这便是用纯金锻成的佛心了。

偷贼竟是寺后村苍里种菜的何土根！而"那天护寺的农民中，土根是横着檀木扁担立在最前头的。为了保护菩萨，土根脸上硬生生地吃过红卫兵的三只大巴掌。要不是方丈和尚拦着，那条扁担就要砍下去了"。

小说写到土根的农民式的狡猾一段十分精彩：

"装呆！"土根突然伸手来夺金佛心，"把迷信品交出来！"

慧觉左手一缩，右手抓着木棍下意识地朝前一挡。

土根忽然想起了什么，一咬牙，从裤腰里掏出一块红布，急急忙忙地往胳膊上套。

慧觉疑惑地看着土根的举动。

他终于看清土根是套上了一只红袖章，袖章上粗劣地印着"贫下中农造反团"字样。

土根飞快地弯腰将金佛心抓在手里："别人要烧它，不如我……"

慧觉和尚的脸变得铁青。他忽然岔开五指，对准那张被红卫兵掴过巴掌的面孔猛扇过去。

"叭！"紧跟着便是一声愤怒的吼叫："你！你他娘个巴子给我滚！"

小说是"文革"记忆的一部分，描述了动荡时代的不安与恐惧。而土根的举动是对人心私欲的生动揭示。值得一提的是慧觉和尚的形象，作者没有写他对佛法的苦炼守持，而是写他的迷茫无主，觉得菩萨也没有法力保护自己，看见自己的屁股边"探出缺耳塌鼻的脑袋，在月光下咧着嘴傻笑"，尤其是写到小和尚浓重的凡心，"这正好趁这机会离开寺院，去尘世间领略一个红男绿女的快活日子（他在挑水时曾遇上过一个姑娘，那娇憨的神情和妩媚的眼光在尼姑脸上是绝对看不到的）"。当然，作者并未对此作出价值判断，只是如实叙述故事，反而使小说具有了多元的意味。

张慧飞的《站在窗口的女人》并不直接涉及佛教题材，观音道场只是故事衍生的大背景。小说中的蕙是到一家福利院工作的：

> 蕙将栖身的这幢庵院，为明清时代建筑。"文革"初始，僧散楼空，遂成民居。楼分上下二层，木质结构，一色的青砖铺地。四周走廊圆柱耸立，粗细一人可合抱。柱脚系鼓状石墩垫底，廊顶横梁精雕各类飞禽走兽、花鸟人物。其形拙朴古雅、呼之欲出。院墙高丈余，有几处已经坍塌，上长几茎蓑草，疏疏落落的，在秋风中不住抖瑟，沿墙泥塑纹花，至今紫痕残留。院门和廊柱，则已朱漆剥落，显得光怪陆离。流年似水，世事如烟，数百年风风雨雨下来，此楼几经沧桑，已是相当的残破了。

又是"文革"初期，"山中各寺庙，除了少数老弱僧侣滞留外，大多已还俗归里。居民中多数从外地迁移而来"，残破的不但是寺院，还有人心的恐惧与危机。蕙到这儿来也是为了躲避外面的争斗。她住的地方就叫"清虚庵"。

蕙的生活非常寂寞，心情也是忧伤的：

> 空余时光，蕙多半是将自己关在阁楼里，看书、打毛线，有时兴致所至就临摹几幅佛像或者翻翻经书之类，借此来消磨光阴，驱散寂寞。有时，则什么也不做，独坐西窗，看西沉的落日，看窗外高远的天空、天上绮丽变幻的晚霞、白云，看古樟上跳跃嬉戏的毛茸茸的小松鼠。蕙常常这样一看就是半天。

呆呆的、痴痴的，脸上浮着淡淡的落寞和忧伤。

　　但是，蕙毕竟只有三十来岁，生命力于她还是旺盛的，成熟之躯潜在的欲望，无论怎样压抑它，偶尔总要抬头。每到这样的时刻，蕙就一反常态，显得烦躁和苦闷。夜深院静，蕙躺在床上辗转反侧，难以入眠……长久的静默里，蕙仿佛隐隐听到了一阵幽渺的钟声，正穿破夜色和时空，穿过阁楼的每一条罅缝，丝丝缕缕地渗透进她心里。她觉得体内的烦躁和苦闷，正被一点一点地稀释、淡化，直至她心如静水。

　　由此，欲望的骚动与压抑构成了文本内在的张力。而"心静如水"终于因为外力扰乱了：

　　一日，院子里忽然来了一个陌生的中年男子。大约四十出头。这是一个相当有吸引力的男人：身材挺拔、骨骼清俊、面容白皙，眼睛不大，却极有神儿。细加审视，那里面似乎深藏了某种忧患，整张脸上隐约着一股压抑的生气。但这反而增添了某种独特的韵味。蕙忘了梳头，一时竟看得痴了。

陌生的男子成了蕙欲望投射的实体，"窥视"成了她生活中最重要的内容：

　　蕙自此对这个男人滋生了一种微妙的情感。蕙密切地关注着他的一举一动。蕙所关注的方式当然只能是隐晦的。蕙常常去阁楼上，凭窗眺望对面的窗口无遮无拦地洞开着，与男人住的房间相隔一条走廊，和蕙的窗口恰成三点一线，因此，蕙可以将对面出现的情况看得清清楚楚。

　　只要一听到楼梯响，蕙便条件反射地冲到窗前，看是不是他下楼或是上楼了。结果，每次总不让她失望。有时，蕙只来得及看到他的一个背影或是一个侧面。蕙发觉他的侧面尤其动人。挺直的鼻梁下，厚厚的嘴唇时常闭着，神态沉稳而有力。

蕙一见他出现，眼睛就不听使唤了，似乎对方身上带了磁儿一般，牢牢地将她的视线吸附了去。一颗心儿噗噗跳得慌。直至他出了院门，脚步声消失在巷子尽头了，蕙才回过神儿，幽幽的叹一口气，落回椅子，望着对面的窗口发一阵呆。

蕙与陌生男子只有一次短暂的碰面，男子"大胆得近乎放肆的目光，在她的脸上足足停留了半分钟。那是一种什么样的眼神啊！那一刻，蕙觉得自己如同窃贼被当场捉住了赃一般，在这双穿透力极强的目光下，连自己的五脏六腑都暴露无遗。蕙顿时脸烧如炭，正想逃离窗口，倏地，蕙惊讶地发现对面的男人冲她笑了一笑，同时，那目光变得柔和无比。蕙的心再次狂跳起来，身子跟着微微的战栗，如同发了疟疾一般，那一瞬间，蕙似乎一下子领悟了他的整个世界，领悟了她与他在这个远离喧嚣的孤岛旧楼里苦守孤独的全部含义。蕙的眼刹那间湿透了。她不再逃避，勇敢地凝望着对方……时间和空间仿佛一下子凝固了……"按常理，双方的情感应该延续下去，却因为男人被抓突然中断了，"犯了什么事"只是一个谜，而蕙也走了，有人看见她提着箱子向海边走去，去了哪里也是一个谜，她并未寻找到心的安宁。而"日子依旧静地过去，旧楼里的人，不久也就将这事忘了"。

小说全是以蕙的视线呈现一切，而最出彩处是对女子内心复杂情感的把握与揭示。蕙的情感经历了寻求平静—自我骚动—麻木压抑—再次骚动—最终破灭五个阶段，正印证了佛教的"色空"观念，人世的一切追求，特别是情爱，如梦如露，不过是泡影罢了，而痛苦的根源正来自放不下的"迷执"。

以普陀山为背景的还有倪浓水的中篇《入三摩地》，与《站在窗口的女人》的封闭结构不同，《入三摩地》描述的是一所学校所发生的人事纠葛，一个充满凡俗气息的喧哗世界，时间则是"文革"后的20世纪80年代。有意思的是，校舍就在莲花庵里，"当年破四旧的时候，师太们凡心萌动，觉得红尘滚滚，都在对她们一声声呼唤，于是就纷纷下了山"。连师太也守不住心，更何况俗人？譬如小说中写道：

　　　　方普的寝室门常常关闭，里面传出各色女学生的嬉闹声，莺啾燕鸣，挺刺激人。"书记"心里毛毛的怪不是味，忍不住对人议论开了："春花吃草啊，一把一把的啊。"

　　　　这话传到方普的耳朵里，俩人也就有了短时的隔阂。对此，周易倒是站在"书记"一边。因为他和方普是紧邻，莲花庵的房间都是用木板拦开的，隔音极差，方普与女生的打趣，周易几乎是声声入耳。有一天中午，周易清晰地听见一个女生说：

　　　　"方老师，比比看，咱俩个儿谁高……啊，别……别……痒啊……嘻嘻……"

　　　　周易完全能辨出她是谁。他的眼前浮动着一张圆圆的脸，丰满的身子。他不敢动，他摇头如拨浪鼓，恨不得立即用棉花塞住耳朵。

方普固然有色胆，而"书记"的怪话，周易的窥听与不屑，同样包含着因欲望而生的嫉妒。

　　唐女是小说的中心人物之一，"当年刚满二十，苗条秀丽，角角落落荡漾着青春气息。'肉味逼人'，'书记'曾经作出过这样的评价"；"她飘逸于古老的庵堂里，使空气也变得十分的明亮"；"'她的肩膀像泥鳅一样滑'，杨科长对人说，'难怪男人们都为她着迷！'"；当曲线毕露的唐女在石板地上打羽毛球，楼上就有人把窗关得重重的，那是不再年轻的女的。男人们继续靠在敞开的窗口，吸烟喝茶，或笑或不笑地观察注视着。杨科长一般是在窗帘后面的。方普大声朗诵着《尝试集》："两只黄蝴蝶，双双飞上天……"

作者的观察细致而敏锐，不露痕迹的描述中则隐含着善意的调侃与反讽。

纠葛的还有权力争斗。方普连升三级当上副校长，立马把自己暗恋的唐女调到办公室；有女生在，不敢再关寝室门，一副道貌岸然样；而杨科长为挤走方普，写揭发材料，四处上告，终于成了学校的最高领导，又演出了跪地向唐女求爱遭拒的丑剧……

小说中各色人物的最终结局是：周易与唐女离婚，唐女到南方下海做生意；方普因贪污被抓，出狱后做了唐女帮手；杨科长上山寻蛇一去不回……真正是风流云散，热闹过后是寂静。

小说并未直接涉及佛理禅机，但回头细味，又处处与佛相关。作者显然是肯定世俗追求的合理性，借唐女的口解说，"三摩是梵文的译音，指的是洁洁静静，洒洒脱脱，不受任何凡世的羁绊的境界，是玄门修行的较高级，离西天极乐世界不远了"。所以唐女率性而行，毫无拘束，认为"每个人都有一种活法，一种生存方式，一块个人的三摩地"。但在另一方面，又始终有彼岸世界的召唤，这主要体现于周易对佛学思想的顿悟：

> 佛经叠置于案头，正面墙上贴的是观音像拓片。周易在这些构成的肃穆氛围中坐下了，觉得应该写些什么，于是，就摊开了白纸，把墨研了，润了狼毫，又焚上一枝香，香雾缭绕中，这几年的生活和感受如急涛般涌来，周易的全身都泛酸了。屏住气，一字一笔写下了四个大字——佛说：放下！贴于观音像下。他几近穴居了，一有空闲，就猫在房中读佛经写悟得。

不过，要真正"放下"并不容易，周易给信众作报告的题目就是《佛说：放下》，但当佛学院的"长老们几次想给他剃度，他都婉拒了，说自己并不能全部'放下'"。世俗人生也便在"放下"与

"放不下"之间不断奔波、挣扎，演出一幕悲喜剧、荒诞剧。

　　自然，表现佛教题材与佛教思想的作者们，除佛门中人，并非真正的佛教徒，其立足点仍在世俗人生。但作为一种高级形态的生命哲学，佛教对宇宙与自然，尤其是对生与死等根本性问题的思考，必然会对写作者产生不小的影响与启示。毫无疑问，佛教思想所具有的大智慧和宏阔视野，为世俗人生打开了另一扇精神之门，成为屹立于滚滚红尘中的一杆特异的标尺。

主要参考书目

1. 王连胜主编：《普陀洛迦山志》，上海古籍出版社 1999 年 11 月版。
2. 葛兆光：《禅宗与中国文化》，上海人民出版社 1987 年 8 月版。
3. 魏承恩：《中国佛教文化论稿》，上海人民出版社 1999 年 3 月版。
4. 舟山市政协文史委编：《舟山海洋龙文化》，海洋出版社 1999 年 1 月版。
5. 柳和勇主编：《中国海洋文化资料和研究丛书》，海洋出版社 2006 年 12 月版。
6. 陈海克主编：《舟山海洋文化资源的现状与研究》，中国文联出版社 2004 年 12 月版。
7. 段汉武主编：《海洋文学研究文集》，海洋出版社 2009 年 5 月版。
8. 舟山市政协文史委编：《舟山诗粹》，国际文化出版公司 1997 年 3 月版。
9. 林海峰主编：《舟山民间故事精选》，中国文联出版社 2004 年 12 月版。
10. 胡连荣主编：《舟山历史名人谱》，中国文史出版社 2004 年 8 月版。
11. 曲金良主编：《海洋文化概论》，青岛海洋大学出版社 2005 年 11 月版。
12. 张坚：《普陀山史话》，甘肃民族出版社 2001 年 8 月版。

后　记

　　算起来，这是出版的第七本书了。我的写作大致分两类，一类纯粹出于内心的需要，只是喜欢，没有任何理由，如诗歌和散文；另一类是原先没有规划，因为单位交下的任务，或者为完成某项课题而勉力为之，如《中国古代海洋诗歌选注》、《存在的诗性敞开》，其中的被动心态十分明显。框定内容，又有时间限制，对这种"命题作文"我很不适应，或者说不想适应。好在仍旧和"文学"搭界，譬如老农种菜，平地种，林间种，荒郊野谷也可种，既然种了，倘肯出力出汗，多少有些收获的。与文学无关的，既不想做，也做不来。这并非是说我对文学的理解有多么高超，只是弄文学多年，多少有些心得，自信不至于全是胡扯。不硬写，不赶时髦，尽量少说空话、套话、谀话，这是我做人的原则，也是为文的底线。

　　本书的研究内容是浙江海洋学院"海洋文化研究"课题的一个分支。接下这一任务，当初是颇为踌躇的，因为自己从未想过要写一本与宗教信仰相关的著作。我对宗教素无研究，也知道宗教信仰绝对是形而上的大课题，博大难窥其堂奥，其影响涉及人类生活的方方面面。但人生的机缘偶然中有必然。长期的文学研究中自然会接触到一些表现宗教题材的作品，总觉除文字、意境的韵味之外，更有一般文学作品缺乏的奇思妙想，自己也写过一些宗教题材的现代诗。更巧的是从 2004 年起，因为工作关系，与普陀山佛学院颇多接触，感受到浓郁的佛教文化氛围，并有幸受到众多德学兼修的法师们的指点开悟，由此逐渐产生了兴趣与热情，几经琢磨，终于下决心要好好研究一番普陀山历代涉及佛教的文学作品。这一写就有七八万字，并以此为中心，又扩展到对以舟山群岛为中心的东海区域宗教信仰类文学表现形态的考察。话说回来，最终产生这本书的主因仍旧是"文学"的魅力，即重心不在对宗教信仰本身作抽象的思辨式的阐析，而是考察宗教信仰在具体文本中的存在形态，探析文本的语言构造、结构设置以及功能效果等，一句话，是从文学的维度上做文章。而宗教与文学都主要依赖于生命的感性与觉悟，是心灵和想象的产物，无须实证也无法实证，所以两者在本质上又是相通的。

如果说本书有什么新颖之处，我想大概有两个方面。一是以文学为本位。在国内学术界的宗教信仰研究中，尽管也涉及一些文学作品，但主要是从社会学、历史学、伦理学等视角入手，作品仅仅是论证的资料而已。而本书始终以文学审美为基点，阐析宗教信仰对人类精神的深刻影响，宗教信仰在文学中的存在和表现形态，考察两者之间内在的互动关系。这与一般的宗教信仰研究的路径很不相同。二是突出海洋性因素。研究某一区域宗教信仰的著作不少，但针对的是内陆性区域，本书考察的是海洋宗教信仰与文学的关联。舟山（东海区域）的宗教信仰与特定的生存环境与精神需求密切相关，因而渗入了丰富的海洋文化因子，并使海洋宗教信仰题材的文学含有鲜明的海洋特质。近年来有一些论文也涉及这一命题，但比较零碎单一，不成系统，对某一特定海洋区域的宗教信仰与文学关系作全方位的考察，就笔者所知，至少国内研究界还鲜有人做过，因此本书的研究具有一定的前瞻性。

对宗教信仰与文学内在互动关系的考察，既可以具体深入地把握宗教信仰的流变轨迹，触及人类丰富复杂的心灵图像，又可能将这种研究上升到生命哲学的维度；宗教信仰题材的作品不同于其他题材的作品，因此这种研究可以为文学研究提供新的思路、新的视角；而在实践层面上，这种研究对于挖掘地域历史遗存，弘扬传统文化精神，并在传统与现代之间寻找新的发展契机，也不乏一定的参照价值。

　　困惑自然还是有的。民间歌谣、故事传说因其模式化与通俗性比较容易把握，而高层次的宗教文学作品想要准确阐析就有难度。最典型的是历代有关普陀山的禅诗。普陀山禅诗蔚为大观，堪称佛教文学的一朵奇葩。但佛法广大无比，深不可测，是高度哲学化的生命观与宇宙观，岂是我辈红尘中人可以妄加揣测的？同时，普陀山禅诗大多走的不是拾得、寒山生活化的通俗路子，是高度诗化了的文学世界，不直接宣示佛理禅机，而是多用形象、暗示、比喻，将一切化入到特定的意境中，如此一来，意义指向便变得模糊而多重，既留下巨大的阐释空间，又难以把握其特定意旨，如严羽所说的"羚羊挂角，无迹可求"了。倘若灵光一闪，真有顿悟，也是局限于某种心境、某一视角，不可能涵盖所有的意味。既如此又强作解人，惶恐之余，想禅家虽有"不著文字，直指人心"的宗旨，却也留下了众多的语录、诗文和著作，如若老做"默照禅"，佛法又如何传承流布呢？那么，对于佛门外一个俗人的言说，即便全是胡话，我佛慈悲，当会一笑了之的。

　　困惑还来自对研究本身的怀疑。在拜物教风行的当下，费神劳心地做这样的活儿，既无关国计民生，又换不来柴米油盐，何苦哉？少一本多一本，对这个世界又有何损益？只是想到百丈怀海"一日不作，则一日不食"的禅训，便以"不做无用之事，怎遣有涯之生"安慰自己。又想：人生何为？不就是能够做一两件自己喜欢的事情吗？既如此，也就不必去计较蜗角虚名、蝇头微利了。

　　书稿的部分工作完成于中国佛学院普陀山学院，这是我时常感念的。窗外是草地；草地边缘，一长溜不知名的树木围抱着一湖碧水；有红鱼出水，泼剌剌搅碎了隐约的诵经声……于是放下禅诗和公案，闭了眼，心底慢慢沁出凉意，也便淡忘了乖张的人事、世间的纷争。让时间在冥想中安静地流走，是我的大欢喜。

书名取自明代屠隆《游补陀》第八首的尾联，上一句是"尘土劫灰都不到"。

感谢浙江海洋学院为本书出版提供的资助；感谢东海科技学院院长任淑华教授的大力关照。

2014 年 2 月 15 日
于舟山群岛